Geschiedenis van Dixmude, etc

Robert Pieters

Geschiedenis van Dixmude, etc.
Pieters, Robert
British Library, Historical Print Editions
British Library
1885
348 p. ; 8°.
10270.f.1.

The BiblioLife Network

This project was made possible in part by the BiblioLife Network (BLN), a project aimed at addressing some of the huge challenges facing book preservationists around the world. The BLN includes libraries, library networks, archives, subject matter experts, online communities and library service providers. We believe every book ever published should be available as a high-quality print reproduction; printed on- demand anywhere in the world. This insures the ongoing accessibility of the content and helps generate sustainable revenue for the libraries and organizations that work to preserve these important materials.

The following book is in the "public domain" and represents an authentic reproduction of the text as printed by the original publisher. While we have attempted to accurately maintain the integrity of the original work, there are sometimes problems with the original book or micro-film from which the books were digitized. This can result in minor errors in reproduction. Possible imperfections include missing and blurred pages, poor pictures, markings and other reproduction issues beyond our control. Because this work is culturally important, we have made it available as part of our commitment to protecting, preserving, and promoting the world's literature.

GUIDE TO FOLD-OUTS, MAPS and OVERSIZED IMAGES

In an online database, page images do not need to conform to the size restrictions found in a printed book. When converting these images back into a printed bound book, the page sizes are standardized in ways that maintain the detail of the original. For large images, such as fold-out maps, the original page image is split into two or more pages.

Guidelines used to determine the split of oversize pages:

- Some images are split vertically; large images require vertical and horizontal splits.
- For horizontal splits, the content is split left to right.
- For vertical splits, the content is split from top to bottom.
- For both vertical and horizontal splits, the image is processed from top left to bottom right.

GESCHIEDENIS

van

DIXMUDE

NAAR DE BESTE OORKONDEN

door

ROBERT PIETERS

MET VIER PLANNEN DER STAD

DIXMUDE
DRUKKERIJ VAN ED. DESMYTER
1885

DE GESCHIEDENIS VAN DIXMUDE

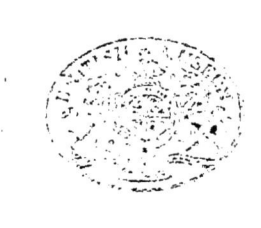

GESCHIEDENIS

VAN

DIXMUDE

NAAR DE BESTE OORKONDEN

DOOR

ROBERT PIETERS

MET VIER PLANNEN DER STAD

DIXMUDE
DRUKKERIJ VAN ED. DESMYTER
1885

Aan de heeren Burgemeester, Schepenen en Leden van den gemeenteraad zijner geboortestad, als bewijs van hulde en erkentenis opgedragen door den schrijver.

R. PIETERS,
Gemeente onderwijzer, te Antwerpen.

INLEIDING.

« Mensch ken uw land, niet alleen zooals het heden is, maar zooals het in 't verleden is geweest. »

Groote verstanden uit alle beschaafde streken hebben dat gezegde begrepen en geene krachten, geene opofferingen gespaard om hun vaderland aan de vergetelheid te ontrukken en den sluier op te lichten, die het in vroegere eeuwen omhulde.

Dank aan de moeite, die onze Belgische geschiedschrijvers aangewend hebben, dank aan hunne onverpoosde opzoekingen, kunnen wij de roemrijke tijden voor den geest roepen, die het geliefkoosde België beleefd heeft toen het in macht verheven was, of met het voorgeslacht de jaren betreuren, die het in dwang en strijd heeft doorgebracht. Wij scheppen ons weder de helden voor den geest, die er goed en bloed voor verpandden en die, onze dankbaarheid waardig, in menig gedenkstuk als levend voor ons optreden.

Wat voor het gansche land waar is, is ook waar voor elke stad, voor ieder dorp. De groote steden, ja menige dorpen hebben hunne geschiedenis zien geboekt worden, en niet zonder reden heb ik mij afgevraagd of het ook niet mogelijk ware het verleden mijner geboortestad te ontsluieren.

Hoe het komt dat ik mij immer die vraag stelde : « Heeft Dixmude ook eene wetenswaardige geschiedenis? » — Nog kind zijnde, hoorde ik mijnen onderwijzer dikwijls spreken over Dixmude's befaamde mannen, over zijne vestingen en zijne oude gebouwen; al spelende de straten doorloopende, schoot mij dikwijls een gedacht te binnen en meer dan eens bleef ik plots staan droomen hetzij voor de schoone kerk of eenig vervallen gebouw, dat als tot mijn gemoed sprak en in mij een onbestemd verlangen deed ontstaan. Maar waaraan denkt een kind bestendig? Zoo ook was het dan met mij gelegen. Ik vergat deze plotselinge invallen om mij weder ongestoord aan kindervermaken over te geven.

Vergeten, ja, maar slechts tijdelijk, want later, telkens ik over Vlaanderens grootheid en verval las, sprak eene stem in mijn binnenste : « Zou Dixmude ook geen deel gehad hebben in die tijden van roem en grootheid; zou het ook niet gedeeld hebben in den strijd tegen overmacht en dwingelandij? »

Ik zat vaak gedurende mijne vacantiedagen in gedachten verslonden aan de boorden des IJzers, wanneer ik mijne geboorteplaats in de nabijheid zoo lief zag afsteken tegen die groote en rustige Heernisse die haar ten zuiden begrenst. Indien die Heernisse spreken konde, zou zij mij niet vertellen van zoo menige heldendaden, ja van zoo menige rampen, die zij, de eeuwenoude, heeft zien plaats grijpen?

Maar ze bleef nog voor eenigen tijd stom en telkens trok ik moedeloos naar huis als iemand die eene teleurstelling te verduren gehad heeft.

Mijne jongelingsjaren gingen voorbij, ik werd van mijne vaderstad gescheiden, doch immer bleef het verlangen mij bij, eens klaar te zien in die eeuwen van voorheen. Ik stelde mij met moed aan 't werk.

Mijn verlangen mocht voldaan worden, dank aan de welwillende tusschenkomst van den hoogachtbaren heer De Breyne-Peellaert, oud-burgemeester van Dixmude, oud lid der kamer van volksvertegenwoordigers en officier der Leopoldsorde, die mij met een onbegrensd vertrouwen zijne kronijk van Dixmude, de vrucht van twintig jaren opzoekingen, bereidwillig ter hand stelde. Hem zij mijne hulde gebracht.

Uit erkentenis voor zulke gunst kan ik niet nalaten de voorrede van bovengenoemde kronijk hierachter te laten volgen.

Ik wil ook mijnen dank betuigen aan de achtbare heeren Feys-Kesteloot, schepene en ridder der Leopoldsorde en Emile Woets, stadssecretaris, voor hunne krachtige medewerking tot het bereiken van mijn doel. Ook mag ik den heer Reynaert-De Poot niet vergeten, die in mij den iever en den werklust aanvuurde en mij steeds liefde voor mijne geboorteplaats inboezemde.

KRONIJK VAN DE STAD EN HEERLIJKHEID VAN DIXMUDE.

VOORREDE.

Ik geloof den lezer alhier te moeten kenbaar maken, op welke wijze en met welk doel ik dit werk geschreven heb.

Na gedurende veertig jaren menigvuldige ambten bekleed te hebben, met den vurigsten wensch, nuttig te kunnen zijn aan mijne geboortestad en het vaderland, werd ik in 1863, door de wisselvalligheden van politieke kiesworstelingen genoodzaakt het staatkundig leven te verlaten, dit deed mij besluiten ook aan het bestuurleven vaarwel te zeggen.

Ik gaf na 27 jaren bediening mijn ontslag als burgemeester van Dixmude, dan raadpleegde ik mij zelven om te weten wat er mij te doen stond om mijne ledige uren met vrucht door te brengen.

Daar ik uit hoofde mijner bediening het hooge toezicht op de archieven der stad had, heb ik meermalen lust gevonden in het rangschikken, onderzoeken en voorzorgmiddelen te beramen tot dezer bewaring. Deze aangename herinnering dreef mij aan, opzoekingen te doen ten einde den grondslag eener kronijk van mijne geboortestad neer te schrijven.

Deze navorschingen begon ik op het einde des jaars 1864, en ik zettede ze gedurende vele jaren voort, doch niet zonder herhaalde tusschenpoozen. Ik deed ze enkelijk om mijne ledige uren aangenaam te maken en geenszins met het inzicht er de minste ruchtbaarheid aan te geven, overtuigd zijnde dat mijn werk daartoe geene genoegzame verdiensten bezit.

Verre van mij te willen beweren dat deze kronijk alleen mijn werk zij, neen ik verklaar het openlijk, dat verscheidene mijner vrienden mij eene behulpzame hand geleend hebben.

Vooral de heer Feys-Kesteloot, ridder der orde van Leopold, schepene der stad Dixmude, die mij goed heeft bijgestaan; hij heeft niet alleenlijk mijn handschrift in het net overgeschreven, maar hij heeft het daarbij met zeer belangrijke aanteekeningen verrijkt.

Dan de heer Karel Louvrier, ontvanger der burgerlijke godshuizen en van het armbestuur, die ook het zijne medegebracht heeft om mijne taak te vergemakkelijken.

Vervolgens de heeren Emile Woets, sekretaris der stad Dixmude en Emile De Breyne, mijn kleinzoon, schrijver bij de staatsschriften, te Brussel, die beide mij belangwekkende stukken medegedeeld hebben.

Mijnen hartelijken dank aan deze vrienden en aan allen, die door hunne deelneming mij in mijne nederige onderneming aangemoedigd en ondersteund hebben.

Dixmude, 17 April 1883, mijn 82e verjaardag.

De Breyne-Peellaert.

Het zou overbodig zijn aan eenen Dixmudenaar dat lieve stadje te doen kennen met zijne schilderachtige ligging aan den rechter oever des IJzers, te midden van eene streek, om hare vruchtbaarheid alom bekend. Hij heeft te dikwijls gelegenheid gehad het in gansch zijne uitgestrektheid te doorwandelen, om niet bekend te zijn met zijne weinig talrijke, maar sierlijke en wel onderhouden straten en markten. De godsdienstijver brengt hem in die schoone parochiekerk, waar zoovele prachtige gewrochten hem spreken van den kunstsmaak, die steeds het aandeel is geweest van elken verlichten medeburger. Maar die kerk met hare kunststukken zal wellicht zijne nieuwsgierigheid hebben gaande gemaakt en vragen doen ontstaan, die menigmaal onbeantwoord bleven.

Zijne noodwendigheden zullen hem meermalen naar de ruime en schoone markt gestuurd hebben, waar zooveel bedrijvigheid heerscht op eenen marktdag; waar de landbouwers uit Veurne-Ambacht hunne lekkere boter heenbrengen, die van daar naar Frankrijk, Engeland en meer andere landen verzonden wordt. En wanneer hij al dat gaan en komen ziet, dat koopen en verkoopen van veldvruchten, tuingewassen, hofgevogelte enz., die soort van ruilhandel, waarbij de landman maar eenige oogenblikken den prijs zijner waar in handen heeft, om er dadelijk een gedeelte van te besteden voor den aankoop van landbouwwerktuigen, kleederen en meer andere voortbrengselen van de nijverheid der inwoners of der vreemde ambachtslieden; zal hij niet somtijds nieuwsgierig zijn om te weten hoe het daar in 't verleden was? Wie zal zijne nieuwsgierigheid voldoen?

Wie zal hem alweer bevredigen wanneer hij eens zichzelven de vraag stelt: « Wat is toch de geschiedenis van dat aloude beggijnhof, die paterskerk, dat hospitaal, dat H. Geesthuis en meer andere? Dan, er zijn nog zoovele merkwaardigheden, die de alvernielende hand des tijds heeft weggevaagd.

Voor hem dus, die Dixmude nog bewoont schrijf ik het eerst. Ik wil spreken over gebeurtenissen, die hem, meer dan elken anderen, nauw aan 't hart liggen.

Voor den Dixmudenaar die in den vreemde woont, zal het eene aangename herinnering zijn een boek te bezitten, dat hem breedvoerig spreekt over hetgeen hem het liefst op aarde is, zijnen geboortegrond.

Eindelijk bied ik de vruchten mijns arbeids aan alwie, Dixmude slechts bij name kennende, toch eene groote genegenheid heeft voor de geschiedenis van een volk, dat eeuwen lang gestreden heeft voor de ontslaving en het welzijn van dat duurbaar Vlaanderen, al onze achting, al onze liefde waardig.

Aan dit laatste slach van lezers zeg ik :

« Ieder hoekje van den grond,
» Waar eens onze wiege stond,
» Spreekt van lijden,
» Spreekt van strijden,
» Spreekt van macht, van roem en eer
» In die tijden van weleer,
» Mint daarom uw Vlaanderen zeer. »

WAT DIXMUDE OP HEDEN IS.

Wie het op eenen zomerschen dag zou wagen per luchtbol een uitstapje te doen van een honderdtal meters boven de omstreken van Dixmude, zou zijne moeite ruim beloond vinden door het aanschouwen van een landschap dat zich voor zijnen geest zou vertoonen en hem als eene genoegelijke herinnering zou bijblijven. Hij zou die schoone IJzervallei zien met hare prachtige landerijen, bedekt met allerhande inheemsche gewassen, die uitgestrekte weilanden waar duizende koeien grazen, die talrijke schoone pachthoeven, die met hare roode daken en witte muren in het zonnelicht glanzen, die veelvuldige kerktorens, die als reuzen op den omtrek schijnen te waken; dien schoonen IJzerstroom, die als een zilveren lint door het landschap heenkronkelt; en te midden van dat alles het dicht bebouwde stadje met zijne schoone straten, prachtige gebouwen en groote markt. Ik herhaal het, de toeschouwer zou een panorama zien, dat waardig is door den bekwaamsten schilder op het doek gebracht te worden.

Dixmude is een steedje dat ruim 4000 inwoners telt en eene oppervlakte heeft van 108 hectaren 6433.

Het is ten noorden door de gemeente Beerst begrensd, ten oosten en ten zuiden door de gemeente Eesen en ten westen door de gemeenten Eesen en Kaaskerke. Het is bestuurd door eenen burgemeester, twee schepenen en acht raadsleden.

De waakzaamheid over alles wat de vrijwaring van personen en goederen betreft, wordt uitgeoefend door eenen politie-kommissaris, geholpen door twee agenten en eene brigade gendarmen.

Dixmude is de hoofdplaats van een bestuurlijk arrondissement, een vredegerechts kanton en een militie kanton.

Dit alles voor wat het burgerlijk bestuur aangaat. Het godsdienstig belang is er in handen van eenen pastoor, hoofd van de dekenij van Dixmude, en van twee onderpastoors.

Instellingen van allerlei aard ontbreken er niet. Zoo is er een armbestuur en een bestuur der godshuizen, om in de behoeften der arme inwoners te voorzien, een weezenhuis voor jongens, een voor meisjes, een gesticht, genoemd het H. Geesthuis, waar eenige weduwen en oude jonge dochters kosteloos huisvesting krijgen en andere voordeelen genieten, ook nog een ouderlingenhuis voor mannen en vrouwen, die den ouderdom van zeventig jaren bereikt hebben en in hun eigen onderhoud niet kunnen voorzien.

Het onderwijs wordt er aan de werkmanskinderen van beide geslachten kosteloos gegeven in goed ingerichte gemeentescholen, en in eenen gemeentelijken kindertuin.

Wanneer ik zeg werkmanskinderen, mag dat eigentlijk niet in den letterlijken zin verstaan worden, aangezien in die gestichten ook kinderen zijn van begoede burgers zoodat er geen onderscheid tusschen arm en rijk bestaat.

Bij deze scholen mag ik nog voegen de bisschoppelijke school, genaamd St Louis, waar begoede burgerszonen van binnen en buiten de stad, mits het betalen van schoolgeld, onderwijs krijgen en zich kunnen voorbereiden tot de hoogere en latijnsche studiën; ook eene betalende jufferschool, het Sint Niklaasgesticht genoemd.

Mochte men welhaast voor het algemeen welzijn eene school voor het middelbaar onderwijs zien tot stand komen!

Dat kunsten, wetenschappen en schoone letteren bloeien en ieverige beoefenaars vinden te Dixmude, hoeft niet betwijfeld te worden, want twee maatschappijen « de Van Duyse's Vrienden » en « de Ware Van Duyse's Vrienden » bezitten elk eene welvoorziene boekerij en geven onvergeld talrijke boeken uit aan de bevolking, die er zeer gretig komt naar vragen; zulks bewijst ook nog de goed ingerichte academie van teeken- en bouwkunde, waar gedurende de winteravonden, talrijke jongelingen onvergeld de lessen van bekwame leeraars volgen en zich zoo in hun ambacht volmaken.

Benevens deze instellingen bezit Dixmude nog twee aloude rederijkersmaatschappijen : « Nu, Morgen niet » en « Heilig Kruis Scherpdeure » die jaarlijks verscheidene tooneelstukken opvoeren; daarenboven bestaan er twee harmonie maatschappijen en eene zangvereeniging.

Eendracht en broederlijkheid heerschen er evenzeer.

Ten bewijze noem ik de kruisbooggilde St Joris, de handbooggilden St Sebastiaan en Willem Tell, de aloude vinkeniersgilden en talrijke andere, te lang om te melden.

Jammer dat de partijgeest zulke betreurenswaardige inbreuk maakt op de van over ouds gekende vriendschap der Dixmuudsche burgerij.

Aan merkwaardige gebouwen ontbreekt het niet.

Ik heb ter loops melding gemaakt van de St Niklaas- of parochiekerk, het Beggijnhof, het hospitaal, het H. Geesthuis, de twee weezenhuizen en van de vroegere kerk der paters Recolletten, die thans in stadshalle veranderd is. In den loop van dit werk zal ik gelegenheid hebben verder over de nog bestaande en de reeds verdwenen gestichten uit te weiden.

De groote welvaart van Dixmude bestaat in den handel, vooral in boter, paarden, vee, konijnen, hofgevogelte en granen, (welke laatste eertijds ter markt, nu op staal verkocht worden). Men vindt er magazijnen, van alle slach van koopwaren.

De levendigheid der wekelijksche markt, getuigt dat er aanzienelijke verhandelingen moeten plaats hebben.

De nijverheden bepalen zich bij een tiental brouwerijen, drie huidevetterijen, eene pottebakkerij, drij suikerijfabrieken, eene stoommaalderij, eene likeurfabriek, linnenweverij, eene klakkenfabriek, boekdrukkerijen en eenige andere meer verspreide en minder belangrijke.

Vroeger bloeide de kantennijverheid, maar deze is nu erg aan 't kwijnen, ja bijna te niet. Aan de Hooge Brug, dicht tegen de stad en op het grongebied van

Eesen staat de groote suikerfabriek, in 1836 gesticht, gedurende menigvuldige jaren in werkzaamheid voor rekening van den eigenaar den heer Robert Wullems, thans toebehoorende aan eene naamlooze maatschappij. Daar wonnen tot over zeer korten tijd, vele Dixmundsche werklieden hun brood. Nu is het werk daar stil gevallen, ter oorzake van den slechten toestand der suikernijverheid.

Langs den weg naar Eesen, ook nabij de stad, stond de vermaarde stokerij, alom bekend onder de firma Van Hille frères, aldaar met het begin dezer eeuw door de gebroeders Van Hille-Van Woumen en Van Dromme tot stand gebracht. Dit eertijds zoo bloeiende nijverheidsgesticht is sedert eenige jaren, ten grooten nadeele van werk- en ambachtslieden gesloten. De gebouwen met al wat zij inhielden zijn onlangs openbaarlijk verkocht geworden. Een gedeelte ervan is reeds afgebroken.

De steenbakkerijen, die tot over eenige jaren aan de geringe burgersklas veel werk verschaften, zijn nu ook te niet. De pogingen om de linnenweverij in Dixmude op te beuren hebben mislukt. Het tijdelijk ingerichte leerwerkhuis is moeten afgeschaft worden.

En, niets vertoont zich belovend en vertroostend in 't verschiet. Het is betreurenswaardig, dat de nijverheidsgeest uit zijnen slaap niet wil ontwaken, om nevens den koophandel, de stad te verlevendigen en heil en voorspoed te doen aangroeien. Hopen wij op eene betere toekomst.

Evenals in elke andere stad of dorp van eenig belang hebben twee groote politieke partijen, die het land verdeelen, hunne organen : « de Dixmudenaar.»

die eerst onder den titel van « Weekblad van Dixmude »
verscheen, bestaat reeds 39 jaar, en verdedigt de
liberale belangen, de « Gazette van Dixmude » vroeger
uitkomende onder den naam van « Boterkuipje, » strijdt
sindts 14 jaren voor de katholieke denkwijze. Verder
is er nog een « Boterkooper » voor de handelsbelangen.

Zoo is de hedendaagsche toestand mijner geboortestad.

Nu dring ik het duister verleden in.

DIXMUDE IN 'T VERLEDEN.
ZIJN OORSPRONG.

Wie waren onze voorouders?

Het ware moeilijk op die vraag een antwoord te
geven. Onze geschiedenis versmelt zich hier met de
gansche geschiedenis van een roemwaardig ofschoon
half barbaarsch volk dat eens de kusten der Noordzee
bewoonde. Dat volk noemt men de Menapiërs, een
stam van het groote volkengeslacht de Belgen. Deze
Belgen waren van Germaansche afkomst en hadden
ettelijke jaren voor de kristene tijdrekening de
Gallen verdrongen.

Ziehier hoe de geleerde geschiedschrijver Moke in
zijn « Abrégé de l'histoire de la Belgique » zich over
de Menapiërs uitdrukt.

« De Menapiërs bewoonden de vlakte ten noorden
der Nerviers en Aduatieken; deze natie was minder
oorlogzuchtig dan de twee andere, maar roemwaardig

door hare nijverheid en hare werken. Zij bebouwden de aarde met zorg en verstand, wierpen dijken op om hunne landerijen tegen de wateren te beschutten en gingen tot op de kusten van Engeland de mergel opzoeken die hun tot mest dienen moest. Zij wisten zout te trekken uit het zeewater, door dit te doen verdampen; zij bereidden met dat zout het vleesch van hun vee en hunne zwijnen, dat welhaast tot in Rome toe gezocht werd; van de lange wol hunner schapen weefden zij dikke en warme stoffen welke zij verschillende kleuren wisten te geven. Maar wat het meest treft, dat was hun vooruitgang in de scheepvaart. Hunne schepen, die Cesar te bestrijden had, waren vervaardigd uit eiken balken van eenen voet dikte met duimdikke nagels aan elkander gespijkerd. IJzeren kettingen waren aan hunne ankers vastgemaakt en in plaats van zeildoek, gebruikten zij dierenvellen, welke zij bereidden en aaneen naaiden. »

Een ondergeschikte stam der Menapiërs was deze der Plumosiërs. Deze bewoonden de kust der Noordzee; de uitgestrektheid lands waarin de IJzer vloeide, die dan een belangrijke zeearm was (1).

De verovering van België door Julius Cesar is bekend, en wie iets van de geschiedenis onzes lands weet, heeft gelezen dat de Roomsche keizer van de Belgen zegde dat « zij het dapperste volk van Gallië » waren.

Ruim vijf eeuwen bleef België onder de heerschappij der Romeinen zuchten. De veroveraars brachten alhier hunne beschaving, die zij eertijds geërfd hadden uit

---

(1) MOKE, Histoire de Belgique.

het door hun overwonnen Griekenland, de meesteres der aarde.

Om het Romeinsche juk af te schudden maakten de Belgen gemeene zaak met de Franken, zij verdreven samen den algemeenen vijand en werden door hunne medestrijders, voor hunne belooning als een overwonnen volk behandeld. Onder al de Frankische koningen en keizers, muntte Karel de Groote uit die in 800 keizer gekroond werd en in 814 te Aken stierf. Deze vorst, om te gemakkelijker zijn uitgestrekt rijk te besturen, verdeelde het in een groot getal groote en kleine deelen, die later, door de zorgeloosheid en de twistpartijen van zijne opvolgers, welhaast de eigendommen werden hunner bestuurders. Deze laatste namen de titels aan van graven, hertogen, barons en meer andere; hunne bestuurde landen en streken kregen den algemeenen naam van leenen en den bijzonderen naam van graafschappen, hertogdommen, baronnijen, enz.

Onze streken hadden veel te lijden van de invallen van zekere barbaren, uit Denemarken, Zweden en Noorwegen herkomstig, en Noormannen geheeten.

Om zich tegen de invallen der Noormannen te vrijwaren, richtten de groote leenbezitters overal burchten of versterkte kasteelen op met wallen omgeven, en noodigden later de inwoners uit om binnen de omheiningen hunner burchten te komen wonen.

Gedurende het tijdstip, dat men de leenroerigheid noemt, waren er voornamelijk vier soorten van menschen; de priesters, de edelen, de vrije mannen en de laten of slaven. De laatste konden, eigendom huns meesters als zij waren, hunne landerijen niet verlaten, waar zij als lastdieren moesten werken. Alleen de vrije mannen konden vooreerst het voordeel genieten van in de burchten te wonen en kregen zoo den naam van burgers. De kruistochten en andere voorvallen hielpen mede om allengskens de laten vrij te maken, die zoo burgers werden en van het algemeene recht konden deelen. Maar tot daar voor de algemeene geschiedenis.

Een der groote leenen van België was het graafschap Vlaanderen, dat eerst door forestieren of woudgraven later door eigenlijke graven bestuurd werd. Liederik De Buk was een der beroemdste woudgraven.

De groote leenhouders verdeelden hunne leenen in achterleenen, waarvan eenige kastelnijen heetten en door kasteleinen bestuurd werden.

De benedenvallei van den IJzer was bijzonder geschikt om in kastelnijen verdeeld te worden en de zeearm kon aanleiding geven tot de opkomst van bloeiende steden. Dat was ook het geval en onder meer andere ontstond ook de kastelnij van Dixmude.

Van waar nu die naam? Dat is wel eene vraag die men maar moeilijk kan beantwoorden. De oudheidskundige Malbrancq haalt een bewijsschrift aan, opgemaakt ten tijde van den heiligen Odomarus, bisschop van Teruane, die omtrent 670 overleed, en in welk stuk de stad Dixmude gekend stond onder den naam van Dicasmut (1).

In sommige keuren of charters komen de namen Dicasmutha, Dicimuda en Dicimut voor, en de heer

(1) La Flandre 1873-1874.

Van de Putte in zijne « Histoire de la ville de Dixmude »
leidt den naam Dixmude af van Dics en Mude, verhevenheid of voorgeborchte der dijken.

De stad Dixmude was eertijds maar een klein dorp of gehucht dat volgens den graaf Van Bylandt, reeds bestond ten tijde van Boudewijn den IJzere of met den ijzeren arm. Deze graaf was volgens geschiedkundigen aan de oevers van den IJzer geboren.

Dixmude werd eenigen tijd na zijn ontstaan eene belangrijke stad en zelfs eene zeehaven. Zulks moet het volgende bewijzen :

De Noormannen landden menigmaal op de kusten van Vlaanderen en hunne barbaarsche benden, die alles verwoestten en verbrandden, doorkruisten het land. In 859 vaarden zij den IJzer op met eene vloot van twee honderd schepen. Dat groot getal vaartuigen zou den stroom niet kunnen binnengevaren zijn bijaldien deze door dijken zooals nu ware ingesloten geweest. Maar hij was alsdan eene golf of zeeboezem, die zich over geheel Veurne-Ambacht uitstrekte.

In eene stadsrekening van het jaar 1304, berustende in de archieven van Dixmude, wordt deze stad « Dicquemue » genoemd [1].

In de stadsrekening van 1425, wordt het volgende vermeld :

De burgemeester Jacob Lammen en de stadsklerk Jan Schelewaerd worden gezonden naar Brugge om raad te vragen bij de goede lieden van de wet, als ten wettelijken hoofde, en van daar voort te trekken in de Raadskamer te Gent, om de rechten der stad te doen

[1] Arch. Dixm.

gelden jegens burgemeester en schepenen van den Vrijen, die aldaar hadden doen dagvaarden burgemeester en schepenen van Dixmude, ter oorzake van wetpleging op vrijlaten, gesproten uit de lijkschouwing van Hendrik Van Grooten, verdronken in de *harene binnen der stede van Dixmude*. Dixmude was dus nog in 1425 eene zeehaven.

Wat nog bewijst dat Dixmude eene zeehaven geweest is, is dat Hendrik III, keizer van Duitschland in den oorlog tegen Boudewijn IV, graaf van Vlaanderen, al de landen gelegen tusschen de Leie en de Schelde veroverde, zich meester maakte van Veurne en Dixmude en de haven van den IJzer binnenvaarde om naar zijn land te trekken. In 1054 (1), deze haven van den IJzer kan geene andere zijn dan Dixmude, want Nieuwpoort was eerst in het jaar 1115 onlangs ontstaan (2).

Wel is waar bestond Lombartzijde op de plaats, waar Nieuwpoort nu is, maar nergens wordt van dergelijke zeehaven gesproken.

Daarbij leest men in de kronijk der abdij van de Duinen, dat Dixmude in de 12de eeuw eene zeehaven was.

In zijn werk « *Voies navigables* » zegt Vifquin : « In 1238 was Dixmude eene stad aan de boorden der zee gelegen.

---

(1) HENDRICKX, Cronicke van Veurne.
(2) BELPAIRE, Mémoire sur les côtes de Flandre.

DE KASTELNIJ VAN DIXMUDE.

Zooals hooger gezegd is, was Dixmude eene kastelnij en bezat het een kasteel aan den samenloop van den IJzer en de Krekelbeek of Handzame vaart. Van dat kasteel is niets meer overgebleven dan de naam dien men nog in het woord *Kasteelstraat* terugvindt.

Dat kasteel, door wallen omgeven, diende zooals alle andere burchten in Vlaanderen tot vrijplaats aan de vrije mannen, die zich in gilden of ambachten vereenigd hadden en den naam van burgers kregen. Het gehucht groeide aan tot eene stad, die later van poorten voorzien was; de burgers kregen ook den naam van poorters.

Eerst in 964 wordt er gewag gemaakt van eenen kastelein, die dan ook baanderheer genoemd werd. Deze eerstgekende baanderheer hiet Arnulf, hij was evenals een groot getal van zijne nakomelingen, heer van Beveren. Hij muntte uit om zijne liefdadigheid, schonk de tienden van zijne heerlijkheid aan de kanoniken van S[t] Winoxbergen. Reeds in 964 was er spraak van een stadsbestuur; de baanderheeren, heeren, kasteleinen, graven, burchtgraven van Dixmude, of onder welken van bovengemelde titels zij voorkomen hadden een zeer uitgebreid gezag. Zij noemden de stadsbestuurders, hadden het hoog en laag recht, genoten het waaggeld en andere inkomsten, enz. Dit alles zal in het vervolg dezer geschiedenis op gepaste oogenblikken breedvoeriger uiteengezet worden.

Doch alvorens verder over de kasteleinen van Dixmude te spreken, dien ik eenige woorden uitleg te geven om het bestuur van het graafschap Vlaanderen te doen kennen.

« De vertegenwoordigers der vorsten » zegt de geschiedenis van België; door de heeren Van der Biest en Van Dongen, « droegen de namen van hoogbaljuw, onderbaljuw, kastelein en schout. De hoogbaljuw had het toezicht op al de zaken, betreffende het bestuur en de financiën; hij had raadgevende stem bij de zittingen der schepenen en in den gemeenteraad, aan welke hij van rechtswege deelnam. De baljuw was in vele plaatsen voorzitter van het magistraat, hij had den voorrang bij de openbare plechtigheden en noemde den onderbaljuw, die hem voor zaken van ondergeschikt belang kon vervangen.

De kastelein was de uitvoerder der rechtsmacht; hij had zijn deel in de boeten en stelde den schout aan, die met het bewaren der gevangenen belast was (1).

Nu zou ik moeten mijnen geachten lezers eenige algemeene begrippen over de wereldgeschiedenis doen kennen. Ik vrees nogtans van ze in eenen doolhof binnen te leiden en daarom wil ik nu maar Dixmude als kastelnij beschouwen en zijne kasteleinen doen kennen in hunne betrekkingen met de Vlaamsche vorsten of sommige staatslieden uit het buitenland, alsmede eenige bijzonderheden aanhalen uit hun bijzonder leven.

Ik heb reeds eenige woorden gezegd over Arnulf, baanderheer van Dixmude en Beveren.

In 1096 vergezelde Diederik van Beveren, kastelein

(1) Van der Biest en Van Dongen, Geschiedenis van België.

van Dixmude, Robrecht van Jerusalem naar het Heilig Land. Hij had twee zonen: Diederik, heere van Dixmude, die huwde met de dochter van Wouter, heere van Sottegem en in 1126 kastelein van Dixmude werd, en Willem, bijgenaamd prins van Galilea, die konstabel van Jerusalem was.

In 1127 vergezelde diezelfde Diederik, heere van Beveren en Dixmude, den heer van Woumen, Robrecht en een groot getal andere edellieden om wraak te nemen over de afschuwelijke moord gepleegd door eenige samenzweerders, waaronder Engelram van Eesen, op den persoon van Karel den Goede, graaf van Vlaanderen. Deze graaf, die in zijne groote weldadigheid tijdens eenen hongersnood in Vlaanderen de graanzolders der kooplieden had doen openbreken, werd in de St Donaaskerk te Brugge laffelijk vermoord.

Schrikkelijk was deze wraak, de burcht waarin de samenzweerders zich verscholen hadden, werd verbrand en de proost Bertulf, het hoofd der wederspannigen, gevlucht zijnde, eerst naar Keiem op de hoeve van Bosschaert, dan naar Veurne en naar Waasten, werd te Ieperen opgehangen (1).

Diederik van Dixmude vond bij het bestormen der burcht te Brugge, eenen der belhamels, Gijsbrecht genoemd, bijna stervende op de slachtplaats, bond hem aan den staart van zijn paard en sleurde zijn lichaam in eenen slijkput.

Engelram van Eesen vluchtte naar Duitschland en werd te Mannheim veroordeeld en gevonnisd (2).

In 1128 schonk Bertulf, heere van Dixmude en

(1) Meyer, An. en Leglay, Hist. C. de Fl.
(2) Kervyn, Hist. de Fl.

opvolger van Diederik, vele landgoederen aan de abdij van de Duinen (1).

Ten jare 1138 was Diederik van Dixmude, opvolger van Bertulf, ook graaf van Aalst. Sindsdien waren de heeren van Dixmude en Beveren ook gedurende vele jaren graven van Aalst (2).

In den loop dezer geschiedenis zal meer dan eens gesproken worden over den naam Perceval. Ziehier hoe de heer Van de Putte in zijne reeds genoemde « Histoire de la ville de Dixmude » daarover schrijft.

« Bertulf van Dixmude stierf in 1139 en liet geene kinderen na. Het zelfde jaar stierf ook Jan van Dixmude en werd in de abdij van S*t* Winoxbergen begraven. Zijn neef, Diederik, was getrouwd met Maria van Dommedal, die hem eene dochter schonk. Deze eenige dochter trouwde, eerst met Arnulf Van der Best en later met den heer van Perceval. Nadat de heerlijkheid van Dixmude eenigen tijd in bezit van deze familie was geweest, keerde zij terug aan het huis van Beveren, dat dan toehoorde aan de nakomelingen van bovengenoemden heer, Diederiks broeder. In 1174 ging het graafschap Aalst aan Filips van den Elzas over. » (3)

In 1139 was Diederik van Dixmude en Beveren tegenwoordig toen Diederik van den Elzas, graaf van Vlaanderen zijne dochter ten huwelijke gaf aan Ivo, graaf van Aalst. Hij teekende den openen brief die aan

(1) SANDERUS, 3 d.
(2) SANDERUS.
(3) Naar de volgende oorkonden : MEYER, Annal. Fland. lib. 4, p. 32. — Chron. Dun. p. 32. — SANDERUS t. III, p. 44. — DE VISCH, Compendium, p. 39.

het Norbertijnerklooster te Ninove ten jare 1142 verleend werd. Hij vergezelde in 1146 den graaf Diederik van den Elzàs, die voor de tweede maal naar het Heilig Land ging. Keizer Koenraad en de koning van Frankrijk namen ook aan dezen tocht deel.

De geschiedenis van België verhaalt kortbondig hoe de Mahomedanen, te zamen met de Saracenen meester waren van het Heilig Land, ook Palestina genoemd. Een kluizenaar, met name Pieter, die meermalen Palestina bezocht had, verhaalde aan paus Urbanus II, welke wreedheden de kristene pelgrims, die het graf van Kristus en andere heilige plaatsen bezochten, van den kant der ongeloovigen te verduren hadden. Hij kreeg van den paus de toelating om den heiligen oorlog te prediken. Op het concilie of kerkvergadering van Clermont in Auvergne, waar de grootste adel uit alle streken van Europa was bijeengekomen, werd er besloten in Palestina, tegen de ongeloovigen krijg te voeren. Deze oorlog en de andere die later plaats hadden werden kruisvaarten genoemd, omdat de deelnemers een kruis van roode stoffe tot herkenningsteeken aannamen.

In 1099 maakten de kruisridders zich meester van Jerusalem en Godfried van Bouillon werd koning van Jerusalem uitgeroepen. Deze stierf in 1100. Later kwam Palestina weder in de macht der Turken en in de tijdruimte van drij eeuwen werden nog zes kruistochten ondernomen die allen vruchteloos bleven.

Diederik van den Elzas had zijnen zoon Filips aangesteld om zijn graafschap te besturen. Te dien tijde wilde de graaf Floris van Holland de Vlaamsche zeevaarders schatplichtig maken. Hij maakte zich meester van het graafschap van Aalst, en Diederik, kastelein van Dixmude, heere van Beveren en van Aalst werd zijn bondgenoot. Filips van den Elzas versloeg de Hollanders, verbrandde het kasteel van Beveren en beroofde den vluchtenden Diederik van al zijne goederen in 1157 (1).

In het jaar 1168 werd Diederik, graaf van Aalst, heere van Beveren en kastelein van Dixmude, (waarschijnelijk de opvolger van bovengenoemde), die om zijne godsvrucht en doorluchtigheid gekend en geroemd was, door Filips van den Elzas in zijne rechten hersteld (2).

Uit een handvest van dit jaar blijkt dat Diederik, heere van Dixmude, gehuwd was met Ada de Couchy. Uit dat huwelijk sproten twee zonen en drij dochters. De oudste zoon werd genoemd Diederik en na den dood zijns vaders heere van Dixmude en Beveren. De tweede, Willem van Beveren, enz. De oudste dochter trouwde met Geeraard, heere van Grimbergen; de tweede met Willem, heere van Hondschote; de derde, genoemd Ada van Beveren, met Gombert de Montchalon, heere van Roucouville (3).

In 1174 stierf deze Diederik, echtgenoot van Ada de Couchy en gaf aan de abdij van de Duinen eene jaarlijksche rente van 6600 palingen (4).

Hij werd in deze abdij begraven in eene prachtige grafstede, waar in 1624 nog zijne overblijfsels gevonden werden. Zijn tweede zoon, Elianus van Dixmude,

(1) Kron. Vlaandr.
(2) Malbrancq.
(3) A. Du Chesne, Hist. généal.
(4) Meyer, An. B.

die naar het Heilig Land gereisd was stierf er in 1181, in eenen oorlog tegen de Turken; hij was Konstabel van Jerusalem en prins van Galilea.

Diederik van Beveren, kastelein van Dixmude, vergezelde in 1182 den graaf Filips van den Elzas naar Metz om er aan den keizer Frederik zijne huldebewijzen met veel plichtplegingen aan te bieden. Te dezer gelegenheid dient gezegd te worden dat de graven van Vlaanderen om zoo te zeggen aan twee vorsten moesten hulde bieden. Het groote leen, het graafschap Vlaanderen, behoorde deels aan Frankrijk (Vlaanderen onder de kroon) en deels aan Duitschland (Keizerlijk Vlaanderen). Dat sproot van oudsher voort uit de zeer ingewikkelde verdeeling van het rijk van Karel den Groote onder zijne opvolgers.

In 1191 stierf Filips van den Elzas. Onmiddellijk na dit afsterven verhaastte zich zijn schoonzoon, Boudewijn de Moedige, graaf van Henegouwen om bezit te nemen van het graafschap Vlaanderen. Er ontstonden groote onlusten. De koning van Frankrijk nam bezit van Vlaanderen omdat hij beweerde dat dit zijn leengoed was. Hij kreeg echter maar Gallicaansch Vlaanderen (Vlaanderen onder de kroon).

Te zelven tijde meende Hendrik de Oorloger, hertog van Brabant, ook recht op het graafschap te hebben, omdat hij met eene nicht van Filips van den Elzas getrouwd was.

Daar het graafschap Aalst sedert den dood van Diederik van Dixmude in 1174, om de eene of andere reden aan Filips van den Elzas was teruggekomen, mengde zijn opvolger, Diederik de vijfde zich ook in den strijd. Hij koos partij voor den hertog van

Brabant, alhoewel de reeds herkende Boudewijn de Moedige, als graaf van Vlaanderen de wedereisching aan de goedkeuring van den keizer van Duitschland had onderworpen. Hij maakte zich meester van Rupelmonde en eenige andere plaatsen. Intusschen kwam de keizer naar Luik en daagde de beide recht-eischers uit. De vrede werd gesloten, maar Diederik van Dixmude werd ten voordeele van Boudewijn den Moedige van al zijne goederen beroofd. Eenigen tijd daarna kreeg hij ze nogtans terug. Het volgende jaar werd deze Diederik, die volgens Meyer een Vlaamsch ridder, een goed staatkundige en een dapper oorlogsman was, door den graaf met een hulpleger gezonden om dezes zuster, Joanna, te 's Hertogenbosch te helpen.

Hij mengde zich in 1193 in de moeilijkheden van den graaf met Hendrik den Blinde, graaf van Namen, die tot loon van bewezene diensten Boudewijn den Moedige tot zijn erfgenaam had gemaakt en later bij de geboorte van eene dochter Hermesinde, zijne belofte verbroken had. Vlaanderen's graaf maakte zich meester van Namen, dat in markgraafschap veranderd werd. Diederik ondersteunde Hendrik en streed tegen zijnen leenheer. De vrede werd geteekend, en Diederik werd voor zijne straf verbannen en van al zijne goederen beroofd. Hij kreeg toch later genade door de tusschenkomst zijner vrienden. In 1195 had hij weer moeilijkheden met zijnen graaf, eveneens over het graafschap Aalst. Dezen keer werd hij voor goed uit Vlaanderen gebannen (1).

Het schijnt evenwel dat hij weer gratie kreeg want

---

(1) Hist. génér. de la maison de Grunth.

in 1196 zien wij eenen Diederik van Beveren, burggraaf van Dixmude den graaf van Vlaanderen naar Metz vergezellen, waar deze met groote pracht in gezelschap van andere edelen den keizer manschap deed en den eed van getrouwheid uitsprak over de landen, welke hij van den keizer in Vlaanderen bezat. Wellicht was deze Diederik de opvolger van Diederik V.

In 1199 wordt de tegenwoordigheid vermeld van Diederik van Dixmude wanneer door den graaf aan de Gentenaars verscheidene wetten, rechten en andere voorrechten betrekkelijk het visschen en andere zaken werden toegekend. In 1200 bevestigt hij met zijn handteeken het vredeverdrag tusschen Frankrijk en Vlaanderen.

De toenmalige graaf was dan Boudewijn, gezegd van Konstantinopel, die Boudewijn den Moedige opvolgde en van Frankrijk de wedergaaf afeischte der vroeger afgeperste deelen van Vlaanderen. Bovengemeld verdrag werd geteekend te Peronne. De koning van Frankrijk stond hierdoor Dowaai, St Omaars en de omstreken af aan Boudewijn, die later naar het Heilig Land trok, waar hij keizer van Konstantinopel werd. Hij liet zijne twee dochters : Joanna en Margaretha in Vlaanderen achter. Met hem ging Diederik van Dixmude, die de brieven onderteekende welke Boudewijn voor zijn vertrek schreef en die betrekking hadden op het afzien van een recht dat de graven van Vlaanderen hadden, in al de steden waar zij doortrokken, aan eenen bepaalden prijs eene zekere hoeveelheid wijn te kunnen eischen (1).

(1) Arch. Ypres, V. 1.

De handvesten van Rupelmonde melden dat Diederik van Dixmude ook burggraaf van Deinze was.

Gedurende de afwezigheid van Boudewijn van Konstantinopel wist de koning van Frankrijk Filips August zich over de geledene nederlaag te wreken. Hij overhaalde den graaf van Namen, Boudewijns broeder, die voogd was over diens kinderen, Joanna en Margaretha, hem deze jonge meisjes te laten oplichten en naar het hof van Frankrijk voeren. Filips-August deed Joanna trouwen met den prins Ferdinand van Portugaal. Deze prins, die graaf van Vlaanderen werd, kon zich in het eerste niet doen beminnen. Hij begon tegen Frankrijk op te staan en verbond zich met den koning van Engeland, Jan zonder Have, die reeds een groot getal edelen, waaronder Diederik van Dixmude verzocht had met hem tegen Frankrijk te komen strijden. De geschiedenis leert ons dat Ferdinand van Portugaal in dezen oorlog het onderspit moest delven en gevangen naar Frankrijk werd gevoerd. Zijne vrouw Joanna bestuurde het graafschap gedurende zijne gevangenschap.

In 1224 was een geschil ontstaan tusschen haar en Diederik van Dixmude, rakende de visscherij van Dixmude. Zij stelden beiden scheidsmannen aan om het geschil te vereffenen (1).

In hetzelfde jaar gaf Diederik van Dixmude aan de abdij der Duinen een zeker getal der eerste palingen gevangen in den IJzer na St Martensdag (2).

In 1242 verleende Diederik van Dixmude het vrijdom van wijntiende op de goederen der abdij van Aulne, in

(1) La Flandre 1872-73.
(2) La Flandre.

de kastelnij van Dixmude gelegen, tot lafenis van zijne ziel en van die zijner voorouders.

In 1233 was in Duitschland eene ketterij ontstaan. Deze ketters heetten Stodingers. De paus, Gregorius IX bewoog de kristene mogendheden deze nieuwe ketterij te bevechten. Onder de edellieden die aan deze bede beantwoordden was Diederik van Beveren, kastelein van Dixmude.

In 1234, tijdens de duurte der levensmiddelen, die groote armoede en eene pest deed ontstaan, waren Diederik van Dixmude en zijne vrouw zoodanig tot godvruchtigheid genegen dat zij het klooster van Hunkvliet (Nieuwland) gansch vrijmaakten van tolrechten in al de landen hunner gezagvoering.

Na den dood van Filips-August werd aan Ferdinand van Portugaal vergiffenis en vrijstelling geschonken. De vrijgestelde graaf regeerde nog eenigen tijd en stierf in 1233, zonder kinderen achter te laten. Zijne weduwe noemde Diederik van Beveren, kastelein van Dixmude, baljuw van geheel Vlaanderen (1).

Ten jare 1251 gaven de schepenen van Ieperen aan Thomas, broeder van de abdij der Duinen en aan Egidius, kastelein van Dixmude, eene som van 6000 ponden Vlaamsch geld om gebruikt te worden aan de vaart tusschen Ieperen en de Broeken (2).

In 1253 bekrachtigde gravin Margaretha van Konstantinopel, zuster en opvolgster van Joanna, de gift eener rente van 100 stuivers, gegeven door Thomas van Beveren, kastelein van Dixmude om eene kapel te stichten binnen de stad, welke rente bezet was op een

(1) De S. Genois.
(2) Dieg, Ch. D. Ypre.

nieuwland dat hij van gemelde gravin te leen hield.

In 1254 bevestigde Diederik III heer van Dixmude de gift door zijnen vader gedaan aan de abdij van Merkem.

In 1257 werd de kerk van St Bertinus vrijgesteld van alle belastingen door Diederik van Beveren, heer van Dixmude. Dat blijkt uit een handvest van dit jaar en bewijst dat in het begin der 13de eeuw de kasteleinen van Dixmude een groot gezag hadden.

In het jaar 1275 stierf Margaretha, echtgenoote van Diederik van Beveren en van Dixmude. Deze vrouw was uit het adelijk bloed der koningen van Cyprus en Jerusalem gesproten en werd begraven in de abdij van Flines.

Van het huis der kasteleinen van Dixmude bestaat een zegel. Het vertoont in het midden eenen geharnasten ruiter met het zwaard in de hand en een wapenschild op de borst, waarop de drij zoo gekende schellekens brei en een korstje afgebeeld zijn, doorsneden met een liggend kruis. Boven en onder dit schild steekt een bosje haar uit. Op de randen van dat zegel leest men « THEODERICIDEB EVN A SIGILL'. »

Er bestaat nog eene andere afbeelding : een cirond zegel insgelijks boven en onder van een bosje haar voorzien. In het midden is eene vrouw afgebeeld, in kloostergewaad en eene leliebloem in de rechter hand houdende. Op de randen leest men « DE WALLERS † SISABELLIS. »

In 1280 stond Jan van Beveren, novice in het klooster der Predikheeren te Doornik, zoon van Diederik van Beveren en Dixmude, al zijne rechten af ten voordeele van zijnen broeder Hendrik. Uit oorzaak van dezen afstand stemde Hendrik toe aan zijnen broeder gedurende zijn leven te betalen eene rente van twintig ponden Vlaamsch 's jaars.

In 1284 keurde Agnes, huisvrouw van Diederik van Dixmude eene akte goed bij welke haar man in bruidschat had gegeven aan Joanna, zijne zuster, gehuwd met Walter van Nevele, het leengoed van Dixmude en het recht op het vrije land van Poezele; tevens afziende van alle rechten uit haar spruitende (1).

« Bij akte verleden voor den officiaal te Doornik, verklaart Agnes, huisvrouw van Diederik van Beveren en van Dixmude, goed te keuren de huwelijksgift die haar man gegeven heeft aan zijne zuster Joanna, ter gelegenheid van haar huwelijk met Walter, heer van Nevele en kastelein van Kortrijk; deze gift bestaat namentlijk in 120 maten land, gelegen te Dixmude en in omstreken. »

Ten jare 1293 wordt gesproken van zekere brieven bij welke Erard, heer van Beveren en Wallers, kastelein van Dixmude, bekent schuldig te zijn aan Pieron, gezegd Fiat van Arien, eene zekere som geld, voor welke hij verklaart jaarlijks te betalen, gedurende zijn leven: 10 ponden Tournois, die hij belast op zijne standrechten te Dixmude, met boete van vijf schele parisis voor elken dag nalatigheid en verders met belasting op al zijne inkomsten, indien na zijnen dood, mevrouw de Wavraing, zijne echtgenoote, de gemelde standrechten alle te haren lijfgift begeerde te naderen. Deze brieven werden bevestigd door zijnen vermoedelijken erfgenaam Hendrik van Beveren en

(1) Chron. c. lc.

bewijzen eene eerste maal dat, zooals wij later zullen zien, de kasteleinen recht hadden op een deel der inkomsten die de gemeenten ontvingen van wege de handelaars welke de jaarmarkten of fooren bezochten.

In 1297 wordt gemeld dat Diederik van Dixmude, insgelijks burggraaf was van Deinze, heer der vrije heerlijkheid van Beveren en deze van Ballinghem, tusschen Kales en Ardres. Zoodat de heeren van Dixmude uitgestrekte bezittingen hadden en bijgevolg ook machtig waren.

Alvorens deze geschiedenis der heeren van Dixmude voort te zetten moet ik nog eenige schreden wagen op het gebied der algemeene geschiedenis.

Na het overlijden van Joanna van Konstantinopel, in 1244 werd hare zuster, Margaretha, gravin van Henegouwen, ook gravin van Vlaanderen.

Deze vorstin was tweemaal getrouwd geweest, eerst met Bossaart van Avesnes, bij wien zij twee kinderen had, later met eenen Burgondischen heer, Willem van Dampierre, bij wien zij ook kinderen bezat. Omdat Bossaart van Avesnes tot den geestelijken stand behoord had, scheidde zij zich van den eersten af en verstiet zijne kinderen ten voordeele dergene van haren tweeden gemaal. Hare regeering was roemwaardig voor de Vlamingen, maar hatelijk voor de Henegouwers. Na haar afsterven in 1280 erfden de d'Avesnes Henegouw en Gwijde van Dampierre werd graaf van Vlaanderen. Deze laatste had veel kinderen en zocht alle middelen om zijne onderdanen belastingen te doen betalen. Zoo verloor hij hunne genegenheid. Om deze terug te winnen verklaarde hij zich tegen den koning van Frankrijk, die sinds eenigen tijd twist en tweedracht in Vlaanderen zaaide.

Gwijde beloofde zijne dochter Philippine aan den prins van Wallis, zoon van den koning van Engeland die in oorlog was met den koning van Frankrijk. Deze laatste, peter van des graven dochter, riep haar met haren vader naar Frankrijk om, zooals hij beweerde haar den zegen te geven; maar toen ze aan het Fransche hof verschenen, werd Gwijde beschuldigd van opstand tegen zijnen leenheer en zijne dochter werd in de staatsgevangenis van den Louvre opgesloten. Gwijde, zich willende wreken, bewerkte een bondgenootschap tusschen hem, den koning van Engeland, den keizer van Duitschland en den hertog van Brabant. In den strijd die daarop zou volgen, werd Gwijde alleen gelaten en ging met eenige zijner edellieden aan Filips den Schoone vergiffenis vragen. Hij werd ook in de gevangenis opgesloten en Filips zond eenen landvoogd naar Vlaanderen om er bezit van te nemen en er in zijnen naam te heerschen. De Vlamingen kwamen in opstand. Er vormden zich twee partijen: de Leliaarts (naar den naam der lelie die het wapen van Frankrijk was) en de Klauwaarts (naar de klauwen van den leeuw, het wapen van Vlaanderen). Nu zou, volgens de kronijke van Vlaanderen, de toenmalige heer van Dixmude partij getrokken hebben voor de Leliaarts.

Op 20 Augustus van het jaar 1297 had een groote veldslag plaats te Bulskamp-brug, tusschen de Franschen en de Vlamingen. De eersten behaalden den zegepraal, ten gevolge van de verraderij van Boudewijn Reyphins, baljuw van Veurne, die de hem toevertrouwde bannier des graven van Gulik ter aarde wierp en zich met andere ridders in de Fransche rijen schaarde. De Vlamingen verloren 16.000 man op het slagveld, Veurne werd verbrand en de steden Dixmude en Nieuwpoort openden hunne poorten aan den vijand. De Franschen versterkten daarna de vestingen van Dixmude (1).

In 1298 gaf Diederik van Beveren en Dixmude verscheidene voorrechten aan het nonnenklooster van Hunkvliet (Spermalie te Slijpe) (2).

In 1299 richtte Diederik van Dixmude het broederschap van den heiligen Eligius op in de zelfde stad.

Nadat in 1302 de Bruggelingen, onder het geleide van Pieter De Coninck en Jan Breidel, de vaderlandslievende volkshelden, ruim 4000 Franschen op eenen vroegen morgen vermoord hadden, ging in Frankrijk een algemeene wraakkreet op. De Vlamingen wapenden zich toen zij vernamen dat de Franschen met ruim 50.000 krijgers afkwamen. Hun leger was veel geringer, maar het was met den waren moed van den goeden vaderlander bezield en wilde verwinnen of sterven voor dat duurbaar Vlaanderen. Een groote veldslag werd geleverd op den Groeninger Kouter bij Kortrijk. Dit gevecht is bekend onder den naam van « Slag der gulden Sporen. » Langs de zijde der Klauwaarts had zich de heer Arnold van Dixmude met vele andere Vlaamsche ridders onderscheiden (4). Dat schijnt van den anderen kant te bewijzen dat de heeren van Dixmude niet Leliaartsgezind waren, hetgeen voor

(1) Kron. van Vlaanderen.
(2) A. Fl. Occ.
(3) H. Fl. IV.
(4) WARNKŒNIG, H. Fl. IV.

hun Vlaamsch geslacht zou te betreuren geweest zijn.

In eene rekening van 1303 over aangeslagen goederen, tegen den graaf van Vlaanderen opgesteld door mijnheer Jan van Namen, vinden wij dat hij ontvangen heeft van het magistraat van Dixmude, vijftig ponden, voortskomende van marktgelden en andere rechten van den heere van Dixmude (1).

In het zelfde jaar trouwde Maria, moederlijke zuster van Diederik van Beveren, kastelein van Dixmude, met Eustachius IV, heer van Rœulx. Uit dit huwelijk sproten twee zonen en zes dochters (2).

Insgelijks in dat jaar stierf Isabella van Dixmude, abdes van het klooster der Victorinnen te Rousbrugge (3).

In 1310 gaf de heer Jan van Beveren, zoon van Diederik van Beveren en Dixmude, eene rent van 50 pond parisis per jaar aan Zeger van Gent voor bewezene diensten. Deze Jan van Beveren was bisschop van Potenza (4).

Die zelfde heer en bisschop verkocht in 1312 de heerlijkheid van Beveren aan Lodewijk, oudsten zoon van Lodewijk van Nevers, graaf van Vlaanderen. (Zoo leest men in Ph. de L'Espinois, ch. C. de Fl.) Dat is nogtans eene dwaling, want de geschiedschrijvers, Dumont, Moke, Genonceaux en anderen, zijn het eens om te verhalen dat te dien tijde Robrecht van Bethune, zoon van Gwijde, graaf van Vlaanderen was. Zoo de heerlijkheid Beveren verkocht werd, kon het

(1) A. L. Brug.
(2) Dugh. Hist. généal.
(3) V. D. B. Hist. Rousbr.
(4) Chart. c. Fl.

zijn aan eenen zekeren Lodewijk van Nevers, zoon van Robrecht van Bethune, die beschuldigd was het voornemen gemaakt te hebben van zijnen vader te vergiftigen door dezen verbannen werd en twee maanden vóór zijnen vader stierf.

De andere Lodewijk van Nevers, zijn zoon was graaf van Vlaanderen na den dood van Robrecht van Bethune (1).

In 1313 gaf Robrecht van Bethune deze heerlijkheid in huwelijksgift aan zijne dochter Mahoult, die trouwde met Mattheus, zoon van Thibault, hertog van Lorreinen (2).

In de handvesten van Rijsel van het jaar 1324 vindt men dat ten tijde van Lodewijk van Crecy, gezegd van Nevers, de heeren Joannes van Volmerbeke, ridder Hendrik van Eesen, ridder en burggraaf van Dixmude, de heer van Merkem en Rogier van Woumen onder de doorluchtigste edellieden van Vlaanderen gerekend werden.

In de oude schriften van Rupelmonde wordt op datum 1331 gesproken van eenen Huig van Lothrijk, die tevens heere van Dixmude, van Beveren en Montigny was.

In 1333 kocht Lodewijk van Nevers, graaf van Vlaanderen, de heerlijkheid Beveren aan Huig, hertog van Lothrijk of Lorreinen te Phainpoux in tegenwoordigheid van Diederik van Beveren, kastelein van Dixmude (3).

De regeering van Lodewijk van Nevers was voor

(1) J. P. J. Dumont, Hist. de B., t. 1, p. 328.
(2) Ph. de L'Espinois.
(3) Ch. C. de Flandre.

Vlaanderen een tijd van oorlog en rampen. De honderdjarige oorlog was uitgeborsten tusschen Engeland en Frankrijk om de koningskroon van dat laatste rijk, wiens vorst gestorven was zonder kinderen achter te laten. Lodewijk van Nevers koos partij voor Frankrijk en Engeland weigerde voortaan nog wol naar Vlaanderen te zenden. De Vlamingen die de lakennijverheid niet meer konden uitoefenen, vergingen van armoede. Te Gent riep men de hulp in van Jakob van Artevelde die zich de zaak van Vlaanderen aantrok, eerst het land onzijdig deed blijven en later de zijde van Engeland koos. In eenen grooten zeeslag te Sluis werden de Franschen door de Engelschen verslagen en de Vlamingen die van alle kanten opgekomen waren. Maar van Nevers wierf ook in Vlaanderen mannen aan en onder de edellieden die in 1340 door den Franschen koning, Filips van Valois naar St Omaars gezonden waren om die stad te bezetten bevond zich de heer van Dixmude. De burgers hielden zich toch met Artevelde zooal blijkt uit het volgende:

« Artevelde, de stad Brussel met zijn leger omringd hebbende, verzochten de ambachten van Gent de andere steden van West-Vlaanderen de zaak van den koning van Frankrijk te verlaten om zich met de Gentenaars te verbinden. Deze oproep werd verhoord en men zag dagelijks afgezanten van Brugge, Ieperen, Dixmude, enz. in het leger der Vlamingen aankomen. Dat gebeurde in 1341 (1). »

Na den dood van Lodewijk van Nevers in 1346, heerschte zijn zoon Lodewijk van Male. Deze vorst

---

(1) Hist. du Comté de Fl. t. II, p. 416.

bemoéide zich nog al met de zaak der nijverheid zooals uit het volgende is op te maken :

« Lodewijk van Male, graaf van Vlaanderen, verbood in 1351 aan alle fabrikanten der steden en dorpen van Vlaanderen, zich bevindende in den kring van drij uren afstands van Ieperen, zulkdanige lakens te maken als er gewoonlijk binnen deze stad vervaardigd worden. De lakenfabrikanten in bovengemelden omtrek wonende werden verplicht hunne stukken te maken op 38 ellen lengte en negen en half kwaart breedte, op straffe van verbeuring der lakens, 50 pond boete en een jaar opschorsing van hunne fabrikatie. De steden Dixmude, Roeselare en Belle waren aan dat bevel niet onderworpen. Deze akte werd opgesteld in tegenwoordigheid van verscheidene hoogbedienden, onder anderen van den heere van Dixmude (1).

Zoodat de heer van Dixmude in 's gravens raad zetelde en zelfs geheime raadsheer was.

In 1360 verklaarde Lodewijk van Male bij opene brieven aan Hendrik van Beveren en van Dixmude dat hij de hand gelegd had op de goederen en leenen van de heerlijkheid Dixmude, alsook dat hij den baljuw en de schepenen afgesteld en veranderd heeft, krachtens zijn vorstelijk recht en in voordeele van genoemden Hendrik (2).

Deze brieven werden gegeven na een onderzoek dat de graaf bevolen had en waarin als getuigen verschenen de kastelein van Ieperen en de grootbaljuw van Veurne genoemd Goossum De Wilde, die alsdan tijdelijk baljuw van Dixmude was.

(1) Dieg. Arch. Ypres.
(2) A. Fl. Occ.

Nog het zelfde jaar, op 30 November vertrok Hendrik Van den Vlierberg uit Gent naar Dixmude met brieven waarin de graaf Hendrik van Dixmude in al zijne rechten herstelde en hem herkende als den deugdzamen en rechtschapen kastelein en burggraaf van Dixmude (1).

In het register der handvesten van Rijsel bevindt zich eene naamlijst der bannelingen van Dixmude, die, wedergeroepen zijnde in handen van het magistraat onder eed beloofd hadden geen verbond meer aan te gaan tegen den graaf van Vlaanderen, noch ook raad of hulp te geven aan de bannelingen van Vlaanderen en van Dixmude, op boete van tien ponden grooten, waarvan $1/3$ voor den graaf, $1/3$ voor den heer en $1/3$ voor de stad (2).

In dat zelfde jaar, einde Augustus, teekende de graaf te Ieperen in tegenwoordigheid van vele edelen, waaronder de kastelein van Dixmude, eenen brief, bij welken hij aan de ongehoorzamen en oproermakers dezer stad vergiffenis gaf, op voorwaarde dat de bijzonderste hunner door de wet werden gestraft (3).

Op S[t] Bartholomeusdag 1361 werd de stad Ieperen veroverd door den heere van Dixmude in naam van den graaf van Vlaanderen, Lodewijk van Male. Ieperen was dan in de macht der opstandelingen sedert drij jaren (4).

In de archieven van Rijsel berust het volgende stuk dat ik in zijn geheel overschreef, omdat het over meer

(1) V. D. P. Hist. de Dixm. en Arch. Fl. Occ.
(2) V. D. P. Hist. de Dixm.
(3) Reg. handvesten, Rijsel.
(4) V. D. PEEREBOOM, Ypriana.

uitgebreide rechten van den kastelein handelt dan waar ik vroeger van gesproken heb. Het is gedagteekend Dixmude, 18 April 1365 en luidt als volgt :

« Verordening, gemaakt door 's graven raad en onder zijne goedkeuring, tusschen de stad Dixmude en Jan Corelooze en zijne gezellen zooals volgt : Door een zegel tamelijk wel behouden, gehecht aan eene akte uitgaande in 1340 van burgemeesters, schepenen en raad van *der port* van Dixmude, is op te maken dat van de vroegste tijden af het gewone zegel der stad het volgende wapen droeg : op eene zijde St Niklaas, zetelende en naar den hemel wijzende met zijne rechte hand, terwijl de linker zijnen staf hield ; op den rand leest men het opschrift. Op de andere bevindt zich een borstbeeld en op den rand het woord *Secretum. D. A. H.* De zegels der stad zullen moeten met zes sleutels weggesloten zijn. De twee burgemeesters, twee schepenen en twee raadsleden zullen dragers zijn van elk eenen sleutel, de tresoriers niet. De tresoriers zullen voor een jaar gekozen worden onder de meest begoede en bekwaamste burgers. Uit dien hoofde zullen zij uit alle andere ambten gesloten worden. Zij zullen zorgen voor de inkomsten en de uitgaven van de stad. De tresoriers zijn verplicht alle jare rekening te geven aan den graaf van Vlaanderen, den burggraaf van Dixmude of hunne gevolmachtigden, ook voor de wet en de gemeente van Dixmude. Hunne rekening moet in drijdubbel opgemaakt worden waarvan éen voor den graaf, éen tweede voor de stad en het derde voor den tresorier. — Het bestuur van Dixmude vermag geene lijfrenten ten laste van de stad te verkoopen, zonder de noodzakelijkheid er van aan den graaf en aan den burggraaf te hebben doen kennen en hunne toestemming bekomen te hebben; gelijk het ook geene giften mag geven boven de 100 ponden parisis, zonder dezelfde voorwaarden vervuld te hebben. Den burgemeesters en tresoriers die aan het bestuur zullen zijn wanneer men accijnsen zal verkoopen, is verboden dezelve voor eigene rekening te koopen op boete van zestig ponden en drij jaren ballingschap. Geen wethouder zal eenige onkosten ten laste der stad smeden, maar zal zich vergenoegen met de bezoldiging, hem toegewezen, wanneer hij buiten de stad gezonden wordt. Geene geschenken van wijn zullen gedaan worden, aan wie het ook zij, zonder toestemming van den graaf, den burggraaf, den raad van den graaf, en de wet van Brugge. — De schepenen zullen geene kleedingen doen maken op last der stad, zoolang Dixmude niet vrij zal zijn van schulden, en die zich wil kleeden zal het ten zijnen koste moeten doen. Gedaan in tegenwoordigheid van den burggraaf, van den raad, alwaar tegenwoordig waren : de proost van Onze Vrouwe, Pieter, zoon van Jan, ontvanger van Vlaanderen en Jan Van der Meersch, baljuw van Brugge (1).

Ten jare 1369 trouwde Margaretha, dochter van Lodewijk van Male, door toedoen van den koning van Frankrijk met diens broeder, Filips, bijgenaamd de Stoute. De koning van Frankrijk had zijnen broeder tot hertog van Burgondië verheven. Des graven raadsheeren in deze zaak waren Hendrik van Beveren, kastelein van Dixmude, Boudewijn van Praet, enz. Bij dat verbond werden Rijsel, Dowaai en Orchies door Frankrijk aan Vlaanderen terug gegeven (2).

(1) Arch. Lille.
(2) Kron. van Vl., 2 d.

In 1372 stierf Huig van Beveren en Dixmude te Valencijn in het order der Predikheeren, wier geestelijk leven hij aangenomen had. Ten tijde van Sanderus zag men aldaar eene schoone grafstede, waarvan deze schrijver het opschrift geeft.

In 1378 verkochten de heer en mevrouw van Dixmude aan de weduwe van Goederick Everaard 3 gemeten, 1 lijne en 75 roeden land in de Heernisse gelegen (1).

Een ander gedeelte land in de Heernisse werd door hen aan deze vrouw in 1379 verkocht (2).

Lodewijk van Male leefde een verkwistend leven en zijne onderdanen werden moede de gedurig gevraagde belastingen te betalen. Hij kreeg van de Bruggelingen eene groote som gelds, op voorwaarde dat deze eene vaart mochten delven van Brugge naar Deinze. De Gentenaars kwamen in opstand en vermoordden de Brugsche werklieden.

In 1381, gedurende den opstand der Gentenaars, gaven Daniel en Pieter van Dixmude vele blijken van kloekmoedigheid. De lieden van Dixmude waren altijd nevens die van Brugge (3).

De Gentenaars werden met Filips van Artevelde, Jakobs zoon, in 1382 te West-Rozebeke verslagen.

De helft van het Vlaamsch leger bleef op het slagveld.

In dezen veldslag streed de heer van Dixmude met de Franschen.

Korts daarna werd Pieter van Dixmude bij Valencijn

(1) Rijksarch. Brussel.
(2)   id.
(3) GILLIODTS, Inv. Brugge.

gedood. Diederik wilde dezen dood op de ingezetenen van genoemde stad wreken en wierf volk bijeen. Aan het hoofd van vijfhonderd ruiters, met lansen gewapend, trok hij naar Valencijn op, maar onderweg werd het geschil door de tusschenkomst van den graaf van Blois en den heer van Couchy in der minne geschikt (1).

Ten jare 1384 stierf Lodewijk van Male ten gevolge van eenen dolksteek, die hem in een geschil door den hertog van Berry toegebracht werd. Toen het lijk naar Rijsel gevoerd werd, was het begeleid door de heeren Jan de Vienne, bevelhebber der fransche vloot, van Gistel, van Steenhuize, Diederik van Dixmude en menigvuldige anderen. De derde banier werd gedragen door Jan van Dixmude (2).

Lodewijk van Male werd opgevolgd door Filip den Stoute, die met 's graven dochter, Margaretha, getrouwd was. Deze vorst sloot den vrede met de Vlaamsche gemeenten. Bij het teekenen van dezen vrede was Diederik van Beveren en Dixmude tegenwoordig.

In 1391 stierf Diederik, oudste zoon van Geeraard, heer van Dixmude. Hij was gouverneur geweest van Luxemburg en kamerheer van Lodewijk van Male.

In 1392 bevestigde Diederik van Beveren, heer van Dixmude, eene vergunning door zijnen vader aan de slachters dezer stad gegeven. Onder andere verbood deze keur aan alle personen, die geen deel van het vleeschhouwersambacht mieken in het vleeschhuis te verkoopen en aan alle inwoners vleesch te koopen buiten de stad en het er in te brengen. Alles

(1) FROISSART.
(2) MEYER.

op boete van 59 schele parisis boven de verbeuring van het vleesch. Eindeling werd er vrijdom van keuring gegeven voor het gevlaadde vleesch (1).

Diederik van Dixmude was in 1397, als leenman aan de kasselrij van Kassel onderworpen, wegens de leengoederen die hij in Watou en Blaringen bezat (2).

Hij was ook opperste bevelhebber der Vlaamsche troepen die tegen den graaf van Gelderen gericht waren in naam en op verzoek van Joanna van Brabant. Dat leger werd gezonden door Filip den Stoute om Antoon van Burgondië, zijnen zoon, welken hij tot het hertogdom Brabant verheven had, tegen zijne aanvallers te beschermen.

In 1402 werd de heer van Dixmude te zamen met den heer van Castilon gelast onmiddellijk vijfhonderd *glaiven* en evenveel archiers of boogschutters ten dienste te zenden van den hertog van Burgondië. De heere van Dixmude, ziende dat 's graven bevel hem vele onkosten zou veroorzaken, waartoe hij niet *gestoffeerd ende voorzien* was, wendde zich tot de wet en de poorters zijner stad, die hem, *omme zine eere int stic te bewaarne*, eene hulpsom van 300 pond parisis verleenden (3).

Jan de Bastaard van Dixmude in dit jaar terug gekomen zijnde, na vier jaren lang vele landstreken doorreisd te hebben, verklaarde dat hij verplicht geweest was eene *pelgrimagie te doene* naar *St Jacobs in Gallicen eer hi vleesch atc.* Hem werd door het magistraat, *te zine wellecome* en *te helpen ten costen van zine*

(1) Arch. du Royaume.
(2) Sanderus, 2^e d.
(2) Rek. Dixm.

pelgrimagie de som van 24 pond parisis gegeven (1).

De heer van Dixmude, een huis met eene *Poort bi der stede* gebouwd hebbende, *jn versterkingen van den lande ende van der voorzeide stede,* verzocht nog in het zelfde jaar den hertog van Burgondië aan de wet der stad te willen schrijven om hare medewerking tot het voltooien der aangelegde poort (kasteel, sterkte) te verzoeken. Op den brief van den hertog besliste het magistraat dat er, op last der stad eene hulpsom van 156 pond parisis zou betaald worden (2). Volgens de zelfde rekeningen had de heer van Dixmude zijne tolrechten op de wijnen en de vreemde bieren voor eenen tijd afgestaan aan de stad, om haar schadeloos te stellen voor de 300 pond parisis lijfrenten in 't jaar voor hem betaald (3).

In 1404, den 27 April, stierf Filip de Stoute. Dit jaar werden eenige poorters te Dixmude gevangen genomen en vroegen recht. De wet der stad durfde niet tot eene rechtspleging overgaan omdat de heere van Dixmude nog geene leenerkentenis gedaan had aan Mevrouwe van Burgondië. Daarom vertrok Niklaas Devroede naar Atrecht, om aan de geduchte vrouwe de toestemming tot rechtspleging te vragen. Hij vertrok uit Dixmude den 5 Juni 1404 en was *uute XIJ daghen eer hi bericht wezen mochte mids der beroerte en de rauwe die noch was int hof omme de doot van onzen geduchten heere* (4).

De stadsrekeningen maken melding van eenige

(1) Rek. Dixm.
(2) id.
(3) id.
(4) id.

reizen naar den heere van Dixmude gedaan en van presentwijnen hem bij zijne inkomst aangeboden, hetgeen laat veronderstellen dat deze heer niet bestendig in zijne stad woonde.

Het blijkt ook uit stadsrekeningen van het jaar 1409 dat de heer van Dixmude het bestuur zijner heerlijkheid in de eerste dagen van 1409 overliet aan zijnen zoon Ingelram van Dixmude. Zijn heerschappij moet van korten duur geweest zijn, dewijl reeds in de eerste dagen van Maart 1409 Jonkheer Hendrik van Dixmude hem in de heerlijkheid opvolgde.

Daarna volgen eenige jaarlijksche rekeningen waaruit op te maken is dat de poorters van Dixmude onder de talrijke verplichtingen ten opzichte van hunnen heer, nog deze hadden, hem en de zijnen voor de minste reis schadeloos te stellen en presentwijnen aan te bieden. Niettegenstaande dat waren de kasteleinen dikwijls in verlegenheid, ja soms in groot geldgebrek. Zoo meldt de stadsrekening van 1412.

Diederik van Beveren, heer van Dixmude en Hendrik, zijn zoon, ontvangen in leening van de Wet derzelfde stad eene som van honderd ponden parisis met belofte dezelve weder te geven ofwel op het tolrecht te laten afhouden (1).

Nog aan den heere van Dixmude in leening gegeven, op zijn dringende verzoek van wege de stad, één honderd en acht ponden parisis (2).

In 1416 verleende Diederik van Dixmude aan zijne stad eene keure op het verkoopen van visch ter vischmarkt. De vischverkoopers moesten voor elke bank,

(1) A. D. K. I, N. 23.
(2) D. K.

mande of plaats, twaalf penningen parisis betalen. Uit de opbrengst van dezen taks moest het altaar van S`t` Pieter twaalf ponden parisis 's jaars genieten, het overige moest verdeeld worden onder de stad en de S`t` Niklaaskerk, elk de helft (1).

In den oorlog tusschen Engeland en Frankrijk streed Jan zonder Vrees, opvolger van Filip den Stoute, ten voordeele der Franschen. Onder het groot getal edellieden die hunnen graaf volgden bevond zich Hendrik van Dixmude (2).

Aangaande de kasteleinen leveren de stadsrekeningen gedurende eenige jaren weinig belangrijks op. De heere deed reizen, ontving gasten, vernieuwde de wetten en telkens moesten er presentwijnen gegeven worden, hetgeen nog al een groote onkost was voor het stadsbestuur.

In 1429 trouwde de jonkvrouwe van Dixmude met zekeren Jan Allard, gezegd Perceval. Deze naam zal in 't vervolg meermalen voorkomen.

In 1431 stierf hare moeder, die eerst gehuwd was met mijnheer Aernoud Van der Berst en bij haar afsterven echtgenoote was van Daniel Perceval, vader van Jan Allard.

In 1432 deed zij als erfachtige dochter harer moeder hare blijde intrede en kreeg van stadswege 300 pond parisis.

In 1435 keurden Jan Allard, gezeid Perceval en zijne vrouw al de vrijheden, pointen, artikelen, enz. goed die hunne ouders aan het ambacht der vleeschhouwers geschonken hadden.

(1) A. D. K. 1, N. 25.
(2) Kron van Vl., B. 2.

Gedurende de laatste jaren was een beroemd vorst als opvolger van Jan zonder Vrees op het wereldtooneel verschenen. Jan zonder Vrees was in 1419 verraderlijk vermoord geworden en zijn zoon Filip, bijgenaamd de Goede, werd hertog van Burgondië en graaf van Vlaanderen.

De Franschen hadden de nederlaag geleden; hun koning, Karel VII was te Reims gekroond geworden en Joanna d'Arc, de maagd van Vaucouleurs, zijne beschermster, hadden de Engelschen levend doen verbranden.

Filip de Goede, om de moord van zijnen vader te wreken had zich met de Engelschen verbonden. In 1435 verzoende hij zich met den Franschen koning, Karel VII, en keerde zijne wapenen tegen zijne eerste bondgenooten. Gedurende het beleg van Kales, dat hij moest opbreken omdat de Vlamingen hem verlieten, streden Perceval, heere van Dixmude en Jakob van Dixmude, ten voordeele van Filip en een deel der oorlogskosten viel ten laste van hunne stad (1).

In 1436 was de heer van Dixmude eigenaar van eene boerderij, ten noorden van het Heilig Geesthuis, waar zijne vogelen (gewis zijne jachtvogels) aangekweekt werden (2).

Jan Allard de Percoval stierf te Gent, den 19 December 1452. Zijn lijk werd naar Dixmude gebracht en in de kerk begraven, zooals blijkt uit het volgende extrakt uit stadsrekening van dat jaar: *It. betaelt Willem Rycwaert van vier handkeersen, die ghedreghen waren voor de goede lieden van de wet, als*

(1) Rek. Dixm.
(2) Reg. Onze Vrouwe Kaland. Dixm.

zij trocken jeghens 't lijc van Percheval, heere van Dixmude, als hy lyc van Ghent ghebrocht was, te Dixmude. Wegende 8 ponden was 7 gr. 51 s. p.

In 1453 namen de Gentenaars de wapens op tegen hunnen hertog, Filip de Goede. Zij werden te Gaver verslagen. De stad Dixmude had aan Roeland van Dixmude, bij zijn vertrek met zijn volk naar Poucques twee honderd ponden parisis gegeven om den hertog in zijne onderneming te ondersteunen. Jan van Dixmude bracht naar zijne stad de tijding van de overwinning, die Filip op de Gentenaars behaald had en werd voor zijne moeite door de inwoners betaald (1).

Roeland van Dixmude, kamerheer van den hertog van Burgondië, bevestigde mits eenige wijziging, de Constitutie van 1434, door Burgemeesters en Schepenen verleend aan het Magdaleenhof. Dat had plaats in 1457.

In 1459 stierf Margaretha Van ter Berst, vrouwe erfgename van Dixmude, baronnes van Bavelingem; zij werd in de kerk der Minderbroeders van de derde orde van S* Franciscus te Dixmude begraven. Bijzonderlijk door hare zorg was dat klooster gesticht.

De geschiedenis meldt dat Lodewijk XI, die, om de woede zijns vaders te ontwijken het Fransche hof ontvlucht was, eene schuilplaats vond aan het hof van Filip den Goede. Deze laatste beschermde hem en wilde zelfs tegenwoordig zijn bij de kroning van den ondankbaren en ontaarden Lodewijk. Met hem ging de heer van Dixmude en kreeg van zijne stad als hulpgeld de som van 218 p. 6 sch. parisis. De kroning van Lodewijk XI had plaats in 1461 en in 1462 schonk Roeland, heer van Dixmude de goedkeuring en beves-

(1) Stadsrekening 1453.

tiging van de voorrechten, die zijne voorouders aan het ambacht der vleeschhouwers gegeven hadden (1).

Het was het gebruik dat de Dixmudenaren, bij de inkomst van elken nieuwen kasteelheer, dezen laatsten 300 p. parisis ten geschenke gaven. Dat blijkt uit de stadsrekening van 1464. De stad schonk aan Jakob van Beveren, heer van Dixmude, *na costume te zinen ancomen van de heerlichede 300 p. p.* (2).

Vele leden van de familie der kasteelheeren van Dixmude waren in geestelijke orders. Dat blijkt uit de opzoekingen door den heer Van de Putte gedaan en welke in zijne « Histoire de Dixmude » vermeld zijn. Genoemde schrijver geeft ook een uittreksel van de lijst der edelen, die in 1470 belastingen in de zaal van Ieperen betaalden. Daar komen de volgende namen in voor : Paul van Dixmude, Joost en Roeland van Dixmude, Jan van Dixmude, zoon van Karel; Kornelius en dan nog een andere Kornelius van Dixmude en Maria van Dixmude die huwde met Jan van Loo. Deze Jan gaf, met toestemming van den graaf van Vlaanderen zijne heerlijkheid aan zijne vrouw (3).

Uit eene rekening van het jaar 1464 is op te maken dat de weduwe van Roeland van Dixmude al hare goederen aan den koning van Frankrijk vermaakt had, zoodat na haren dood, de Franschen erfachtige bezitters van de heerlijkheid van Dixmude zouden geworden zijn. Deze weinig voorzichtige daad vond in Dixmude vele tegenwerkers en talrijke klachten gingen op onder de bevolking. Er werd te Parijs en te Amiens raad

(1) Stadsrek. Dixm.
(2) id.
(3) V. D. P. Hist. de Dixm.

gevraagd, en de klagers deden uitschijnen dat de beslissing der vrouwe grootelijks de heerlijkheid en het stadsbestuur kwetste en groote verliezen aan de poorters kon te weeg brengen. Het schijnt dat aan de klachten gehoor werd gegeven want in 1472 zien wij Dixmude in het bezit van Archembald, zoon van mevrouwe van Dixmude.

Lodewijk XI beloonde de gunsten die hij van Filip den Goede ontvangen had, met ondankbaarheid. Hij veroorzaakte aan hem en later aan zijnen zoon talrijke moeilijkheden, hij leende de hand in alle volksopstanden in Vlaanderen en het Walenland en was eindelijk oorzaak van het treurig einde van Karel den Stoute.

Daar deze oorlogen en volksopstanden eigenlijk meer betrek hebben op de gemeenten, gewaag ik er nu maar eens van; later sprekende over Dixmude's regeering, ambachten, nijverheid en handel, zal ik daar breedvoeriger over handelen.

In 1475, gedurende het beleg van Neuss, werd Hendrik van Dixmude door Karel den Stoute met de ridderorde vereerd. (Waarschijnlijk de ridderorde van het Gulden Vlies, vroeger door Filip den Goede te Brugge ingesteld).

De heer Archembald van Haveskerke, heer van Dixmude sedert het jaar 1472, was in dienst van Karel den Stoute en bezat den graad van kolonel in het beleg van Neuss. Na zijnen dood werd hij in het hooge koor der parochiekerk van Dixmude begraven, waar zich vóór 1794 eene zwart marmeren grafstede bevond waarop men las : *Hic jacet nobilis et potentissimus vir Arcembaldus de Haveskerke in suo tempore miles et dominus temporalis Dixmudensis, Watou et Jumelles qui migravit ab hoc sœculo quinto Kalendas Junii anno 1507* (1).

Karel de Stoute stierf op het slagveld te Nancy in 1477 en werd opgevolgd door zijne dochter Maria van Burgondië, die met Maximiliaan van Oostenrijk trouwde.

In 1472 huwde eene Maria van Dixmude, afstammelinge van Diederik van Dixmude, die deelnam in 1128 aan de wraakneming op de moordenaars van Karel den Goede, met Reinout van Haveskerke, wien zij de heerlijkheid van Dixmude als erfenis medebracht. Hunne dochter Antonia van Haveskerke trouwde met Jan Sacquespée, heer van Escourt, Beaudemont, enz. De heerlijkheid van Dixmude kwam zoo aan de familie Sacquespée en bleef er tot in 1508. Wanneer Magdalena d'Espences baronnes van Vorthel, vrouwe van Dixmude na den dood van Maria de Sacquespée, hare zuster, dezelve bij verkoop afstond aan Frederik, graaf van Bergh, baron van Boxmeer en van Brylant (2).

Ik wil hieronder melding maken van een beroemd stuk dat eigentlijk zou behooren verder in het overzicht der gemeente te komen, maar dat ik hier neerschrijf omdat de kasteelheer er rechtstreeks in betrokken is. Het doet klaar zien welke in zake van regeering de rechten en de plichten waren van de stad ten opzichte harer heeren. Het is getrokken uit eene oorspronkelijke kopij van 21 Januari 1510 en onderteekend J. Van Steenberghen.

Een geding was hangende voor het hof van den

(1) V. D. P., Gén. Ch. Dixm., GRAMMAYE.
(2) Stadsarchieven.

raad van Vlaanderen, tusschen Antonius Sacquespée, heere van Dixmude, van Watou, van Jumelles, enz., ter eener zijde en Lodewijk Donche, burgemeester van schepenen, Adriaan Volckerave, Jozef Clarin de oude, Matteeuw van Meire, Geeraart Scheppen, Juliaan Roosboom, Niklaas Yman en Franz Stalin, schepenen ende tresoriers; Jan Lammertin, stadhouder van den burgemeester van de commune, Walrave Claisen, Passchier Marten, Pieter Boudins, Jaak Clarin de jonge, Olivier van den Dorpe en Jakob Casteel, raden der voorzeide stad van Dixmude, verweerders ter andere.

De eischer beweert dat hem toebehoort de stad en de heerlijkheid van Dixmude, verkregen van den geduchten heer, graaf van Vlaanderen, uit hoofde van zijne *Burg van Brugge*, op en in welke hij heeft *verscheidene schoone voorrechten en vrijheden enz.* onder andere alle jaren binnen voorzeide stad te mogen benoemen eenen baljuw, eenen schout en dertien schepenen, onlangs *door de armoede van de stede* verminderd op negen, waarvan de eene burgemeester van schepenen de macht had ook aan te stellen eenen schout en eenen klerk voor de vierschare, en voorts alle jaren te benoemen twee schatbewaarders *ende te créeren* dertien raden, waarvan één burgemeester van de commune is; alwelke schepenen en andere officieren bij hun aankomen gehouden zijn, in zijne handen, of in die van zijnen gemachtigden af te leggen den behoorlijken eed. Tegenstrijdig aan deze rechten hebben, volgens de verklaring van den eischer, de verweerders zich vervoorderd op hunne eigen *autoriteyt* te benoemen dertien raden, waarvan eenen burgemeester van de commune, waarover hij zich beklaagt en verlangt dat het hof hem recht zou doen en de verweerders veroordeelen *om hem gerustelijk zijne rechten te laten genieten, enz.*

De verweerders beweren integendeel dat de stad Dixmude recht heeft, *en dat van onheugelijke tijden*, er te hebben schepenen en raden, twee burgemeesters, den eenen van schepenen, den anderen van de commune, benevens twee schatbewaarders, *omme de institucie en de policie van der stede te regierne*, dewelke men jaarlijks vermaakt en vernieuwt in Januari, omtrent St Paulusdag, en de schepenen *van den heere, door den heere of door den burggraaf* vernieuwd zijnde, zij schepenen, alsdan de raden benoemen, en de raden eenen burgemeester van schepenen kiezen en de schepenen eenen burgemeester van de commune.

Na verscheidene jaren tijdverloop en dagvaardingen voor het hof van Vlaanderen, waaronder er een aangehaald in datum 9 Februari 1500, werd den 21 Januari 1510, het volgende vonnis verleend, dat ik hier letterlijk overschrijf: « 't Hof revecteerende de requeste civile van den voornoemden heeschere, zeght ende wyst ende overrecht den heeschere niet ontfanghelick zynde up de verweerders in deze zake met zynen voorseyden heesche ende conclusien, absolveeren de verweerders van denzelven zijnen heesche ende conclusien ende condemneert den heerschere in de costen van dezen ghedinghe, ter taxatie van den Hove, hem heeschere niet min geheel blyvende om zyne recommandacie van persoonen van zynen cedullen of billietten te moghen doene, alsoo hem ende synen voorgaende heeren van Dixmude gheploghen ende gheuseert hebben van doene.

Aldus ghewyst den XXJ° van Lauwe XV° thiene. Ghecollationneert jegens 't register van sententien van den Raede in Vlaenderen ende dese copie daermede bevonden t'accordeeren. By my »

(Handteeken) J. Van Steenberghen.

Dat stuk is kostbaar. Het werpt een zeker licht op de aloude regeering van Dixmude, doet zien dat deze stad, voor wat het magistraat aangaat, nagenoeg op gelijken voet was ingericht als de groote steden van Vlaanderen, en laat met zekerheid bevestigen dat Dixmude, evenals Gent, Brugge en andere steden vrijheden had tegenover de kasteelheeren, die vrijheden wist te waardeeren en te verdedigen. Ofschoon de oorkonden geene melding maken van het getal inwoners van Dixmude, zal men uit het vervolg dezer geschiedenis, lichtelijk kunnen opmaken, dat het West-Vlaamsch stadje aan den IJzer, schoon thans maar 4,100 zielen tellende, weleer op eene der eerste rangen stond onder de smalle of kleine steden. Heeft het zijnen ouden luister verloren, dat is toe te schrijven aan rampen van allerlei aard, zooals verder vermeld zal worden.

Wat ik zooeven beweer kan eeniger wijze bevestigd worden door het volgende :

Volgens den heer Sanderus werden in 1513 de muren der vestingen aan de oostzijde uitgezet en de kring der stad uitgebreid, ter oorzaak der aangroeiende bevolking, die door de groote voorrechten uitgelokt, er zich kwam nederzetten.

In 1518 stierf Pieter de Sacquespée, heer van

Dixmude en liet geene kinderen na. De heerlijkheid ging over in handen van zijnen broeder, Willem de Sacquespée, gehuwd met Margaretha de Jonglet. Uit dat huwelijk sproten dertien kinderen (1).

In stadsrekeningen van 1528 wordt er melding gemaakt van het huwelijk van Sebastiaan Sacquespée, bastaard van Dixmude. Hij kreeg te dezer gelegenheid, van stadswege 8 zilveren kroezen (2).

Ten jare 1541 vertrok Filip, zoon van den heere van Dixmude naar het hof des keizers, Karel V, om aldaar schildknaap of paadje te worden. Hij kreeg ten geschenke van de stad 120 pond parisis voor een paard.

In dat zelfde jaar trouwde zekere heer Despenches met Louisa, de dochter van den heer van Dixmude, en hun werd de eerewijn aangeboden.

De geschiedenis maakt melding van den voorspoed en den bloei der Vlaamsche gemeenten gedurende de XIVe en XVe eeuw. De steden Gent, Brugge, Ieperen en andere waren buitengewoon machtig. Getuige daarvan de talrijke twisten met vorsten en graven, twisten, waarin meer dan eens de macht der vorsten moest onderdoen voor den tegenstand der gemeenten, maar waarin ook, jammer genoeg, de krachten der burgers menigen gevoeligen knak kregen, totdat eindelijk hunne overmacht vernietigd werd en zij het hoofd moesten bukken voor den wil en de listen der dwingelanden, die ze van al hunne rechten en vrijheden beroofden.

Hun rijkdom bestond in de rijke vruchten, die de handel en de nijverheid en voornamelijk de laken-

(1) V. D. P. Généalogie, Chât. Dixm.
(2) Rekeningen Dixm. 1528-1529.

nijverheid opleverden. Voor de stad Dixmude was de lakennijverheid de voornaamste bezigheid der inwoners. Deze nijverheid verzwakte allengs in de eerste jaren der zestiende eeuw; niettegenstaande de krachtige hulp die de kasteleinen verleenden.

Van de welwillende bemoeiingen der heeren van Dixmude in de volkszaak getuigt eene keure in 1544 gegeven door den heere, bij welke deze laatste zijne goederen in het graafschap Artois belastte om aan het magistraat zijner stad hulpgelden te verleenen, ten einde de lakennijverheid herop te beuren.

Ten gevolge van het geven dezer hulpgelden kon het magistraat eenige vreemde nijveraars overhalen zich te Dixmude te komen vestigen om er hunne nijverheid uit te oefenen. Deze nijveraars kregen van wege het stedelijk bestuur toelagen om hen in hunne werkzaamheden te ondersteunen. In weerwil van al deze gunsten en bezorgdheden kwijnde de lakennijverheid en van den eens zoo grooten voorspoed blijft heden slechts de roem van het verledene over.

De kasteelheeren van Dixmude achtten zich ook niet te edel, niet te groot om belang te stellen in de volksspelen der burgers. De schuttersgilden hadden de eer hunnen kastelein onder hunne leden te tellen, en meer dan eens wordt er melding gemaakt van de bedrevenheid der heeren in het schieten met den hand- en den kruisboog. Onder menigvuldige eerbewijzen die hieruit voortsproten kan verhaald worden, dat de heere van Dixmude in 1549 den oppervogel afgeschoten had en daarom koning van St Jorisgilde werd uitgeroepen.

Ten jare 1550 stierf Willem de Sacquespée, heere van Dixmude en werd opgevolgd door Antheunis de

Sacquespée, zijnen zoon, die nog het zelfde jaar zijne plechtige intrede deed in de stad. Antheunis de Sacquespée had eene zekere beroemdheid verkregen, want hij was burgemeester van het Brugsche Vrije.

In 1553 stierf mejonkvrouw Anna de Sacquespée, dochter van den heer en werd in de St Niklaaskerk begraven.

In 1558 zetelde Antheunis de Sacquespée onder de magistraten van de stad Gent.

De heer Van de Putte, in zijne « Histoire de Dixmude » maakt melding van menigvuldige familieleden der heeren van Dixmude, die in kloosters hun leven sleten. Zoo was Lieven van Dixmude, zoon van Jan en Jacoba Dullaert, geestelijke in de abdij van St Baafs en stierf er in 1562. Zijn blazoen was gedwarsbalkt van goud en blaauw van acht stukken gebroken met een vrij- kwartier van rood, met zilveren leeuw.

Omstreeks 1569 bracht Maria de Sacquespée, de heerlijkheid Dixmude in de familie van Joigny van Pamele, door haar huwelijk met Jaak Joigny van Pamele. Maria stierf in 1607, volgens eenen zerksteen, gemetseld in den muur, bezijden het tabernakel in de kerk van Dixmude (1).

Volgens eene stadsrekening van het jaar 1585 was die Maria de Sacquespée in tweede huwelijk getrouwd met Jan van Traisignies, die als heere van Dixmude in dat jaar stierf.

Mevrouw Maria de Sacquespée was de St Sebastiaansgilde bijzonder genegen. Zij schonk haar in 1589 eene nieuwe vergunning, door dewelke de gildebroeders bemachtigd werden met hunne wapenen binnen

(1) V. D. P., Hist. Dixm.

de stad en het schependom, te gaan, te rijden, te blijven en weder te keeren bij dage en bij nachte op voorwaarde dat zij haar (Maria) zullen volgen met hunne wapens en dienen waar zij (Maria) het geradig zal vinden, nogtans op de kosten van mevrouwe, wanneer de dienst buiten de stad geschiedt (1).

Ten jare 1602 bood Maria de Sacquespée, vrouwe van Dixmude, aan 's lands bestuur te Brussel een verzoekschrift, ten einde de toestemming te bekomen eene vrije jaarmarkt en eene wekelijksche markt te mogen oprichten in de gemeente Watou (2).

In St Jacobskerk te Gent vindt men aan een der altaren ter rechter zijde eenen zerksteen, waarop staat : « Sepulture van den eerweerden heere jonkheer Jan van Dixmude, M[her] Joos, zone, Rudder en van Maria van de Hole, schildknaap, heere van Boulghe, overleed den 20 Sprokel 1606. »

In den krans staan acht wapenen : Dixmude, Waele, van den Hole, Reyphiens, Dullaert, Keerbergh, Delespine en Delaval.

Na het overlijden van Maria de Sacquespée ging de heerlijkheid over aan den baron d'Espence, haren neef, die in 1607 zijnen eed aflegde als heer van Dixmude, zooals blijkt uit de stadsrekening van gemeld jaar. In 1608 verkocht hij zijne heerlijkheid voor negen en negentig duizend guldens aan den heer Frederik, graaf van Bergh, baron van Boxmeer en Brylant, goeverneur, kapitein generaal van het land van Artois, kolonel van een regiment Duitschers, die te Brugge woonde (3).

(1) Arch. S[t] Sebastiaan te Dixm.
(2) Arch. Veurne.
(3) Arch. Dixm.

Deze heer was zeer misnoegd omdat het stadsbestuur van Dixmude aan den geleerden navorscher Grammaye, de toelating verleend had, in stadsarchieven te zoeken, ten einde inlichtingen in te winnen over de geschiedenis van Dixmude. Deze vergunning was gegeven geweest zonder den heer van Bergh te kennen.

Hij werd in 1609 plechtiglijk als bezitter en heer ingehuldigd.

Graaf Frederik van Bergh was de stichter en beschermer van het kostbaar tabernakel dat in 1614 in de kerk opgericht werd door Hieronimus Stalpaert, steenhouwer te Brugge. Dat tabernakel bestaat nog en is eene der merkwaardige schatten der kerk. Op de westzijde dezes staat : *D. O. M. Et sacro sanctæ est charistie, tabernaculum hoc fœcit : auspiciüs excell. Frederici Dⁿⁱ Dixmudensis incohatum magna magistratus et vulgi liberalitate confectum. D. D. Q. S. P. 2 D. MDCXIV.*

Over dat tabernakel wordt verder breedvoeriger uitgeweid.

In dat zelfde jaar bekwam de heer van den Bergh van wege de aartshertogen Albert en Isabella, alsdan vertegenwoordigers van het Spaansche huis in België eenen afslag van 802 P. 2 sch. 8 deniers parisis, zijnde het derde deel van de kosten welke hij verschuldigd was te betalen aan de domeinen over den koop der heerlijkheid van Dixmude. De heer staafde zijne aanvraag op de groote onkosten, die hij verplicht geweest was te doen door het bijwonen der keizerlijke vergadering (diète) en waardoor hij genoodzaakt was eene groote hoeveelheid van zijn zilverwerk te verkoopen (1). Hij stierf ten jare 1618. Daarna ging de heerlijkheid over aan den markgraaf de St Remy. Hier kan eenige twijfel bestaan. De rekening van 1623-1624 spreekt van Michel de Conflans, markgraaf van St Remy en de rekening van 1624-1625, van den graaf Albert van den Bergh, gehuwd met mevrouw de markgravin van St Remy. Het laatste zou kunnen echt zijn want door zijn huwelijk met de markgravin werd Albert van den Bergh eigentlijk markgraaf.

Tot in 1724 wordt in stadsrekeningen gesproken over de graven en gravinnen van den Bergh waarvan eenige dezer laatste nog al met hardnekkigheid hunne rechten wisten te verdedigen zelfs tegen vreemde overheerschers en daardoor bewijzen gaven van zekere macht en hoogen invloed.

In gemeld jaar, den 24 Mei, trouwde Frans-Willem van den Bergh met Catharina, dochter van Christoffel, graaf van Zeil en opperschenker van het Heilig Roomsche Rijk. De gravin stierf den 24 Maart 1739. Uit dat huwelijk sproten drij kinderen :

1° Maria-Jeanne-Josephe.

2° Jean-Baptiste-Jozef-Oswald-François.

3° Maria-Thérèse-Henriette, kanonikes van Remiremont.

Door uitbreiding van familiebanden kwam deze stam der van den Bergh's in het bezit van het prinsdom Hohenzollern-Sigmaringen, zoodat Jan-Baptiste-Jozef-François, graaf van Bergh, heer van Dixmude, ook prins van Hohenzollern-Sigmaringen getiteld was.

(1) Staatsarchieven.

Deze werd geboren den 24 Juni 1728 en stierf in 1781. Hij trouwde in 1758 met Marie, gravin van Lodron, bij welke hij geene kinderen had.

Zijne zuster, Marie-Jeanne-Josephe volgde hem op. Deze werd geboren den 14 April 1727; zij trouwde den 24 Februari 1749 met Charles-Frederic, prins van Hohenzollern-Sigmaringen en deed bij procuratie, op 22 Januari 1782 haar leen van Dixmude erkennen.

In de rekeningen der leenverheffingen bij 't leenhof van den Burg van Brugge, wordt deze princes getiteld als « Hooge en Machtige Dame Jeanne de Zollren. » Zij stierf den 22 Februari 1787, korten tijd na haren man die overleden was den 26 December 1786. Uit dit huwelijk zijn geboren benevens verscheidene andere zonen die minderjarig gestorven zijn :

1° Antoon-Aloïs-Mainrad-François.

2° Jeanne-Françoise-Fidèle-Antoinette, geboren den 3 Mei 1765 en overleden den 30 Augustus 1790 na in huwelijk geweest te zijn met Frederic-Jean-Otton, prins van Lalm-Kyrburg.

3° Marie-Crescence-Anne-Jeanne-Françoise, geboren den 24 Juli 1766, kanonikes van Buchau.

Antoine-Aloïs-Mainrad-François prins van Hohenzollern-Sigmaringen, (*oud grootvader van hare koninklijke hoogheid de gravin van Vlaanderen*), graaf de Bergh, heer van Brylant, van Boxmeer en van Dixmude, erfelijke kamerheer van het Heilig Roomsche rijk, generaal majoor van den cirkel van Zwaben, ridder van den Zwarten Arend, geboren den 20 Juni 1762 en overleden in 1831 was de laatste bezitter van de heerlijkheid van Dixmude.

De stad Dixmude mag zich dus de eer toeschrijven

gedurende bijna eene geheele eeuw voor leenheeren en hooggerechtigden, prinsen uit het doorluchtig huis van Hohenzollern gehad te hebben, en voor laatste leenheer den oud-grootvader van de princes Maria-Ludovica-Alexandrina-Carolina van Hohenzollern-Sigmaringen, die te Berlijn den 25 April 1867 in den echt is getreden met Filips-Ferdinandus-Leopoldus-Georgius, graaf van Vlaanderen. De laatste leenheer, Antoine-Alois-Mainrad-François was den 12 Augustus 1782 in huwelijk getreden met Amelia-Zepherine, princes van Salm-Kyrburg, waarbij hij gewonnen heeft Charles-Antoine-Frederik-Mainrad, die, geboren werd den 20 Februari 1785, en overleden is den 11 Maart 1853.

De heer Van de Putte deelt in zijn werk « Histoire de la ville de Dixmude » eene naamlijst mede van een groot getal personen, allen leden van de familie der kasteleinen van Dixmude, welke van 1380 tot 1614 hooge ambten bekleed hebben in de stad Ieperen, welke in de middeleeuwen even als Brugge en Gent, eene bevolking telde van ruim 200,000 inwoners en aan de spits stond van den vooruitgang in koophandel en nijverheid. Deze naamlijst is te breedvoerig om hier vermeld te worden en is getrokken uit de archieven van het magistraat van Ieperen, dus boven alle verdenking verheven.

Nu wil ik op nieuw met mijne goedgunstige lezers het verre verleden doordringen en mij bezig houden met den toestand van mijne geboortestad van af de middeleeuwen tot heden. Daarin zal men zien wat Dixmude was als stad met hare nijverige inwoners, en hoe zij moedig heeft gestreden voor haar zelfbehoud en eigenwaarde.

DIXMUDE ALS STAD.
VESTINGEN.

Van in de vroegste tijden vereenigden zich de vrije mannen in gezelschappen, waar zij elkander door onderlinge medewerking ondersteunden. De geest van samenwerking was vooral bij de oude Vlamingen diep ingeworteld en was de grondsteen van die machtige vereenigingen, die wij in de middeleeuwen bewonderen. Diezelfde geest is de eerste oorzaak geweest van het ontstaan der machtige Vlaamsche steden, die destijds de brandpunten waren van vooruitgang en beschaving. Broederliefde, zucht naar vrijheid, werkzaamheid en gehechtheid aan eigen taal en zeden: ziedaar, de banden die deze nijverige vrije burgers samenhielden en waaruit de krachten sproten, die weleer het Vlaamsche volk in den vreemde geducht maakten.

Van de stoffelijke bijdrage, die elke vrije man in de vereeniging bijbracht, bijdrage, die later in geld geleverd werd, komt het woord « gilde » voort.

Hoe de woorden « burgers » en « poorters » ontstaan zijn, weten wij reeds.

Door omstandigheden, welke ik vroeger aangehaald heb, kregen de laten ook hunne vrijheid; zij kwamen bij de burgers inwonen en oefenden de bedrijven uit, welke later de « ambachten » werden.

De vereenigingen van kooplieden, kregen den naam van « neringen. »

Hoe komt het nu dat graven, baronnen, markgraven, hertogen en kasteelheeren over zoovele, zelfs in den beginne over al de steden meester waren?

Een weinig redeneering zal die vraag oplossen.

De gedurige invallen van vreemde volkeren, vooral van de Noormannen, waren oorzaak, dat de vrije mannen hunne toevlucht zochten, waar zij die vinden konden. De hooggeplaatste edelen, die hunne bedieningen eerst in name van eenen keizer of eenen koning uitoefenden, later de door hen bekleede waardigheid erfelijk maakten en eindelijk de bestuurde streken als hun eigendom beschouwden, boden in hunne burchten en rond hunne kasteelen, den vrijen mannen eene veilige wijkplaats aan. Deze burgers waren aan hunne beschermers dankbaarheid verschuldigd, zij ondersteunden ze werkelijk door het betalen van jaarlijksche belastingen en door het leveren van manschappen voor den oorlog. De graven, hertogen, enz., ziende dat de burgers naar een geregeld bestuur zochten, boden hun zulks aan, en voerden er natuurlijk het hooge woord. Daar zij niet in alle gemeenten te gelijk konden zijn, noemden zij plaatsvervangers, die als kasteleinen den graaf of hertog vervingen en door eenen baljuw, onderbaljuw en schout geholpen werden.

Land, gemeente en bewoners werden aldus de eigendom der groote leenheeren.

Eenige steden zooals Gent, bij voorbeeld, wisten toch van hunne leenheeren te verkrijgen dat het volk, de ambachten, in het bestuur vertegenwoordigd werden en kregen ook vrijheden, waaronder de volgende de voornaamste waren:

De lieden der gemeenten bezaten de persoonlijke

vrijheid; de eigendom was onschendbaar; geene goederen mochten verbeurd verklaard worden; niemand kon, tenzij op heeter daad betrapt, gevangen genomen worden, zonder aanhoudingsmandaat door de schepenen uitgevaardigd.

Niemand mocht geoordeeld worden, dan volgens de wet en door zijne natuurlijke rechters.

De burgers waren vrij van het rechterlijk tweegevecht en van de water- en vuurproef; zij hadden het recht hunne bestuurders te kiezen en hunne belastingen te stemmen.

De strijdmacht kon maar tot verdediging van het land opgeroepen worden.

De gemeente had de macht geld te slaan, hare inwoners mochten vrij gaan en komen en over hunne goederen beschikken.

Verder had iedere gemeente een bijzonder zegel, eene gemeentekas en een raadhuis.

Zij was versterkt door grachten, muren en torens.

Zij bezat eenen wachttoren, en eene klok om de burgers bijeen te roepen, ook had zij recht op eene markt of foor (1).

Deze rechten en vrijheden stonden de groote leenheeren toe bij middel van keuren of charters.

Deze keuren waren stukken van groote waarde voor de gemeenten en steden, die ze eerbiedig bewaarden en voor wier handhaving de burgers goed en bloed te pande stelden. Zij waren, het mag gezegd worden, de bouwstoffen waaruit het schoone monument, de grondwet, later zou oprijzen.

Niet alle steden bezaten deze vrijheden even voltal-

(1) Van der Biest en Van Dongen, Belgische Geschiedenis.

lig ; Gent was de meest bevoorrechte en de voornaamste stad van Vlaanderen, Brugge en Ieperen streefden haar nabij en deze drij steden verwierven eenen roem die gansch de gekende wereld door weerklonk.

Uit het getal mannen die de stad in evenredigheid met de bevolking moest leveren aan den graaf om met hem ten strijde te trekken, heb ik mij het gedacht gevormd dat in de XIV° en XV° eeuw 1300 tot 1400 het *maximum* der bevolking van Dixmude niet boven de 4,500 tot 5,000 mag berekend worden alhoewel alsdan nog Duinkerke en Burburch (Bourbourg), onder hare juridictie stonden.

Haar ontstaan heeft zij aan hare ligging te danken. Het is algemeen bekend dat het grootste getal steden liggen of wel dicht bij de zee, aan veilige inhammen ofwel op stroomen of rivieren. Heden met de ijzeren wegen is deze wijze van ontstaan eenigzins veranderd.

Hier dient nog eens op den oorsprong van Dixmude teruggekomen te worden. Volgens den graaf van Brylant, reeds ten tijde van Boudewijn den IJzeren bestaande, werd deze stad door de Noormannen verwoest en door Boudewijn III hersteld. Deze graaf van Vlaanderen richtte er zelfs eene openbare markt in (1).

Het gehucht Dixmude behoorde eerst aan de gemeente Eesen, door graaf Arnulf den Oude aan de abdij van St Donaas te Brugge geschonken.

Eerst in 1045 was dat gehucht uitgebreid en belangstellend genoeg om op zich zelven te bestaan. Zijne kerk werd afgescheiden van de kerk van Eesen en door den bisschop van Teruane gewijd (2).

(1) Sand., Fl.
(2) Malebrancq, de Moriniers. T. 1, P. 299.

Reeds van in het begin der XII° eeuw (1127) wa Dixmude gekend voor eene zeer belangrijke plaats voor den koophandel. Dat blijkt uit eene keure, die Willem Cliton, graaf van Vlaanderen, schonk aan de inwoners van S¹ Omaars, en bij welke dezen vrijdom kregen van alle rechten en belastingen in de *haven van Dixmude* (1).

Uit eene keure in 1160 aan de stad Nieuwpoort door Filips van den Elzas graaf van Vlaanderen gegeven, blijkt dat Dixmude reeds in bezit was van voorrechten en vrijheden; want in die keure leest men : « Ik geef hun dezelfde vrijheid in gansch Vlaanderen, zooals die van Dixmude. »

Nieuwpoort werd gesticht door Filips van den Elzas in 1160 op de plaats waar in 1115 Lombartzijde vernield werd. Deze plaats, een heuvel, hiet Zandhoven (2).

In 1167 werd de IJperlee gedolven, deze werd alzoo bevaarbaar en er kwam meer leven en beweging in de *haven van Dixmude* (3).

In 1183 beval Filips van den Elzas het delven van eene vaart van Dixmude naar Veurne.

Verscheide oktrooien staan in 1187 toe eene vaart te delven om Poperinge met den IJzer te verbinden.

Dus zien wij op het einde der XII° eeuw Dixmude in verband met zeer voorname steden, zooals Ieperen, Poperinge en Veurne. Dat laat toe te denken dat genoemde drij steden er aan hielden in verband te zijn met Dixmude. Ieperen vooral was, zooals ik reeds gezegd heb, eene der eerste en machtigste steden van

(1) Mémoires Morinières.
(2) Van de Velde, Anc. Furnes-Ambacht.
(3) Lambin en la Flandre.

Vlaanderen. De nijverheid en de handel vonden dus te Dixmude eene geschikte haven voor den uitvoer en den invoer, waaruit natuurlijk moest voortspruiten dat deze laatste stad eene voorname zeehaven is geweest, en als gevolg daarvan eene belangrijke handelstad.

De handelsbetrekkingen tusschen Ieperen en Dixmude namen meer en meer toe, en in 1251 stond de gravin Margareta van Konstantinopel toe eene vaart te delven van Boesinge naar de Knocke, alzoo waren beide steden in rechtstreeksche gemeenschap, doordien de IJzer dan ook meer uitgedolven werd en alzoo met meer zekerheid kon bevaren worden (1).

Ziedaar wat Dixmude reeds in 1251 was, dank aan de edele bemoeiingen der graven van Vlaanderen.

Het was voornamelijk onder de regeering der gravinnen Joanna en Margareta van Konstantinopel dat de Vlaamsche gemeenten ten toppunt van welvaart en macht gestegen waren.

Dixmude had in 1270 eene groote ramp te betreuren. Een deel der stad werd door eenen brand vernield evenals de kerk. Het afgebrande werd heropgebouwd en Gwijde van Dampierre deed ze met vestingen omringen. Dat bewijst dat Gwijde zich met Vlaanderens belangen reeds bezig hield gedurende het leven zijner moeder.

Het jaar 1270 is het eerste in de geschiedenis van Dixmude, dat er melding gemaakt wordt van versterkingen aan deze stad gebracht.

Deze versterkingen verdienen de aandacht van den lezer, want talrijk zijn de veranderingen, daaraan gedurende den loop der tijden toegebracht en zij doen

(1) Vifquain, Arch. Dép. Nord.

hem eenen blik werpen op vele gebeurtenissen die rond en in genoemde stad plaats grepen.

Het is mijn doel niet in algemeenheden te treden over den strijd om leven en dood die reeds op het einde der XIII° eeuw begon tusschen Frankrijk en de machtige Vlaamsche Gemeenten. Een strijd die ons de afgunst doet zien van Frankrijk over den welstand onzer rijke gewesten.

Jammer is het, dat er moet aangestipt worden hoe de heeren van Dixmude zich in het begin van den strijd aan de zijde der Leliaarts schaarden. Deze handelwijze duurde echter niet lang, want in den Guldensporenslag zien wij ze moedig ten voordeele der Vlamingen strijden.

Eene weluitgevoerde plaat, gemaakt door zekeren Duplouy in de eerste jaren der XVII° eeuw stelt een plan voor van de stad Dixmude, zooals zij in dien tijd was.

Op dat plan komt genoemde stad voor omgeven van muren en breede waterloopen die haar langs alle kanten insloten. Vier groote poorten : de Oostpoorte, Zuidpoorte, Westpoorte en Noordpoorte genoemd, benevens eene kleinere het Grauwe broeders voetpoortje geheeten, gaven toegang tot haar. Er was ook, daar waar de Alleiebrug thans nog is, eene Ballingpoort. Zeven kanonnen waren op de vestingen geplaatst om in geval van nood aan de vijanden den ingang langs deze poorten en langs den IJzer te beletten. Op de vestingen stonden ook windmolens waarvan er nog eenige bestaan.

Binnen de vestingen biedt de stad een schoon zicht aan. De straten zijn veelal rechtloopend en evenwijdig, de vestingen, met boomen omringd, leveren schoone en aangename wandelplaatsen en niet onaardig kronkelt de Handzamevaart door een gedeelte der stad.

Tal van gestichten en andere merkwaardige gebouwen verheffen zich boven de omringende huizen; onder andere de prachtige kerk met haren ruim zeventig meters hoogen toren, het stadhuis, de kloosters der Recolletten, Grauwe zusters, Zwarte zusters en van 's Hemelsdale; het Gasthuis, de arme schole of het Weezengesticht, het H. Geesthuis, het St Jorishof, het kollegie der Norbertijners, het huis van den Heere, het gevang, het St Sebastiaanshof, het St Barbelshof, het huis van den heer burgemeester Adriaan Van der Cruyssen en het Beggijnhof.

Talrijk waren ook de markten : zooals de groote markt, de botermarkt, de graanmarkt, de appelmarkt, de zwijnenmarkt en de koemarkt.

Van de zuidzijde gezien scheen Dixmude waarlijk eene stad van eersten rang met hare torens en hooge gebouwen.

In 1383 was er eene scheuring ontstaan in het kristendom, tengevolge van de benoeming van twee pauzen : Urbanus VI en Clement VII. De katholieke landen verdeelden zich in Urbanisten en Clementinen. De Engelschen, genegen voor Urbanus, landden te Kales met 16,000 mannen voetvolk en 2,000 ruiters onder het geleide van Hendrik, bisschop van Norwich. Dit leger had Duinkerke en Grevelingen ingenomen en bedreigde geheel de zeekust van Vlaanderen. Maar de inwoners van Veurne, Dixmude en Nieuwpoort, met behulp van het Westvrije, trokken terstond naar Duinkerke en namen de stad met geweld terug. De Bergen-Ambachten voegden zich bij hunne Vlaamsche broeders en dat leger, 12,000 mannen sterk ging den vijand te Grevelingen belegeren. De Engelschen zonden hun eenen gezant, die, zonder aanhoord te zijn, omhals werd gebracht. De Engelschen vielen daarop de Vlamingen aan en versloegen ze. 9,000 Vlamingen bleven op het slagveld. Daarna overrompelden de overwinnaars de gansche kust, namen en verwoestten Dixmude en de andere steden, welke zij daarna bezetteden. Eindelijk werden zij, na het beleg van Ieperen genoodzaakt het land te verlaten, daar zij door de Franschen bedreigd werden (1).

In die verwoestingen werden de vestingen van Dixmude geslecht en het kostte later groote moeite om ze herop te bouwen.

Zij waren in 1404 dus maar heel gering en waarschijnlijk nog van geene poorten voorzien, want in dit jaar, ten gevolge van onrustbarende tijdingen, die zich te Dixmude verspreidden, als zouden de Engelschen in Vlaanderen willen landen, waren de burgers zeer verschrikt, daar de stad niet *besloten* was en deden zelfs hunne goederen bij nachte wegvoeren. De baljuw, zulks gewaar geworden zijnde, deed bezit nemen van de gevluchte goederen en verklaarde ze verbeurd. Daarop ontstonden erge moeilijkheden. Burgemeesters Van Volmerbeke en Cijpriaan De Vassere werden naar Brugge gezonden om raad en hulp te vragen (2).

In 1405 kwamen de meesterdelvers van Burburch en Nieuwpoort bijeen om te onderzoeken op welke wijze men zoude beginnen *de stede vast te maken* (3).

De versterkingen werden heropgebouwd, doch niet

(1) Kron. van Vlaand., 2 d.
(2) Rek. Dixmude.
(3) id.

meer in steen. Alleen de poorten werden in steen gemaakt, al het overige was niets dan een groote dijk van aarde, omgeven door water. Niettemin hadden deze werken aan de stad eene som gekost van ruim 6,500 ponden parisis.

Ten jare 1566 was Dixmude maar zeer slecht versterkt. De stad was niet besloten met muren maar met vestingen in aardewerk en de wallen waren in den zomer zoo weinig van water voorzien dat men, om zoo te zeggen droogvoets er door kon gaan (1).

In 1567 echter deed de regeering der stad Dixmude de poorten vermaken, de valbruggen herstellen en de vestingen versterken, om wederstand te kunnen bieden aan de oproermakers. Dan was men volop in de schrikkelijke jaren der Spaansche overheersching en der beeldstormerij, waarover ik later zal gelegenheid hebben te handelen. Gedurende datzelfde jaar deed het de kanonnen wegnemen en naar het hallehof voeren. Het geschut werd in 1573 op last van den baljuw en den stadsraad herplaatst en de versterkingen werden verbeterd.

In 1577 werd de stad met eene borstweer overal omgeven.

In 1587 werden er ter verbetering der vestingen 1,737 ponden en in 1588, 811 ponden parisis besteed.

In 1590 werd bij de hoogebrug, aan den IJzer het gekende *fort* of sterkte gebouwd, ter westzijde van den IJzer, ter plaats alwaar heden de gebouwen eener herberg opgericht zijn dragende voor uithangbord *het Fort*, ten einde de aanvallen der Engelschen en Hollanders te wederstaan.

(1) Van Vloten, Nederl. opstand.

In 1594, 1595, 1597 en 1599 werden er opvolgentlijk 213 p., 3,092 p., 1,543 p. en 2,893 ponden parisis door de stad voor de vestingswerken uitgegeven.

In 1646 kwam Jan de Vooght, heere van Gheluvelt, hoogbaljuw van de zaal en kasselrij van Ieperen en superintendent van het bosch van Houthulst in naam van de heeren der rekenkamer van Rijsel de stad verplichten schanspalen rondom de vestingen te doen plaatsen.

De stadsraad verklaarde daartoe geene middelen te hebben en genoemde heer stond toe, dat al de esschenboomen beneden de vestingen staande, mochten afgekapt worden om als paalwerk te dienen.

Zoo verdwenen een groot getal prachtige boomen, die zoolang tot sieraad van de omgeving der stad gediend hadden.

In 1672 werden er nog nieuwe versterkingen gemaakt; de Zuidpoort werd verplaatst en de stad voor een deel vergroot.

In 1675 werd een deel der vesting nog meer uitgebreid langs den kant der Zuidpoort, de Oostpoort werd ook verplaatst en wederom werd de stad een weinig vermeerderd.

Uit stadsrekeningen blijkt dat vooral langs den kant der Zuidpoort (Woumen) en der Oostpoort (Eesen) vele huizen ter voltooiing der versterkingswerken zijn afgebroken geweest.

Al die werken en onkosten dienden echter tot niets, want in 1693 werden de bolwerken van Dixmude geslecht op bevel van den Franschen veldoverste Boufflers. Men zal later zien waarom en ter welker gelegenheid.

Van die vestingen, die duizenden en duizenden ponden parisis aan de stadsregeering gekost hadden, bleef niets meer over dan de plaats waar zij vroeger stonden.

Zoo leest men in de stadsrekening van 1693-1694 dat aan Guillaume Donche de afgebroken vestingen verpacht werden voor eene som van 130 ponden parisis. Bedroevend overschot van de ongehoorde sommen aan deze verbetering besteed.

Sedert dat heugelijk jaar werden de bolwerken nooit meer heropgebouwd en de reiziger, die Dixmude thans bezoekt kan nog hier en daar, bij voorbeeld aan de standplaats van den ijzerenweg, langs den kant van het Rozemarijnstraatje, ter zuidzijde der Grauwe broedersstraat en aan den samenloop van den IJzer en de Handzamevaart, de overblijfsels zien van die versterkingsmiddelen, die eerder tot den val der stad dan tot haren voorspoed hebben bijgedragen.

VOORRECHTEN.
REGEERING. - KOOPHANDEL. - NIJVERHEID.

Reeds in 1227 was Dixmude in bezit van een schepenkollegie. Wat zulks bevestigt is een getuigschrift, in dit jaar door de schepenen gegeven ter echtverklaring der verkooping van een huis en een perceel land, gelegen bij eenen waterloop, de Ede. Deze verkooping geschiedde door Thierri Houbouck en Jakob, zoon van Michiel, zoon van Godelieve van Thorolt aan Lambert Tinctor (de verwer).

De regeering der stad bestond, benevens den

baljuw en den schout, uit twee burgemeesters: een van schepenen en een van de kommune, tien schepenen, dertien raden en twee tresoriers of schatbewaarders.

Niet zooals te Gent, waar de gemeente reeds van in de dertiende eeuw haar eigen bestuur benoemde, bestond te Dixmude reeds vroeg dat voorrecht. Het was lang de kasteelheer, die de regeering aanstelde, nochtans blijkt uit een stuk dat ik vroeger onder datum 1510 heb medegedeeld, dat de schepenen de raden benoemden en dat deze laatste eenen burgemeester van schepenen mochten kiezen en de schepenen eenen burgemeester van de gemeente, reeds van onheugelijke tijden.

Bovengemelde samenstelling van den bestuurraad bestond reeds in 1365, zooals blijkt uit een stuk van dezen datum, geteekend door graaf Lodewijk van Male en volgens welke de burgemeesters, schepenen en raden werden veroordeeld tot eene boete van zeventig ponden grooten wisselgeld (1), om, zonder 's graven toestemming aan de burgers belastingen te hebben opgelegd.

In 1447 was het bestuur verminderd tot twee burgemeesters, elf schepenen, elf raden en twee tresoriers.

Al de bestuurders van de stad waren, in zittijd, op kosten der regeering gekleed en jaarlijks werden er uitgaven gedaan voor dat punt onder titel: kosten van keerlelaken.

Uit eene stadsrekening van 1522 blijkt dat zij

---

(1) 1 pond groote wisselgeld was 7 gulden ct., fr. 12-69 centiemen.
1 pond grooten Vlaamsch of courant was 6 gulden ct., fr. 10-83 c.
1 pond parisis was 10 stuivers ct., 90 centiemen.

jaarlijks eene toelage kregen van 10 ponden vlaamsch voor het keerlelaken.

De stadsraad hield bijzonder veel aan zijne voorrechten aangaande het kiezen van zijn bestuur.

Zoo maken de geschiedenis, alsmede de oude handschriften van 1464 melding van het volgende :

« Jakob van Beveren, heere van Dixmude, werd bij zijne inkomst in de heerlijkheid beletselen gesteld, waardoor hij in zekere punten ten eeuwigen dage zou gekrenkt zijn en namelijk in het recht dat hij meende te hebben den raad te noemen. De stad herkende hem het recht de schepenen te benoemen, maar deze benoemden hunne raden en hunnen burgemeester en de raden noemden den anderen burgemeester. Er werden gezanten gestuurd naar den graaf van Vlaanderen en deze bevestigde de verkregen rechten. »

In den loop der tijden veranderde het getal bestuurders. Zoo waren er in 1544 nog twee burgemeesters, acht schepenen, acht raden en twee schatbewaarders.

In 1577 waren er twee burgemeesters, tien schepenen en tien raden, twee dezer laatste waren ook schatbewaarders.

In 1630 waren er twee burgemeesters, twaalf schepenen, twaalf raden en twee schatbewaarders.

Een register, berustende in stadsarchieven en begonnen in dat jaar, schijnt aan te toonen dat de heer het recht had al die overheden te benoemen, maar dit is in strijd met reeds aangehaalde echte bewijsstukken, of ten jare 1630 moeten de voorrechten der stad merkelijk verminderd zijn, hetgeen aan te nemen is, want de geschiedenis maakt melding van de gedurige rechtenbesnoeiing, door de groote leenheeren gedaan gedurende den langen strijd van de gemeenten tegen de overheerschers. Zelfs waren er groote steden, die van al hare voorrechten beroofd werden. Zulks kan ook met Dixmude het geval geweest zijn.

Volgens de stadsrekening van 1679-1680 waren er maar twee burgemeesters, acht schepenen, geene raden en maar één schatbewaarder meer. De slechte geldelijke toestand van de stad was oorzaak van deze vermindering.

De rekening van 1692 werd geteekend door de twee burgemeesters en de tien schepenen.

De rekening van 1730 maakt melding van twee burgemeesters en negen andere bestuurders zoowel schepenen als raden benevens eenen schatbewaarder.

In 1747 waren er twee burgemeesters, tien schepenen en een schatbewaarder.

In de jaren 1700 en in de vijftig waren er maar een burgemeester, zes schepenen en een schatbewaarder meer.

Op het oogenblik van den inval der Franschen was de stad bestuurd door eene regeering die het burgerlijk bewind handhaafde en het rechterschap uitoefende en die men het magistraat noemde.

Het magistraat bestond uit twaalf leden, te weten: eenen ruwaard, eenen baljuw, eenen burgemeester, zes schepenen, eenen eersten raadspensionnaris-griffier, eenen tweeden raadspensionnaris-griffier en eenen tresorier.

De ruwaard was eerste overste van policie, vervangende Z. M. den keizer van Oostenrijk; zijne jaarwedde ten laste van stad beliep tot 60 guldens Vlaamsch courant. Dit ambt was erfachtig in de familie Van Hille die het eertijds gekocht had. Een harer ledematen mocht de plaats vervullen of laten bedienen en er zich eene vergelding voor verzekeren.

De baljuw, tweede overste van policie, werd benoemd voor 't leven door den leenheer van Dixmude; zijne jaarwedde was 50 guldens.

De burgemeester werd jaarlijks op den eersten Mei benoemd van wegens den heer van Dixmude, door eenen zijner gevolmachtigde commissarissen. Hij mocht maar drie naeenvolgende jaren in bediening blijven, tenzij dat hij, ten aanzien van uitstekende verdiensten, daartoe een bijzonder oorlof bekomen had. Zijne jaarwedde was 150 guldens.

De schepenen werden benoemd op dezelfde wijze en voor denzelfden tijd. De jaarwedde van elken schepene was 100 guldens.

Het ambt van eersten raadspensionnaris-griffier werd toegestaan door het magistraat. Zijne jaarwedde beliep tot 300 guldens. — De tweede raadspensionnaris-griffier was ter benoeminge van den heere van Dixmude, zijne jaarwedde was 200 guldens.

Al de leden van het magistraat hadden hunne staatsiekleederen. Zij bestonden in eenen zwarten zijden tabbaart en mantel, die men noemde « kerel en schroo. » In groote plechtigheden verscheen het magistraat in deze kleedij.

Er waren stadsdienaren belast met het toezicht der policie, men noemde die « messagiers, steéboden, stadsofficieren. » De jaarwedde van ieder was 50 guldens boven de monteering die hun door de stad gegeven werd. Deze monteering bestond in bruinblauwe vest, broek en kazak, gevoerd met geele saai. Zij droegen het wapenschild der stad op de borst, hunne wapenen waren een sabel en pistolen. Tot bijstand der policie waren er verscheide bedienden onder de benoemingen van « eeden van den brande, brood en victualie. »

De laatste regeerders der stad zijn geweest :

Zijne hoogheid den leenheer prins van Hohenzollern-Sigmaringen, generaal in dienst van Z. M. den keizer van Oostenrijk enz. enz.

MM. Pieter Bortier, vader, bediende het ambt van ruwaard; Pieter Beghin, dat van baljuw; Pieter-Philip Van Hille, dat van burgemeester; Francis De Breyne, was voorschepen, Pieter Rabaut, Pieter Deprez de Camusel, Joseph D'hulster, Sylvester Vancouter en Karel Paret, namen het ambt van schepenen waar, Pieter Woets, was eerste en Francis Mergaert, tweede raadspensionnaris-griffier, Joseph Woets, was tresorier.

De geestelijkheid bestond in eenen pastor, deken der kristenheid en zeven kanoniken « pitaniers » genoemd.

De laatste pastor-deken was de heer Martinus Moerman. De laatste pitaniers zijn geweest de heeren Philip Van Beerbroek, Pieter Marchand, Augustin Van Middelem, N. Rottier, Jan De Rycke en Jan Seys. De kerkmeesters waren de heeren P.-Ph. Van Hille en Pieter Rabaut.

De bevolking der stad beliep tot omtrent de 2,400 zielen.

Het getal woonhuizen, onbegrepen het beggijnhof was vijf honderd dertig.

Men telde er de volgende kloosters : 1° de patersrecolletten, 2° de zwarte nonnen, 3° de grauwe zusters of penitenten en 4° de beggijnen.

De Franschen, die sedert 1789 de omwenteling begonnen en het Fransch gemeenebest gesticht hadden maakten zich naderhand meester van België en veranderden de regeering. Zoo ziet men dat in 1794 de zittingen gehouden werden door éénen schepene, bijgestaan door twaalf burgers.

Toen in 1815 de macht der Franschen alhier gevallen en het koninkrijk der Vereenigde-Nederlanden tot stand gekomen was veranderde de stadsregeering op nieuw totdat zij sedert 1830 vastgesteld is als volgt: eenen burgemeester, twee schepenen en 8 raadsleden.

Zeer talrijk waren in de middeleeuwen de stadsdienaars en personen van allen aard die het toezicht hadden over allerhande gestichten.

Zoo waren er in 1630 benevens de burgemeesters, schepenen, raden en schatbewaarders nog twee kerkmeesters, twee voogden van de grauwe zusters, twee voogden van de zwarte zusters, twee voogden van het beggijnhof, twee voogden van het gasthuis, twee voogden van het Magdaleenhof, twee voogden van het klein H. Geesthuis, twee voogden van de zuidkapel, twee voogden van de weezen, vier deelsleden, vier goeverneurs van den arme, twee bezorgers van de sacramentsmisse, twee bezorgers van het sacramentslof, twee toezieners van de mis der geloovige zielen, acht keurders der bieren, acht keurders der brooden, acht keurders der victualie, eenen ijkmeester, zes ommegaanders met de schalen, vijftien meters van de granen ter koornmarkt, zeven toezichters dezer markt, vier landscheeders, negen pijnders van den biere, zes keurders van het leder, vier brandmeesters, zes wijnschrooders, vier houtmeters, twee wegers aan de boterschaal, achttien arbeiders, twee kaaswegers en menige andere voor allerlei producten. Eindelijk was er een ruwaard, een baljuw en een rentmeester van den heer van Dixmude.

Deze waren allen personen die van stadsinkomsten moesten betaald zijn evenals de vier kapiteinen der burgerwacht, de luitenanten en misschien nog talrijke wachten zelven.

Deze dienaren waren ook allen aangesteld door den heer en wie weet welke andere nog in dat *enz*. begrepen waren. Zoo maakt de rekening van 1405 ook melding van eenen stadsheelmeester, eenen serjant, eenen klerk, garsoenen, wachters en pijpers, vijf of zes klokluiders, roededragers, marktvegers en eenen taalman. In de rekening van 1448 vind ik eenen stadskok, eenen stadstimmerman, eenen stadssmid en eenen stadskalsijder; in deze van 1577, eenen procureur, eenen boogmaker, eenen presentmeester, eenen schuttersmeester, eene vroedvrouw, eenen schoolmeester, eenen luider van de poorteklok en eenen beiaardspeler; eindelijk maakt de stadsrekening van 1689 nog melding van eenen vroedmeester, latijnsche scholen, waarvan de onderwijzers ook moesten betaald worden, boden, toezichters van stadswerken, vuurwachters, waterwachters, torenwachters, eenen zangmeester en muziekanten. De stadsrekening van 1736 komt die reeds zoo groote lijst nog grooter maken met de volgende reeks bezoldigde stadsdienaren : een organist in St Niklaaskerk, eenen violonist en onderscheidene zangers in dezelfde kerk. Ten laatste geloof ik de algemeene reeks voltallig te hebben wanneer ik nog de volgende namen er bijvoeg : een pastoor-deken en zeven kanoniken pitaniers genaamd, die de geestelijkheid der stad uitmaakten. Ten jare 1400 waren er twee pastoors en tien kapelanen.

Buiten de te geven jaarwedden en vergoedingen aan bovengemelde dienaren had de stad nog betalingen te doen van den volgenden aard :

Oorlogschuld in verschillende omstandigheden aan de stad door overheerschers opgelegd.

Afkorten en lichten van losrenten.

Tol van lijfrenten.

Weezepenningen.

Betalingen aan den heer voor zijne grondgoederen.

Betalingen aan den heer voor vergoedingen van allerlei rechten.

Toelagen aan tal van gestichten in de stad bestaande.

Proceskosten hier en daar veroorzaakt.

Intresten van leeningen soms aan penning 15 of 16 gedaan (1).

Onderhoud van garnizoenen.

Presentwijnen gedaan aan hooge geplaatste personen die de stad bezochten of den heer kwamen gezelschap houden.

Reizen van den heer en van de wethouders.

Onderhoud van stadswerken.

Maken en onderhouden der vestingen.

Stadsaandeel in het maken van allerlei groote werken van algemeen belang in den lande van Vlaanderen gedaan.

Fondatiën en missen door de stad gedaan.

Toelagen aan nijveraars in slechte tijden.

(1) Penning zestien beteekent dat de deze die geld aan iemand in leening gaf de zestiende penning of het zestiende gedeelte tot intrest moest hebben buiten de gegevene som.

Ter bestrijding van al die uitgaven had de stad de volgende inkomsten :

Giften van eigendommen en andere goederen door liefdadige personen gedaan.

Het recht op den wijn.
„   het bier.
„   het vleesch.
„   het zwijnebezien.
„   den visch.
„   het fruit.
„   olie, zeem en azijn.
„   het lijnwaad.
„   het koorn.
„   vreemde lakens, voeringen en baai.
„   den ijk.

De algemeene middelen op de zeepen en het zout.
„   op den haring en het visschen.

Het tonnegeld.
Het maalrecht.
Het recht op den tabak.
„   de huiden.
„   van vervoeren.
„   boter en kaas.
„   het hout.

Het kassijrecht.
De groote azijnpacht.

Het recht van issuwe, bestaande in den tienden penning der weerde van al de zoo roerende als onroerende onleenige goederen, die vreemdelingen of deze die geene poorters of vrijlaten zijn van steden of plaatsen waarmede de stad in *hanze* is komen te erven in sterfhuizen van poorters der stad, alsook van al de goederen bezeten door die welke het poorterschap alhier afstonden om een ander aan te nemen dat onder gemelde hanzeplaatsen niet bestaat.

Er waren ook nog eenige andere rechten doch deze zijn te gering om te melden.

Rampen van allerlei aard waren oorzaak dat de stad soms in zeer neteligen toestand was.

Zoo gaf de stadsrekening van 1587 aan uitgaven op 114,432 p. p. en aan inkomsten slechts 28,484 p. p. dus een schadelijk slot van 85,947 p. p.

In dergelijke gevallen werden er door de bestuurders stappen aangewend bij de vorsten om vermindering van lasten te hebben, welke pogingen, het zij ter eere dezer laatste gezegd, vaak met goeden uitslag bekroond werden.

Dikwijls waren die pogingen nog onvoldoende en moesten de wethouders hunne toevlucht nemen tot het vragen van aalmoesen bij de burgers en tot het belasten van de burgers zelven.

Meermalen gebeurde het, dat een zeker getal wethouders afgeschaft waren en dat de bestaande voor schuld in den vreemde gevangen gehouden werden.

Dat alles doet ons inzien aan welke oorzaken de stad haar verval toe te schrijven heeft, zonder nog te spreken van uitgebreide brandrampen, duurte van levensmiddelen en andere onspoeden, die oorzaak waren van groote volksverhuizingen.

Bewonderen moeten wij de zucht van de wethouders om hunne stad te verfraaien, op zulke wijze dat zij nu nog kunststukken bezit, die eene wereldberoemdheid hebben.

Van deze kunststukken zal ik in den loop dezer

geschiedenis kunnen melding maken, wanneer ik zal handelen over de openbare gebouwen en kunstvoorwerpen.

Van welken aard de voorrechten en vrijdommen der stad Dixmude waren zou ik niet zeer juist kunnen bepalen, omdat de volledige charters die ze toekenden waarschijnlijk niet meer bestaan.

Het is te denken, dat die vrijheden voor bijna al de Vlaamsche gemeenten dezelfde waren.

Reeds van in de oudste tijden bezat Dixmude voorrechten en vergunningen, zooals blijkt uit een charter door Filips van den Elzas geschonken aan de nieuw opgekomene stad Nieuwpoort in 1163, en waarin staat, dat de graaf aan genoemde stad dezelfde voorrechten geeft als aan Dixmude.

Ten jare 1330 vernieuwde graaf Lodewijk van Nevers deze voorrechten. Eenige steden zagen hare macht verminderen, andere volgens hare getrouwheid en bewezene diensten vermeerderen. Hij bevestigde de keuren en vrijheden van Dixmude en stelde eenen ruwaard aan om deze te doen onderhouden (1).

Uit de hierna volgende aanhalingen zal blijken in hoeverre de rechten en vrijdommen van Dixmude met die van andere Vlaamsche gemeenten overeenstemden en wat de magistraten deden om ze te handhaven.

(1) Kron. van Vlaanderen, 1e deel.

In 1364 werd de stad door Lodewijk van Male bemachtigd gedurende drij jaren dubbel accijnsrecht te heffen op voorwaarde van jaarlijks aan den graaf 500 p. p. te betalen. Indien de stad geene schulden had moest men de accijnsrechten verminderen, maar had zij schulden, dan mocht men hoofdgeld van de burgers eischen (1).

Bij brieven uit Male (16 Mei 1361) bemachtigde de graaf het bestuur van Dixmude, op deszelfs verzoek dubbel accijns- en tolgeld te heffen, den tijd van drij jaren, op voorwaarde van hem 450 p. p. 's jaars te betalen.

De archieven van Dixmude maken melding van eene vergunning in 1387 aan het magistraat van deze stad gegeven tot het heffen van rechten op de wijnen, bieren, huiden, koeien, lammeren, varkens enz. (2).

Uit de opene brieven van Filips den Stoute van 1385 haal ik het volgende aan : « De bewoners van het Brugsche Vrije en van Veurne-Ambacht, die te Dixmude hunnen kost komen winnen met hunne kordewagens (kruiwagens) zullen, om de lasten van de stad te helpen afdragen, wekelijks op den marktdag moeten betalen *één groote* (3).

Dus bestond reeds in dien tijd de markt en mocht er standgeld geëischt worden. Dat blijkt nog uit eene verordening door de stad Dixmude in 1363 gemaakt op het plaatsen en verkoopen van alle soorten van koopwaren, door vreemden op de wekelijksche markt gebracht (4).

(1) A. LILLE. Te Brugge 18 April.
(2) Inv. arch. Dixm.
(3) VIFQUAIN, 27 Nov.
(4) L. F., t. 6.

Een stuk dat ik onder datum van 1365 (sprekende over de kastelnij) overgenomen heb, werpt een zeker licht over den regeeringsraad en de talrijke voorrechten van Dixmude in dien tijd (1).

Bij sentencie van 13 Augustus 1392, te Rijsel, verbood graaf Filips den Stoute aan de Nieuwpoortnaars, op te houden of niet te laten voortvaren alle slach van bieren, bestemd voor de stad Dixmude, dit op de klacht van het magistraat van laatstgenoemde stad, namens de pachters der accijnsen dezer laatste, rakende het in beslag nemen van zeven tonnen bier, aangebracht uit Holland. Dus bestond voor zekere steden het recht van vrije doorvaart.

In het begin der vijftiende eeuw (1400) bestonden de bijzonderste inkomsten der stad in de accijnsen of lasten van verbruiking door de inwoners afgedragen en namelijk op de wijnen, bieren, wolle, lakens, huiden, vleesch, vreemde hoornbeesten, visch, zout, kalk, kolen, fruit, koorn, olie, honig, azijn, zwart leder, gemaakte kleederen, goud, zilver, hout, mest, lijnwaden, roode verfstoffen, oude kleederen, paarden, wagens en blauwverwerskuipen.

Deze lasten leverden jaarlijks 7,000 p. parisis (2).

Dat er reeds in 1408 eene befaamde botermarkt te Dixmude bestond en dat de wetgevers daar rechten en gezag over hadden is uit het volgende op te maken :

De wethouders van Gent en van Brugge, aan de wet van Dixmude brieven gezonden hebbende, waarbij zij te kennen gaven dat hunne poorters, kooplieden van

---

(1) Zie kastelnij. Verordening gemaakt door 's graven raad en onder zijne bescherming, enz.
(2) Rek. Dixm.

boter, zich te beklagen hadden, aldaar groot bedrog gevonden te hebben in het gewicht der boterkuipen en boterpotten, verzoekende, dat men, ter bewaring van den koophandel, daarin zoude willen voorzien en middelen zoeken om dat bedrog te beletten ; gelijke brieven gezonden geweest zijnde naar Veurne en naar Bergen-St-Winox (nu Frankrijk dan Vlaanderen), zoo werd de burgemeester op den 6 Mei naar Veurne gezonden om met de goede lieden van de wet aldaar eendrachtiglijk de middelen op te zoeken en vast te stellen, ten einde voornoemd bedrog te doen verdwijnen (1).

Dat stuk bewijst dat reeds in 1408 de wijdvermaarde botermarkt te Dixmude bloeiend was en befaamd in den vreemde.

In de stadsrekening van 1409 leest men :

Betaald voor de prenten waar men de boterkuipen mede zegelt 3 p. p. Meer andere dingen staan in deze rekening vermeld onder andere.

Betaald van een lakenkoorde en de twee *zegelkine* om de Dixmudsche lakens mede te meten 59 sch. p.

Betaald Boudin den zilversmid van 't prenten de tangen daar men de lakenen mede hoofdzegelt 3 p. 12.5 p.

Betaald voor 't scherpen van den ijzer voor den accijse, om de zwarte lederen en die van den huidevetters om het leder mede te teekenen.

Betaald over 2,300 groote lakenlooden 5. 15 sch. p.

Betaald over 6,500 kleine lakenlooden 13 p. p.

Verscheide betalingen over arbeid en leveringen rakende eene tafel op de halle daar men de lakenen overtrekt.

(1) Rek: Dixm.

Ofschoon er in de rekening van het volgende jaar te bespeuren is, dat de middelen der stad maar in gebrekkelijken toestand waren, dient er toch uit voorgaande rekening (1408) opgemaakt te worden dat de handel en nijverheid bloeiend waren.

De handel in boter is bij uitstek groot geweest evenals de handel in kaas, en de overheden waren er zeer mede ingenomen.

In 1431 kwam Perceval, heere van Dixmude met zijnen broeder, meester Montfrant Allard bij het magistraat ter oorzaak van het geschil over het waaggeld van de kaas- en de boterkoopers, denzelfden dag kwam ook Jakob van Dixmude om met den genoemden Perceval dat geschil te vereffenen.

In 1435, den 18 Februari bevestigden Jan Allard, gezeid Perceval, heere van Dixmude en Margaretha Van der Berst, zijne gezelnede (gemalin,) erfachtige vrouwe van Dixmude, al de vrijheden, pointen en artikelen die de voorgaande heeren van Dixmude aan de leden van het ambacht der vleeschhouwers gegeven en toegestaan hebben (1).

Schikkingen worden gemaakt op hetzelfde tijdstip voor den raad van Gent tusschen genoemden heere en vrouwe aangaande de weeggelden van de groote waag op de wekelijksche markt (2).

Ten gevolge der overeenkomst gesloten voor den raad van Gent nopens het geschil, gerezen tusschen den heere van Dixmude en eenige poorters van dezelfde stad, kooplieden in boter, ter oorzake van het weeggeld ter groote weegschaal, betaalde de stad in gemeld

(1) Arch. du royaume.
(2) Arch. Dixm., k. 1, nʳ 40.

jaar, aan gezeiden heer de som van 72 ponden parisis omdat hij zich het geding had aangetrokken (1).

Eene rekening berustende in de archieven van Dixmude vermeldt dat er van den eersten marktdag van Mei 1581 tot den laatsten marktdag van April 1582 zijn verkocht geweest 8,936 kuipen boter, voor rechten, opbrengende 4 sch. 2 st. per kuip en 9,257 $\frac{1}{2}$ wagen (2) kaas voor rechten opbrengende 2 schel. 1 st. per wage, te zamen 2,713 p. 5 schel. p.

In 1598 werd de stad bemachtigd een recht te heffen van éénen stuiver op elke kuip boter en eenen halven stuiver op elke wage kaas (3).

Hetzelfde recht werd haar bij besluit van den koning van Spanje toegekend in 1644.

Reeds van in de vroegste tijden waren te Dixmude de inwoners, verschillende stielen uitoefenende in korpsen vereenigd die den naam van ambachten droegen. Deze ambachten genoten vrijheden en de meesten hadden hunne hallen en markten waar hunne nijverheidsvoortbrengselen verkocht werden.

De lezer duide het mij niet ten kwade dat ik een weinig dooreen over koophandel, nijverheid en rechten gewaag. Dat doe ik om te korter te kunnen wezen in de aanhalingen, daar ik, eene regelmatige orde volgende te veel nuttelooze herhalingen zou moeten doen, Over de hallen spreek ik later in meer uitgebreiden zin.

Ten jare 1392 bevestigde Diederik van Beveren, heere van Dixmude eene vergunning door Diederik,

(1) Rek. Dixm. 1435-1436.
(2) Eene wage was een zeker gewicht.
(3) Arch. Dixm.

zijnen vader, gegeven aan de beenhouwers dezer stad; onder andere verbood hij aan alle personen, geen deel makende van het beenhouwersambacht, in het vleeschhuis te verkoopen, en aan alle inwoners vleesch te koopen buiten de stad om het er in te brengen, alles op boete van 59 schel. parisis, boven de verbeuring van het vleesch. Eindelijk wordt er vrijdom van keuring gegeven voor het gevlaadde vleesch (geslacht vleesch) (1).

De heer Roeland, heere van Dixmude en van Bavelgem, raad en kamerling van den hertog van Burgondië, graaf van Vlaanderen, bevestigt en keurt in 1462 de privilegiën of voorrechten goed van het ambacht der vleeschhouwers te Dixmude (2).

Op het ootmoedig verzoek van zijnen raad- en kamerheer Mr Diederik van Beveren, kastelein van Dixmude, als ook der goede lieden burgemeesters, schepenen en inwoners dezer stad, ten einde haar, die door de inlandsche beroerten en groote sterfgevallen veel geleden had, te doen bevolken en in staat te stellen hare schulden te betalen en hare lasten af te dragen gaf Jan zonder Vrees, graaf van Vlaanderen en hertog van Burgondië, in 1406 te Ieperen zijnde, de vergunning, weder eene vrije jaarmarkt in te richten te weten op Magdalenadag, daags te voren en daags daarna, om aldaar zooals in andere plaatsen van den lande vrijelijk en in vrede alle slach van goederen en koopwaren te verkoopen. Daarenboven, om deze jaarmarkt te doen gelukken en bloeien beloofde de graaf, gedurende acht dagen er vóór en acht dagen er na

(1) Arch. du royaume.
(2)   id.

een vrijbrief, aan alle kooplieden en hunne koopwaren, ter uitzondering der bannelingen en vluchtelingen uit Vlaanderen (1).

Van oudsaf was het te Dixmude het gebruik de jaarmarkt, die zooals heden nog, gehouden werd in de maand Juli, met spelen en feesten op te luisteren. Zoo leest men dienaangaande in eene stadsrekening van het jaar 1447 het volgende :

Den 22 Juli, *de priesters van de kerke, die deeden den dienst Gods ter wieynge (wijding) van der kerke solemnelyc met discante, 2 k. wyn.*

Item up den feestelyken dach van zente Marie-Magdaleenen, alsoo 't hier danne jaermarct es gepresenteert den priesters van der kerke, die solemnelyc deeden den dienst Gods met oorghele en met discante, ter eere van der feeste en verchieringe van der kerke, omme de lieden, die van buten ter feeste en jaarmarct kwamen, 2 k. wyn (2).

Het is algemeen bekend dat de lakennijverheid in de dertiende en veertiende eeuwen eene bron van weelde was voor Vlaanderen. Dixmude deelde even als hare zustersteden in dien voorspoed, daar was de lakennijverheid ook uitgebreid.

In eene lijst der markten van Champagne, in de dertiende en veertiende eeuwen (1285) vindt men de aanduiding der lengte van de lakens volgens de steden, waar zij gemaakt waren. Onder andere moesten de stukken laken, gemaakt te Senlis, te Pontoise en te Dixmude, de lengte hebben van 21 ellen (3).

(1) Arch. Dixm., 1 k., n.r 16.
(2) Rek. Dixm.
(3) WARNKŒNIG, H. H. P. Imt.

In de omstreken van Dixmude waren ook beroemde lakenfabrieken. In 1314 gaf Robrecht van Bethune, graaf van Vlaanderen, aan Jakob Gillis en Jan Reigierts, twee der bijzonderste lakenfabriekanten, onder het groot getal die te Keiem (1 uur van Dixmude) gevestigd waren, bemachtiging hunne lakens met een bijzonder merk te printen.

Reeds in 1299 was er een zegel voor de Dixmuudsche lakens.

Al de andere nijverheden, die nauw met de lakennijverheid verbonden zijn, waren ook te Dixmude uitgeoefend, zooals te bemerken is uit eene rekening van 1449. In dat jaar werden een burgemeester en een schepene naar Poperinge, Roeselare en Komen gezonden om aldaar de proeven van het laken en de wolle te blauwen te bekomen, en de prijzen te vernemen, die men er betaalde, om alhier ter stad te kunnen vaststellen wat men de verwers uit dien hoofde betalen moet, dewijl de lakenwevers zich met de verwers niet verstonden, en zich over deze laatste en hunne verwe bij de wet beklaagden (1).

Uit een reeds aangehaald uittreksel heeft men kunnen opmaken dat de lakenwevers een zegel hadden om hunne waar te teekenen. Zij hadden ook eene halle, waarvan verder breedvoerig zal gesproken worden.

Door de gedurige oorlogen van de Franschen en andere volken om onze gewesten te veroveren en ook grootendeels door de onlusten veroorzaakt door de strenge plakkaten die Karel V tegen de hervormden en de hervormers zond, plakkaten die door zijnen zoon Filips II streng werden toegepast, kwijnde de laken-

(1) Stadsrekening 1449.

nijverheid algemeen in Vlaanderen. Zij verviel te Dixmude gansch en geheel, niettegenstaande de pogingen, die de stadsbestuurders aanwendden om vreemde lakenfabriekanten naar deze stad te lokken. Deze nijverheid bestond evenwel nog in 1574, want in eene rekening van dat jaar leest men dat de stad betaald heeft aan Karel Damasseure eene som van 17 p. p. 12 sch. voor 88 ponden zegellood om de lakens te looden.

De stad had ook het voorrecht tolrechten te doen betalen voor zekere koopwaren. Dat tolrecht kwam eigentlijk aan den kasteelheer toe, die er de profijten van inoogstte. Nu en dan deed hij van dat recht afstand mits de betaling van zekere sommen.

In 1412 kregen Diederik van Beveren, heere van Dixmude en zijn zoon Hendrik van Dixmude, van de stadsoverheid eene som van honderd ponden p. in leening, mits belofte van ze weer te geven of ze op het tolrecht te laten afhouden.

In 1428 verkreeg de stad Brugge van den graaf van Vlaanderen Filip den Goede (ook hertog van Burgondië) de machtiging om eene belasting te heffen op de kleinere steden van het graafschap. Deze laatste kwamen daartegen op, zij zonden afgevaardigden naar Brugge om middelen te beramen ten einde aan de eischen der Bruggelingen te wederstaan. Er waren ook afgevaardigden van Dixmude.

In 1430 werden burgemeester, schepenen en raden op verzoek van de overheden van Duinkerke, voor de raadkamer te Gent gedagvaard om zekere eischen der Duinkerkenaren te aanhooren nopens het accijnsrecht op den haring en anderen visch.

Uit eene rekening van 1438 is op te maken dat er tolrechten bestonden op de schepen die tusschen Dixmude en Ieperen vaarden.

De wethouders van Dixmude oefenden een streng gezag uit op de personen die daaraan onderworpen waren. Zelfs de geestelijkheid werd niet gespaard.

Zoo werd in 1426 de deken der stad in het gevang opgesloten om zeker misdrijf door hem begaan op den persoon van den baljuw van Dixmude. De hooge geestelijkheid van Teruanen eischte de invrijheidstelling en bedreigde de stad met den kerkban. De wethouders gingen bij den kanselier om hem zulks kenbaar te maken en waren vier dagen afwezig.

In 1433 werden een burgemeester en een schepene naar Veurne gezonden bij de afgevaardigden van Bergen, Duinkerke, Burburg en Grevelingen, aldaar vergaderd om te beraadslagen en middelen te zoeken om de schade af te weren die de genoemde steden ondergingen door de voorkoopers en *kutsers* van goederen te lande.

Verscheidene andere reizen werden daarvoor gedaan naar Brugge en naar Gent (1).

Uit dat uittreksel dat van weinig belang schijnt te zijn, is echter op te maken, hoe de steden van Vlaanderen er op uit waren om elkanders belangen te verdedigen, overal waar het noodig was.

De stad hield zich bezig met het schikken der prijzen van eenige levensmiddelen, zooals die van het brood. Dat blijkt uit eene stadsrekening van 1438. Dan werd er aan den gezworen ijker van de stad Ieperen betaald 12 p. p. omdat hij, op verzoek van het magistraat alhier

(1) Stadsrekening 1433.

kwam en in geschrift overleverde de berekening om ten allen tijde aan de bakkers het gewicht en den prijs van het brood te kunnen aanwijzen (1).

Dezelfde rekening maakt ook melding van de reis van eenen burgemeester met den stadsklerk naar de wet, landhouders, schepenen en keurlieden van Veurne-Ambacht, burgemeester en schepenen van Veurne en Nieuwpoort om met hen, en elk in het bijzonder te spreken over het verbod, dat aldaar uitgeroepen werd, van koren noch andere granen te vervoeren, zoo te water als te land, tenzij in zekere steden en plaatsen, onder welke Dixmude niet begrepen was; hen te verzoeken dat zij zooals voor dezen zouden de poorters van Dixmude toelaten in Veurne en Veurne-Ambacht het koren te halen, dienende tot hun gebruik, en de keurbroeders met hun koren den maandag ter markt te laten komen, zooals het gebruikelijk was (2).

Een brief van Filips den Goede meldt onder datum 1447 en op het verzoek van het magistraat van Dixmude, dat het verboden is aan eeniedor, tusschen deze stad en de kerken der aanpalende gemeenten, hetzij wijn, bier of andere dranken te verkoopen, krachtens zekere voorrechten van over oude tijden bekomen in voordeel der wekelijksche markt, *die zeer groot is*.

Een charter van Filip VI, koning van Kastilië, staat in 1650 aan het magistraat van Dixmude, bij voortduring voor drij jaren het heffen toe der rechten op wijn, bier, azijn, visch, haring, graan alsook op het malen.

De stad was zeer ingenomen met de belangen der

(1) Stadsrekening.
(2)   id

inwoners en hield toezicht over de eetwaren en over de dranken.

Daarover leest men in het resolutieboek van Dixmude, datum 1758 :

Op de klachten, gedaan van wege de gemeenten, weerden en herbergiers, dat de bieren gebrouwen binnen de stad, niet deugdelijk of weerdig bevonden zijn in overeenkomst van den taks van twaalf ponden p. van iedere ton, door ons gegeven; ja zelfs niet drinkelijk, zoo heden gebleken is bij het bezoek van de gezworene keurders, voor zooveel sommige bieren heden vervoerd worden uit de kelders der brouwers en weerden in het gasthuis binnen deze stad en aldaar vervoerd als verwezen lekebier (klakkebier, kletsbier of bier dat uit de glazen teruggegoten wordt), zoo is er in het kollege besloten de voorzeide bieren te laten verkoopen bij den heere en de justicie, conforme aan het reglement op de *taksatie* en *warandatie* van de bieren gemaakt en *geconcipieerd* in kamer den 28 November 1752 en veropenbaard bij allegebode (afroeping op het stadhuis) den 5 December van hetzelfde jaar, na voorafgaandelijk genomen te hebben versterking van nog twee keurders om dezelve bieren te prijzen en te verkoopen volgens den uitgesproken taks en in geval er tonnen zijn die onleverbaar bevonden wezen, dezelve te doen storten voor het gasthuis in de gote (1).

Van zeer oude tijden bezaten de burgers van Dixmude den vrijdom, hunne goederen te bezitten. Zelfs mochten de goederen van den boosdoener niet verbeurd of ten profijte van het land of de stad verkocht worden. Ter bevesting dient het volgende :

(1) Resolutieboek, Dixm.

In 1465 werd de kerk van St Niklaas te Dixmude bestolen. Eene groote somme geld werd er door eenen inwoner geroofd. Het magistraat verwees hem, om deze heiligschenderij tot honderd jaren ballingschap en ter verbeuring van zijne goederen. Dat vonnis werd gewijzigd door den raad van Brugge, die verklaarde dat de goederen der inwoners van Dixmude niet mochten verbeurd worden (geconfisceerd) (1).

Bij opene brieven van Karel den Stoute werd er aan de inwoners van Nieuwpoort verboden, deze van Dixmude, die hunne koopwaren uit Holland langs de zee en door de haven van Nieuwpoort krijgen eenigzins lastig te vallen. De hertog bevestigd in deze brieven een recht dat de stad Dixmude, zegt hij, bekomen heeft in 1380 (2).

Dat uittreksel is niet van belang ontbloot.

Het schijnt dat in Dixmude vóór het jaar 1448 het gebruik bestond van wapenen te dragen. Dat is op te maken uit het mandement, in dat jaar gegeven door den ruwaard van Dixmude, waarin er vermeld stond dat het verboden was, *voortaan* nog ongeoorloofde wapenen te dragen binnen de stad en het vrije van Dixmude (3).

Ten jare 1510 kwam er eene bode van den raad van Vlaanderen met twee plakkaten, het eene aangaande het dragen van lange messen en het andere *aangaande de malfaiteurs* (4).

In een register van de leenen der heerlijkheid van Dixmude leest men :

(1) Arch. Dixm., k. 2, n{r} 19.
(2) id. k. 2, n{r} 34.
(3) Stadsrekening 1448.
(4) id. 1510.

Item soo behoort te myner voors: leenen en heerscepe cene wal van oude tyden genaamt de Muntewal *up de welken de heeren van Dixmude plagten in voorleden tyden te doen slaene zekere vormen van munten theuren profyte, es te wetene: tournoisen, vier myten 't stuk alsoo gemeene voys en naeme loopt binnen Dixmude en daaromtrent. (Datum 1477).*

De heer Van de Putte die dat overschreef voegt erbij dat de heer Serrure, leeraar bij de universiteit te Gent een muntstuk bezat in zilver met het opschrift *Dixm*. (1).

Dergelijke muntstukken bestaan te Brussel, in het oudheidsmuseum.

Over eenige jaren heeft men te Erwetegem, bij Sottegem vijftien honderd oude zilveren muntstukken van de twaalfde eeuw ontdekt. Eenige exemplaren zijn uitnemende kostbaar voor de geschiedenis van Vlaanderen. Ik wil spreken van stukken, door de kerels van West-Vlaanderen geslagen, tijdens den opstand, die in geheel het graafschap losbarstte tegen Willem van Normandië in 1128. Deze merkwaardige zilveren deniers dragen op eenen kant melding van de munt- of werkplaats van Dixmude (Diixmuu) en verbeelden langs den anderen eene zinspeling op de wapens der burgers van de 12de eeuw. Rond het borstbeeld van eenen man, gewapend met eene strijdbijl of eerder een snijdende knods (massue) leest men het opschrift: *uns axt* (onze aksche of bijl). Het was deze act, acx of *aect* die Boudewijn met de *hap* (à la hache) niet versmaadde met zijne grafelijke handen te gebruiken en waarmede hij zich zóó gevreesd maakte bij de edele

(1) V. D. P., Arch. Soc. Em. B.

struikroovers (brigands) van zijnen tijd. Men weet dat dit gebruik hem den zoo volksgeliefden bijnaam verwierf van *Acxkin*, dien men somwijlen verbasterd heeft in *Aepkin* (1).

In Dixmude bestond op de burgers eene belasting genoemd het uitgangsrecht of recht van issuwe.

In 1476 beval Karel de Stoute, hertog van Burgondië den inwoners die de stad verlaten hadden om in de voorgeborchten te wonen, binnen het jaar terug te keeren op boete van het uitgangsrecht te moeten betalen (2).

Waarin dat uitgangsrecht bestond wordt eigentlijk niet gezegd.

De stadspapieren maken melding van een oktrooi, gegund in 1497 door Filips den Schoone, vader van Karel V, waardoor eerstgenoemde prins, in gemelde papieren genoemd *hertog*, het magistraat bemachtigt, gedurende zes jaren alle slach van verlotingen van juweelen en andere prijzen te verrichten in aanmerking der buitengewone kosten, die de inwoners gedurende den langen oorlog (onder Maximiliaan van Oostenrijk en zijne voorgangers) gedwongen geweest zijn af te dragen (3).

Het volgende stuk is zeer belangrijk omdat het een gedacht geeft van den bloei van Dixmude in het begin der vijftiende en van de oorzaken van haar verval in het begin der zestiende eeuw.

Het magistraat, den 14 Maart 1500, te kennen gegeven hebbende dat de stad zeer bloeiend en in

(1) Étoile Belge, 18 November 1883.
(2) Arch. Dixm.
(3)   id.

eenen grooten voorspoed was, toen in 1408 de laatste verdeeling de lasten van het land gedaan werd ; dat zij *alsdan zeer bevolkt was, vele kooplieden en groote voorgeborchten bezat*, die sedert dien afgebrand en vernield zijn, dat ten gevolge dezer oorzaken, Dixmude zonder bevolking en koophandel zijnde, als een verlaten plaats geworden was ; geeft de hertog Filips (de Schoone) eenen vergunningsbrief, bij welken verboden wordt herberg te houden, bier te brouwen, drank, brood of andere goederen in het klein te verkoopen buiten de poorten der stad en binnen een half uur afstand buiten den omtrek van het schependom (1).

In 1532 bekrachtigde en vernieuwde Karel V deze vergunning.

De stadshandvesten van 1515 maken melding van een aardig proces tusschen burgemeester en schepenen der stad en de bevoordeelde van de pitancie (geestelijkheid) in S[t] Niklaaskerk ; rakende zekere voorrechten, die de geestelijke staat in vorige eeuwen genoot en die later door de Fransche omwenteling werden afgeschaft.

Hier volgt de genomene beslissing van den raad van Vlaanderen in bedoelde zaak.

Er is beslist 1° dat de pitanciers jaarlijks zullen mogen inkelderen, zonder daarvoor accijnze te betalen : twaalf pijnsoenen wijn, hetzij Rijnsche of andere ; 2° van alle jaren op dezelfde wijze te mogen opdoen tachtig tonnen bier : de helft uitlandsch en de andere helft gebrouwen in Dixmude ; 3° dat zoolang de pitanciers niet voorzien zijn van missen geene andere priesters zullen mogen in S[t] Niklaaskerke mis lezen (2).

(1) Arch. Dixm., k. 3, n[r] 19.
(2) id. k. 4, n[r] 18.

Ik heb reeds gesproken over het streng toezicht, dat de stadsregeerders over de levensmiddelen hielden. Tot staving haal ik nog het volgende aan :

In 1581 werd zekere Joos Liebaert, inwoner der stad, overtuigd zijnde in zijnen winkel gebruik te maken van drie steenen gewichten, valschelijk geteekend, verwezen deze steenen in tegenwoordigheid van het schepenkollegie te verbrijzelen, zijn huis of winkel, staande buiten de Westpoort tot den grond af te breken en buiten de stad en schependom te vertrekken voor den tijd van drie jaren, op straffe van verbannen te worden (1).

In 1519 vernieuwde Karel V, op de ootmoedige bede der belanghebbenden, de keur van vrije jaarmarkt zooals Jan zonder Vrees ze vroeger (in 1405) had gegeven: Hij voegde er nog bij dat hij onder zijne bescherming en bijzondere bewaarnis nam al de kooplieden, hunne facteurs, dienaars, goederen en koopwaren die zouden willen te naaste jaarmarkt komen. In eenen anderen openen brief geeft genoemde vorst de toelating de jaarmarkt bij voortduring elk jaar te openen (2).

In de staatspapieren van het Belgische koninkrijk vind ik een eigenhandig stuk geschreven op last van den Oostenrijkschen keizer Karel VI te Brussel, in de maand Oktober 1737 en waarbij de keizer aan Dixmude vernieuwing gunt van de keure door Jan zonder Vrees in 1405 gegeven, door Karel V in 1519 bekrachtigd en eene laatste maal gestaafd in 1618.

Het schijnt dat de ambachten een bijzonder herken-

(1) Sententieboek Dixm. 1581.
(2) Arch. Dixm., k. 4, n^r 19.

ningsteeken bezaten. Zoo zegt een besluit door het magistraat in 1643 genomen, dat al de jongens, een ambacht leerende een teeken zullen dragen en mogen in stad gaan om eene aalmoes; deze die geen teeken dragen zullen door de stadsdienaren buiten de stad geleid worden. In 1757 bestonden om zoo te zeggen nog al de ambachten met hunne vrijdommen (1).

Als bijzonderheid stip ik nog aan dat in dat jaar eene groote misnoegdheid, haat en nijd ontstaan was onder de bevolking tegen de geestelijkheid. Voortijds was de bevolking altijd rustig geweest (2).

Uit bovenstaande lange reeks uittreksels kan men opmaken dat Dixmude weleer eene der grootste en befaamste smalle of kleine steden in Vlaanderen is geweest.

Jammer genoeg vindt men nergens eene juiste opgave van hare bevolking en kan men enkel door opzoekingen en vergelijkingen een min of meer juist oordeel putten.

Ik sprak daar van grootheid en vergelijkingen. Het zij mij toegelaten de volgende te maken :

Toen de Fransche koning Filips de Schoone, door listen en bedrog er in gelukt was de Vlamingen, die na eenen langen strijd naar hunne haardsteden terug gekeerd waren, te overrompelen en door Robrecht van

(1) Resolutieboek Dixm. 1643.
(2) Register, Kerk, Lampernesse.

Bethune, in 1305, te Athies het *verdrag der ongerechtigheden* te doen teekenen, veroordeelde hij de Vlaamsche steden eene schatting te doen betalen van 400,000 p. p. Deze schuld werd verdeeld onder de steden volgens grootte en volgens de middelen van bestaan.

In deze schikking komen eenige steden voor die verdienen aangeduid te worden. Sluis 13,140 p. p., Aardenburg 12,971, Dixmude 8,960, Damme 6,466, Nieuwpoort 6,177, Winocksbergen 5,030, Veurne 3,614, Oudenburg 2,906, Duinkerke 2,595, Blankenberge 2,329, Oostburg 2,046, Burburg 2,010, Tourout 1,700, Oostende 1,410, Gistel 925 (1).

Zonder eenige andere steden te willen krenken, stip ik met genoegen aan, dat in die vroege tijden Dixmude reeds op den derden rang stond in het getal van bovengenoemde en destijds vrij aanzienlijke plaatsen.

Ik geloof dat ik reeds genoeg aangehaald heb over de nijverheid en den koophandel van Dixmude om mij te kunnen bepalen bij het laatste punt, namelijk

DE HANZE.

De Hanze is een oud Dietsch woord. Ziehier wat het beteekent volgens de « Conversations-Lexicon » van Brockhaus.

« Hanza, later Hanze, beteekend in het Gotiesch zooveel als strijdbare schaar, later algemeene vereeniging, genootschap.

Dat woord werd reeds in de Gotische bijbeloverzetting van bisschop Ulfilas gebruikt. In de middeleeuwen

(1) L. GILL., Arch. Brug.

beduidde men daarmede voornamelijk de gezelschappen van Duitsche kooplieden in den vreemde, welke zich tot wederzijdschen steun en bijstand vereenigden en in gemeenschappelijke factorijen handel dreven.

Eindelijk bleef de naam « Dietsche of Teutonische Hanze » bestaan in den Duitschen Statenbond welke van de dertiende tot de veertiende eeuw nog in zwang was, en aan welken over de negentig zee- en binnensteden, van Reval en Narva, tot Amsterdam en Middelburg; van Keulen tot Breslau en Krakau, meewerkten of voortdurend deelnamen.

De Duitsche handel te lande en ter zee had vroegtijdig eene groote uitbreiding genomen, naar Engeland eenerzijds en naar Rusland anderzijds. Als de oudste factorijen mag men beschouwen de huizen der Duitsche kooplieden te Londen, Brugge, Wisby op het eiland Gotland, en te Nininovogorod, welke van de twaalfde eeuw dagteekenen » (1).

Het was reeds gevonden in 1127 in eene keure van S[t] Omaars, en in 1168 in een handvest van Nieuwpoort (2).

Reeds in 1261 was een verbond aangegaan tusschen de kooplieden van Gent, Ieperen, Dowaai, Kamerijk en Dixmude, die abdijwolle kochten in Engeland. Zij lieten zulks weten bij brieven aan de schepenen hunner wederzijdsche steden, alsook aan hunne heeren en meesters. Dat verdrag werd door hen aangegaan op de markt van *Northampton,* eene stad in Engeland.

Gemelde kooplieden verklaarden in ieder der vijf bovengenoemde steden eenen man te hebben aangesteld

(1) BROCKHAUS, Conversations-Lexicon, bl. 829, jaar 1884.
(2) WARNKŒNIG, HH. P. Jus.

belast met het schatten der schaden, die hun zouden kunnen aangedaan worden door kooplieden uit Engeland of andere welke in hunne verkoopingen zouden gebruik maken van valsch gewicht, valsch bereidsel of valsche koopwaren, met last van hen ter vierschaar te vermanen en te doen straffen (1).

Eenige jaren daarna (1285) vereenigden zich de gilden en neringen om de groote *Vlaamsche Hanze* te stichten, welke men de *Hanze van Londen* noemde omdat *gedurende langen tijd* het kantoor der Vlaamsche kooplieden gevestigd was op de boorden der Teems. De hanze van Londen, door eenige Bruggelingen gesticht, had zich weldra uitgebreid tot de bewoners van andere steden. De leden der hanze genoten, in alle steden waar ze bestond, belangrijke voorrechten. De plaatselijke overheid kon hen niet vervolgen tenzij voor de aldaar gepleegde misdrijven, hunne handelsbetwistingen werden onderworpen aan de beslissing van scheidsrechters, gekozen onder de handelaars der voornaamste steden van Vlaanderen.

Onder de 24 steden, die van de hanze deelmaakten bevond zich Dixmude (2).

De leden der hanze van Londen dreven ook handel met Frankrijk en met de bijzonderste markten van Champagne, die geheel Europa door bekend waren en door alle volken bezocht werden. De hanze bezat vele voorrechten, vooral in Engeland.

In 1436 wordt er ook melding gemaakt van eene hanze uitsluitend tusschen de steden van Vlaanderen bestaande (3).

(1) Hist. de Fl. trad. Geld. v. 3, p. 56. - Arch. Douai, 1842, p. 34.
(2) Rek. Brugge 1285.
(3) Stadrek. 1436-1437.

GESCHIEDKUNDIGE DAADZAKEN BETREKKING HEBBENDE MET DE STAD DIXMUDE.

In de vorige bladzijden heb ik meer dan eens gehandeld over de geschiedkundige daadzaken die met de geschiedenis mijner geboortestad in verband staan. De verhandeling over de kasteelheeren en de voorrechten en vrijdommen, alsook het bespreken der vestingen hebben mij gebeurtenissen doen neerschrijven, die nu niet kunnen herhaald worden, op gevaar af van overtollig te zijn. Ik zal mij dus vergenoegen deze den lezer in aanmerking te doen nemen en de bespreking der gebeurtenissen beginnen, die sedert het jaar 1316 voorvielen.

In dat jaar zond Dixmude zijne afgevaardigden naar de vergadering waar de wapenstilstand geteekend werd tusschen Frankrijk en de Vlaamsche gemeenten (2).

Het duurde niet lang of die wapenstilstand werd verbroken en de vijandelijkheden herbegonnen. Zij eindigden ten nadeele der Vlamingen in den grooten veldslag van Kassel in 1328, waar de beroemde Zannekijn sneuvelde, na wonderen van dapperheid gedaan te hebben. De gemeentelijke benden van Brugge, die zich naar Kassel richtten, hielden stil bij Dixmude en zochten middelen om tegenstand te bieden, toen zij den dood van Zannekijn vernamen. Ziende dat het hen onmogelijk was het groote Fransche leger langer

(1) V. D. P., Hist. Dixm. - Dieg., Inv. arch. Ypres.

tegen te werken, keerden zij naar hunne stad terug en gingen terstond naar hunnen graaf om genade smeeken. Nooit hebben de Vlamingen meer te lijden gehad dan na deze nederlaag. De steden werden door den graaf van hare voorrechten beroofd en in zware boeten geslagen. Onder andere werd Dixmude al zijne keuren afgenomen en veroordeeld tot eene boet van 3,080 p. p. boven de 600 p. p. 's jaars (1).

Gedurende den reeds aangehaalden oorlog tusschen Engeland en Frankrijk, greep er te Dixmude een aardig voorval plaats.

Het Vlaamsche volk was op zijnen graaf Lodewijk van Nevers zeer verbitterd, maar de edellieden van Vlaanderen, aangemoedigd door die van St Winoxbergen, die eenige vrienden van Artevelde vermoord hadden, vereenigden zich te Dixmude en riepen den graaf in hun midden in 1338.

De inwoners dezer stad veinsden zich te verzoenen met hem, toonden zich blijmoedig en ontvingen hem feestelijk. Doch zij schreven naar Brugge dat de graaf met geheel zijne macht en gevolg van edellieden binnen hunne muren was en vermaanden de Bruggelingen dat zij bereid waren hem aan hen over te leveren, zoo deze hem wilden vangen.

Zonder uitstel kwamen de Bruggelingen stedewaarts en hielden stil in het naastgelegen dorp Beerst bij de Zijdelinkbrug om den rustigen graaf met geheel zijn gevolg te overrompelen. Het verraad werd evenwel ontdekt en de graaf gelukte er in, de gesloten poorten met geweld open te breken en met een klein gevolg zijnen vijanden te ontloopen. Met slechts een honderdtal

(1) Kron. van Vl., 1 d.

mannen, bijna zonder kleederen ijlde hij naar St Omaars, waar hij en zijne volgelingen genoodzaakt waren nieuwe kleederen te koopen om hunne naaktheid te dekken.

Nauwelijks was hij de eene poort uitgetrokken of de Bruggelingen stormden langs de andere binnen. 's Graven vlucht was zoo haastig, dat vrouwen en kinderen zonder bewaarders achterbleven. Eenige overraste mannen vielen in de handen der vervolgers (1).

Het was dus te Dixmude dat in 1338 het sein der beweging tegen de Leliaarts gegeven werd (2).

In 1339 zonden al de steden van Vlaanderen, waaronder ook Dixmude, afgezanten naar het hof van den hertog van Brabant om hem te bidden zich met hen en de Engelschen te vereenigen ten einde den koning van Frankrijk te bevechten (3).

In 1341 zonden de Dixmudenaars dagelijks afgezanten naar het leger der Vlamingen om de Franschen te bestrijden (4).

In het jaar 1379 waren de Gentenaars door den graaf bestreden geweest en was er tusschen hen en den graaf een verdrag geteekend, waarvan de voorwaarden niet heel stipt werden nagekomen. De Gentenaars zich in 1380 willende wreken, deden verscheidene uitvallen tegen Deinze, Tielt en Roeselare. Met Ieperen en Kortrijk een verbond gemaakt hebbende, vielen zij schielijk Dixmude aan, welke stad tegenstand bood en eene belegering onderstond. Lodewijk van Male, zeer verbitterd, trok onmiddelijk naar

(1) Kron. van Vlaand., 1 d.
(2) Kervyn, Gesch. van Vl.
(3) Cron. de Jean de Dixmude, Ypres, 1339.
(4) Histoire du Comté de Fl., t. 2, p. 416.

Dixmude aan het hoofd der Bruggelingen en de lieden van het Brugsche Vrije, om de Gentenaars te dwingen het beleg op te breken. Hij tastte hen aan bij de gemeente Woumen, verpletterde hun leger en achtervolgde de vluchtelingen tot bij Ieperen. Vijf duizend Gentenaars bleven op het slagveld en twee honderd wagens, geladen met voorraad en levensmiddelen, vielen in de handen der overwinnaars. De buit, gemaakt bij de gemelde stad was zeer groot en kostelijk; alles werd bijna naar Brugge gezonden, waar een os verkocht werd voor 12 stuivers, een schaap voor 3 en een zwijn voor 7 stuivers. De graaf zelf benoemde op het slagveld verscheidene nieuwe ridders. Deze slag had plaats op Maandag 27 Augustus 1380. Lodewijk had den Zondag te Dixmude vernacht (1).

De lezer zal verder kunnen vernemen dat Lodewijk van Male op den Zondag 26 Augustus, met de wethouders in de Halle vergaderd was.

Olivier van Dixmude in zijne « *Merkwaardige Gebeurtenissen* » maakt melding van dat gevecht en zegt dat meer dan drij duizend Gentenaars en Ieperlingen in dezen slag sneuvelden. Hij voegt er nog bij, dat de graaf de opstandelingen vervolgde en zich van Ieperen meester maakte.

Zich na deze nederlaag op genade overgegeven hebbende, werden de Ieperlingen beroofd van al hunne voorrechten en veroordeeld tot eene boete van 50,000 p. p. Dat verdrag is bekend onder den naam van VREDE VAN DIXMUDE (2).

(1) V. D. P., Hist. de Dixm.
(2) DIEG., Inv. arch. Ypres.

Lodewijk van Male overleed in 1383 (anderen zeggen in 1384. Zijn lijk werd naar Rijsel gevoerd om er begraven te worden (1).

Hij had door zijne verkwistingen veel misnoegdheid in Vlaanderen doen ontstaan, uit hoofde der belastingen die hij van de steden eischte en werd opgevolgd door Filips den Stoute, hertog van Burgondië, die met Lodewijks dochter Margaretha getrouwd was. Deze vorst gelukte er in een weinig rust in Vlaanderen te doen heerschen en stierf in 1404. Zijn opvolger, Jan zonder Vrees, legde zijnen onderdanen belastingen op, die zij niet gemakkelijk aannamen. Eene vooral verwekte eenen opstand. De hertog had namelijk bevolen dat de Vlamingen voor elke *raziere* (maat) graan, die zij deden malen, eenen stuiver aan de schatkist zouden betalen. De Bruggelingen wapenden zich, trokken buiten de poort en legerden te St Andries, alwaar zij vervoegd werden door de Dixmudenaren en de bevolking van meest al de steden. Zij trokken niet terug voor dat het *schapenvel*, zoo heetten zij het perkament, waarop het *edikt* geschreven stond, vernield werd (1411) (2).

In dat zelfde jaar werd Jan zonder Vrees beschuldigd een geheim verdrag aangegaan te hebben met den koning van Engeland, in welk verdrag hij als pand zou beloofd hebben de levering van de vier voornaamste steden der Vlaamsche kust : Grevelinge, Duinkerke, Dixmude en Sluis (3).

De hertogen van Burgondië mengden zich nog al veel in den honderdjarigen oorlog, in de eerste helft

(1) Meyere.
(2) Arch. Dixm. K. 1, n^r 21.
(3) Kervyn, H. Fl.

der veertiende eeuw tusschen de Franschen en de Engelschen ontstaan, en gedurende denwelken Vlaanderen veel te lijden had. Zij kozen in 't begin de partij van Engeland, wiens legers zich in 1412 meester maakten van het kasteel van Ballinghem, gelegen tusschen Arles en Kales, en toebehoorende aan den heer van Dixmude. Jan Van Steenbeke, die er het bevel voerde, liet zich voor eene groote som gelds uitkoopen (1).

In 1418 was Vlaanderen ten prooi aan plunderingen en brandstichtingen, van welke vele steden, ook Dixmude, veel te lijden hadden. Deze onlusten werden opgestookt en aangevuurd door den prins van Orleans, naderhand in Engeland gevangen genomen (2).

Jan zonder Vrees werd in 1419 te Parijs vermoord en zijn zoon Filips de Goede, om zich over de moord zijns vaders te wreken, verbond zich met de Engelschen.

Het is hier de plaats niet om uit te weiden over de geschiedenis van dezen graaf, die gansch België onder zijn beheer wist te vereenigen, eerst een goede vriend der Engelschen en later hun geduchte vijand werd.

Alleen dient gemeld te worden wat eenige betrekking heeft met Dixmude.

Filips, die zich met de Franschen verzoend had wilde zijne wapenen keeren tegen de Engelschen. Hij vroeg in 1435 onderstand van volk en wapenen aan al de steden van Vlaanderen. Dixmude moest 25 sergeanten zenden naar Grevelingen. Een inwoner van eerstgenoemde stad ging naar Brugge om zwaarden, vier pannen, emmers, kannen, potten, ketels en

(1) DESPARS, Kron.
(2) KERVYN, H. Fl. en K. V., 2 b.

andere zaken, alsmede oorlogskleedij te koopen, alles dienstig voor den tocht van het Vlaamsch leger naar Kales.

In 1436 maakten zich de Engelschen van deze stad alsook van Burburg meester. Filips wilde hun deze plaatsen ontrukken. Hij had een Vlaamsch leger van 30,000 man. Dat beleg werd te lang volgens de Vlamingen en deze verlieten den hertog. De Dixmudenaars, Nieuwpoortenaars, Veurnaars en anderen bleven hem getrouw. De hitte van den zomer dezes jaars was ten top gestegen en vele menschen bezweken van dorst. Filips, zich door zijne onderdanen verlaten ziende, brak het beleg op en de Engelschen, dat vernomen hebbende, ontscheepten te Duinkerke een leger van 12,000 man, dat geheel den westkant van Vlaanderen doorliep, alles roovende en plunderende. De bevolking vluchtte in de versterkte steden zooals Dixmude, Veurne en Nieuwpoort en bood wederstand aan de vijanden. Deze, door hongersnood aangetast, werden voor een groot getal door slechte ziekten en ellende van het leven beroofd (1).

Toen de Engelschen een groot gedeelte van Vlaanderen te vuur en te zwaarde stelden, beval het magistraat van Veurne de sluizen van Nieuwendamme te openen. Het zeewater stroomde het land in en bedekte gansch de streek tusschen Dixmude en Roesbrugge. Zoo werd de kastelnij van Veurne voor de invallen des vijands bevrijd (2).

Aangaande dat beroemd beleg van Kales wordt nog het volgende in stadsrekening van 1436-1437 aangetroffen :

(1) Kr. van Vl., 2ᵉ deel.
(2) Kr. v. Vl.

De stad Brugge verzocht dat Dixmude te Grevelingen in garnizoen zou zenden twintig sergeanten en vijf schutters. De burgemeester Belle wordt deswegens naar Brugge bij de wet gezonden om te verzoeken, dat deze vijf en twintig mannen in garnizoen zijnde, zouden afgerekend worden op het getal sergeanten, die de stad moest leveren aan het groote leger van Kales.

De heer burgemeester Pieter De Pelger vergezelde deze sergeanten om hen te voorzien van hunne oorlogstoebereidselen. Te Brugge vond hij den stadsklerk met wien hij in de wetkamer aldaar trok om de toestemmingsbrieven te erlangen, door welke de sergeanten van Dixmude, liggende te Grevelingen mochten terugkeeren *om te spreken van die van Duinkerke en Grevelingen, die schuldig zijn te volgen in legertochten der stede van Dixmude.*

Den 6 Juli werd de burgemeester naar het leger voor Kales bij de hoofdmannen en sergeanten der stad gezonden met het geld hunner soldij, en den 4 Augustus daarna naar *den Duinen* en van daar naar Nieuwpoort, bij dezelfde hoofdmannen en sergeanten, wederkeerende met het Brugsch leger, om hen te bewilligen deze van Brugge te verlaten en uit Nieuwpoort huiswaarts te keeren.

Den 9 Augustus werden de burgemeester Belle en de stadsklerk gezonden te Brugge bij de vier leden van Vlaanderen, om hulp en bijstand te verkrijgen ten einde wederstand te bieden aan de Engelschen, die als vijanden van den graaf van Vlaanderen afkwamen en reeds te S[t] Winoxbergen brand gesticht hadden.

De burgemeester, Belle, met den stadsklerk Schelewaert, werden den 11 September naar Gent, bij den

Graaf van Vlaanderen gezonden om hem te kennen te geven dat de Bruggelingen bij brieve verzocht hadden uit Dixmude een groot getal sergeanten met de stadsbannier ter markt van Brugge te zenden.

Dezelfde heeren werden den 19 September wederom bij den graaf gezonden met eene boodschap rakende de Bruggelingen, die gewapenderhand voor Dixmude gekomen waren om de stadsbannier en een groot getal sergeanten te hebben en mede te trekken naar de markt van Brugge, welke met gewapend volk bezet was.

Daarna volgden nog twee zendingen betreffende het zelfde onderwerp. Uit andere aangestipte zendingen blijkt, dat bijna gansch Vlaanderen zijne gewapende strijders zond naar de omstreken van Duinkerke, Veurne, Zuidkote, Bambekebrug, Peereboombrug, Steenstrate en Dixmude, en dat Poperinge door de vijanden in brand gesteken werd.

Hooger vermelde rekening is een bewijs te meer bij al hetgeen over die tijden in andere geschiedenissen gezegd is, dat Vlaanderen met zijne geoefende burgers eene sterke hulp was voor de graven, die het wisten hoog te schatten. Evenals elke andere stad bezat Dixmude zijne gilden, die zich in den krijgsdienst oefenden.

Ten jare 1467 stierf Filips de Goede en werd opgevolgd door zijnen zoon Karel den Stoute. Deze was in groote vijandschap met den koning van Frankrijk en door zijne gedurige oorlogen veroorzaakte hij in zijne graafschappen en hertogdommen groote misnoegdheid. Hij gaf in 1471 een bevelschrift waarin op strenge boete aan al de bezitters van paarden of wapenen verboden was deze te verkoopen (1).

In dat jaar moesten al de leenhouders, achterleenhouders en alle begoede personen zich gereed maken om den graaf te dienen. Zij moesten op den laatsten van April in oogenschouw genomen worden en bereid zijn, den 26 Mei te velde te trekken op straffe van verbeuring van lijf en goederen.

In 1472 kwam een bode van den graaf een bevelschrift brengen waarin geboden werd aan alle personen, die hunnen ouderdom hadden en begoed waren, zich te wapenen en op te trekken naar Peronne. Dat bevel luidde nog dat al deze, die het leger verlieten zonder toestemming der overheden, moesten gevangen genomen worden.

Meer bevelschriften van dezen aard werden nog aangebracht in de jaren 1472, 1473 en 1474. Men kan dus oordeelen over de drukking, die zulk een bestuur te weeg bracht; het is niet te verwonderen, dat de inwoners de steden verlieten om in de voorgeborchten en ten platten lande te gaan wonen en dat, na, zijnen dood, op het slagveld te Nancy in 1477, zijne dochter Maria zoovele onaangenaamheden van wege de Vlaamsche gemeenten ondervond.

De misnoegdheid des volks, de armoede der schatkist en de talrijke vijanden, voornamelijk Lodewijk XI, brachten de jonge hertogin in eenen netelachtigen toestand. Haar huwelijk met Maximiliaan van Oostenrijk redde haar.

Deze besloot een bestendig leger van 15,000 man

(1) Rek. Dixm.

op de grenzen te houden en daartoe eischte hij de volgende belasting :

Alle personen : geestelijken, edelen en wereldlijken moesten hem zooveel betalen als zij met hun huisgezin in 15 dagen verteerden. Daarbij werd gevoegd eene som van 100,000 rijders, drij jaren lang te betalen op al de landen van het graafschap, benevens nog vele andere artikelen daarin vermeld (1).

De Vlamingen waren ten uiterste verbitterd op Maximiliaan en kwamen in 1487 in opstand. Slechts eenige steden, waaronder Dixmude, bleven hem getrouw. Laatstgenoemde vooral diende tot schuilplaats aan de Duitsche soldaten. De Vlamingen versterkten zich te Werken (op omtrent twee uren gaans van Dixmude) en maakten er verschansingen en bolwerken om de gemeenschap met de Duitsche krijgslieden te beletten (2).

Het Vlaamsche leger besloot in 1488 de stad Dixmude, waar de Duitschers zich sterk hielden, te overrompelen en stormenderhand in te nemen. De 7 Maart werd tot het volvoeren van dat besluit gekozen. De Bruggelingen waren aan het hoofd der belegeraars, en, gewapend met ladders en ander oorlogsgereedschap, begonnen zij den oploop; maar het garnizoen te zamen met de inwoners stiet de bestormers terug en dwong hen tot den aftocht (3).

Het schijnt dat de Duitsche soldaten niet veel goeds deden te Dixmude, want den 20 Juni van hetzelfde jaar zond de heer van Dixmude eenen bode om aan de

(1) Rek. Dixm. 1487.
(2) Regist. Codet Dixmude.
(3)   id.

Bruggelingen kenbaar te maken dat hij met hen wilde leven en sterven, op voorwaarde dat zij hulptroepen zonden om de rooverijen der Duitschers te doen ophouden. De Bruggelingen zonden onmiddelijk den kolonel Anthoon Van Houte met zijne legerbenden derwaarts. Deze veldoverste, onderweg verraad vermoedende, keerde naar Brugge terug.

De bezettingen van Dixmude en Nieuwpoort vereenigden zich, roofden en plunderden in de omstreken tot bij Oostende. De bezetting van Dixmude brak de Hooge Brug af op den IJzer en wilde de kerk van Beerst overrompelen, maar zij werd door de omliggende bevolking aangetast en bijna gansch vernield. Dan verwoestten de nog overgebleven Duitschers, tegelijk met die van Nieuwpoort de gemeenten Leke en Keiem en de kerken van Woumen en Eesen werden verbrand met al het volk dat er in gevlucht was (1).

De standvastigheid der Dixmudenaars willende beloonen, nam Maximiliaan een besluit, vaststellende dat de wet van het Vrije van Brugge naar Dixmude zou verplaatst worden. Dat besluit is nooit ten uitvoer gebracht geweest en Brugge is de zetel gebleven van het land van den Vrijen (2).

Het krijgsvolk der bezetting van Dixmude liep ook veel in Veurne-Ambacht om te rooven en te plunderen. Om dat te beletten zond het magistraat der kasselrij hunne gevolmachtigden aan den heer Archambald van Haveskerke om hem uit te noodigen de uitlooping van de bezetting, over welke hij het gezag had, te doen ophouden, zoo hij niet begeerde een beletsel te stellen

(1) Kron. VI.
(2) Arch. Dixm., k. 2, 47.

aan de medehulp der streek in de betaling ten behoeve der bezettingen, die den Roomschen koning (Maximiliaan) getrouw gebleven waren (1).

In October deed Lodewijk van Halewijn, bevelhebber van het Vlaamsche leger aan het Brugsche Vrije een voorstel om Dixmude en Nieuwpoort te overmeesteren en deze steden met al hare bolwerken te slechten, ten einde aldus West-Vlaanderen te bevrijden tegen de strooperijen der Duitschers. Dat voorstel werd van de hand gewezen en Lodewijk vertrok met zijne Fransche benden en Vlaamsche overloopers naar Dixmude, stelde zijn kasteel te Handzame in de handen der Duitschers en begaf zich naar St Omaars, zijn leger overlatende aan zijnen onderbevelhebber Antoon Dauchy (2).

In 1489 deden de Duitsche troepen uit Duinkerke, Veurne en Dixmude eenen wreeden strooptocht op het platte land tot bij de poorten van Brugge, alles moordende, plunderende en verbrandende.

De bevelhebber Dauchy, zich willende wreken over alle deze euveldaden, verliet Brugge met 600 ruiters en 400 mannen voetvolk; hij werd gevolgd door 2,000 Bruggelingen, Kortrijzanen en Ieperlingen onder het geleide van Joris Picavet, kapitein en schout van Brugge. Deze vereenigde macht belegerde het kasteel van Handzame, dat, na acht dagen wederstand, overweldigd werd. De bezetting werd omhals gebracht. Na eenige dagen te Werken en Eesen verbleven te hebben om de Duitsche troepen te beteugelen en de

(1) Kron. Vl., 2^e d.
(2)   id.

strooperijen te stuiten, keerden zij op 8 Februari naar hunne steden terug.

Arnold Breydel, geboren te Brugge, volgde de partij van Maximiliaan gedurende de omwenteling in Vlaanderen. Hij stelde zich aan het hoofd van eenen hoop vrijwilligers en muitelingen, doorkruiste de kasselrij van Veurne en stroopte en verbrandde alles in de gansche streek. Eindelijk werd hij op den 9 April 1489 bij Dixmude gevangen genomen en te Brugge onthoofd (1).

Op 19 April, nieuwe uitvallen van de garnizoenen van Dixmude en Nieuwpoort, bij welke zich Vlaamsche overloopers voegden. De woestelingen spaarden noch vrouwen, noch kinderen in die moorderijen. Op het onverwachts werden zij evenwel aangevallen door de garnizoenen van Middelburg en Oostende, geholpen door de bevolking. Vijftig muitelingen werden gedood en de overigen, die niet konden door de vlucht ontsnappen, bleven in de handen der overwinnaars.

Op 15 Mei zag men de Bruggelingen, de Kortrijzanen en de Ieperlingen te velde trekken onder het geleide van Joris Picavet en Antoon Van Nieuwenhoven. Zij vereenigden zich bij Dixmude en hielden zich te Beerst zoodanig verschanst, dat zij allen aanval van den vijand konden weerstaan. Daar wachtten zij de Gentsche hulpbenden, om Dixmude te overweldigen, maar deze kwamen niet. Dan rukten zij Veurne-Ambacht binnen, waar zij, naar het voorbeeld der Duitschers, roofden en plunderden.

Intusschen kwam de heer Daniël Van Praet aan het hoofd van eene groote krijgsmacht, de Vlamingen

(1) An. Soc. Em. Brug. IV.

bevechten. Hij tastte den vijand aan bij de Beerstbrug, alwaar een moorddadig gevecht plaats had. De Vlamingen, overweldigd door het groot getal aanvallers, werden op de vlucht gedreven en zouden gansch verpletterd geweest zijn, indien de heer d'Espierres, die de zegepraal behaalde niet met zijne hulpbenden ware toegesneld.

Volgens de kronijk van Despars zou deze slag plaats gehad hebben den 13 Juni 1489.

De kerkrekening van Dixmude (1489-1490) maakt melding van eene betaling voor het begraven van mannen die verslagen waren ter Beerstbrugge.

In 1867 en 1868, bij het uitdelven van zand, heeft men op de landen, bij den terrier der watering gekend over de gemeente Beerst, in het artikel 476, in eenen put zeven menschengeraamten gevonden, benevens een geraamte, waarvan al de tanden wit en ongeschonden waren.

Nog immer ging de bezetting van Dixmude op roof uit. Op het kerkhof harer bezettingsplaats vermoordde zij twee personen, en dat kerkhof moest herwijd worden. In 1491 werd zij versterkt door de andere Duitschers, die, slecht betaald zijnde, hunne steden van West-Vlaanderen verlieten, zich te Dixmude kwamen vestigen en in Veurne-Ambacht hielpen plunderen. Korten tijd daarna kregen zij hunne soldij en verlieten Dixmude. Het land werd van baanstrooperij bevrijd (1).

Op 14 Januari 1492 (volgens Despars op 19 Januari 1492) beklommen twee Gentsche legerhoofden, Jan Denijs en Menken Bollaert, aan het hoofd van een

(1) Jaarb. Vl., 3ᵉ deel.

groot getal soldaten, om drij uren 's morgens de verschanste vesten van Dixmude en doodden al wie tegenstand bood. Onder de slachtoffers bevond zich Cornelis Jooris, schepene van het Brugsche Vrije. De inwoners werden op alle wijzen gepijnigd en dan op losgeld gesteld; de huizen werden geplunderd en verwoest.

N. B. Volgens de kronijk van Veurne-Ambacht en Veurne heeft dat plaats gehad op 19 Januari 1490. Eenige inwoners vonden in het kasteel eene schuilplaats.

In de kronijk der confrerie van O. L. Vrouwe te Dixmude vindt men, dat eene zilveren kroon door de Gentenaars gestolen werd, daags voor St Sebastiaan 1491 (1).

De graaf van Nassau, deze onverwachte overrompeling vernomen hebbende, spoedde zich met eene legerschaar Duitschers naar Dixmude te trekken om deze stad wederom in te nemen. De Gentenaars haastten zich met dezen veldheer een verdrag te maken en het werd hen toegestaan de stad te verlaten om naar Gent terug te keeren. De Duitschers, de Henegouwers en de overgeblevene Vlamingen, van Dixmude meester geworden zijnde, gedroegen zich veel erger dan de Gentenaars jegens de inwoners; deze werden door hen zonder genade behandeld (2).

Ziedaar wat het lot was van Dixmude gedurende het bestuur van Maximiliaan van Oostenrijk in Vlaanderen. Zijne vrouw, Maria van Burgondië, was tijdens eene jachtpartij van haar paard gestort en ten gevolge van den val overleden (1482).

(1) WEALE, H. D. D.
(2) Kron. Vl., 3^e deel.

In 1494 werd hun zoon Filips, bijgenaamd de Schoone, meerderjarig verklaard en als bestuurder der Belgische provinciën herkend. Hij schonk aan Dixmude vermindering en uitstel van krijgslasten. Door zijn huwelijk met Joanna van Arragon werd hij koning van Spanje en van al de overzeesche bezittingen. Hij was de vader van Karel V, die algemeen Keizer Karel genoemd werd. Het leven van dezen vorst behoort tot de algemeene geschiedenis. Zijne regeering hoeft dus niet in dit boek besproken te worden. Dixmude genoot eenen geruimen tijd eene zeer noodzakelijke rust en nam deel in de algemeene vreugd telkens de groote keizer eene overwinning op zijne vijanden behaalde.

Ik mag nogtans over de regeering van Karel V niet heenstappen zonder melding te maken van de bevelschriften die hij uitgaf tegen de hervormers, welke naar hunnen stichter Luther eenen anderen dan den katholieken godsdienst beleden. Deze strenge plakkaten hadden eenen grooten invloed op de gemoederen, zij waren de bron der onlusten, die gedurende de zestiende eeuw de Zuider-Nederlanden tot een puinhoop maakten en ook te Dixmude niet ongemerkt voorbijgingen.

Keizer Karel stierf ten jare 1558 in het klooster van Yuste in Spanje en heel Vlaanderen door werd zijne uitvaart met de grootste plechtigheid gevierd.

Er bestaan uitvoerige schriften die over deze begrafenisplechtigheden gewagen en het zou overbodig zijn hier neer te schrijven wat in andere geschiedenissen ruim voorhanden is. Alleen dient gezegd, dat al de wijken der stad wedijverden om op zijn best de uitvaart te vieren; al de maatschappijen, ambachten en instellingen waren in den lijkstoet in plechtigste gewaad vertegenwoordigd. De stad gaf 112 p. 18 sch. 6 d. p. uit voor de onkosten der plechtigheid (1).

De opvolger van Karel V was Filips II. De regeering van dezen vorst was noodlottig voor België. Tusschen Spanje en Frankrijk werd in 1559 een vredeverdrag geteekend te Cateaux-Cambrésis. Een geheim artikel van dat verdrag stelde vast dat de overeenkomende mogendheden de inkwisitie wederzijds in hunne landen zouden invoeren en alles in het werk stellen om alle verschil van gedachten, in zake van godsdienst, in het bloed te smoren. Dat afschuwelijk geheim werd ontdekt door den prins van Oranje, die aanstonds het besluit nam dat helsch ontwerp in de Nederlanden te doen mislukken.

Dat verdrag werd evenwel in België met groote vreugde vernomen en te Dixmude werden vreugdefeesten ingericht, waaraan al de wijken der stad deel namen.

De ketterij of de hervorming had veel veld gewonnen en overal hoorde men van hervormers en hervormden spreken. In 1561 werd er voor de eerste maal in Dixmude van de inkwisitie gewag gemaakt. Verscheidene personen, van ketterij beticht, werden in dat jaar gevangen genomen en de inkwisiteur werd tweemaal door de wet ontboden om zekere gevangenen, verdacht van ketterij te *examineeren* (Men weet wat in zake van inkwisitie, dat woord beteekent).

Vooraleer een algemeen overzicht te geven van de gebeurtenissen die in de zestiende en zeventiende eeuw plaats grepen moet ik eene algemeene beschou-

(1) Rek. Dixm. 1558-1559.

wing maken van de onlusten en oorlogen die om zoo te zeggen gansch westelijk Europa teisterden. De omwenteling der zestiende eeuw, gevolgd van den dertigjarigen oorlog waren twee overgroote treurspelen. Behalve België en Holland, traden Spanje, Frankrijk, Engeland, Oostenrijk, Duitschland, ja, zelfs de Noorderlanden Denemarken, Zweden en Noorwegen, in het strijdperk. Een mengelmoes van soldaten uit al deze landen streed op menigvuldige slagvelden ondereen en hield bezettingen tot in de kleinste steden.

Ofschoon de algemeene geschiedenis er maar weinig gewag van maakt, was het westelijk hoekje van Vlaanderen namelijk de omstreken van Oostende, Brugge, Tourout, Roeselare, Ieperen, Duinkerke, Veurne, Dixmude en Nieuwpoort het tooneel, waar allerhande soldaten streden en verwoestingen aanrichtten, die het tot een uitgestrekt bloedbad herschiepen.

De buitengewone strengheid van Filips II in het beteugelen der hervormde leer was de oorzaak en het begin der onlusten in België. Hoe meer ze tegengewerkt werden, hoe meer de hervormers hun werk voortzetteden. Zij richtten haagpreeken in en te Dixmude kwamen verscheidene predikanten den nieuwen ceredienst verkondigen.

In 1566 brak de beeldstormerij los. De kerken werden geplunderd en verwoest. In Vlaanderen alleen werden vierhonderd kerken uitgeplunderd (1).

Nadat de aanhangers der nieuwe leer al de beelden gebroken, de kerken geroofd en onlusten verwekt hadden te Gent, Ieperen, Poperinge, Belle, Hondschote en in meer andere steden van Vlaanderen, kwam

(1) CANNAERT, Oud Strafrecht.

zekere predikant in de maand Augustus, te Loo in Veurne-Ambacht, gevolgd van meer dan acht honderd gewapende mannen, die in de kerk dezer gemeente en meer andere de altaren afbraken en de beelden vernielden.

Op 17 Augustus zond deze predikant een veertigtal zijner mannen naar Dixmude met last van aldaar dezelfde beeldstormerij aan te richten. Aan de Westpoort der stad gekomen zijnde, eischten zij dat men ze zou openen, daar zij gezonden waren van wege den oppersten Heer, om de afgodenbeelden, die in de kerken en godshuizen binnen de stad waren af te werpen en te breken.

Het magistraat van hunne komst en hunne eischen verwittigd, deed zeven of acht hunner mannen ter kamer ten stadhuize komen en vroeg hun of zij van wege Zijne Majesteit daartoe gemachtigd of wel van den Hove daartoe gelast waren. Op deze vraag antwoordden zij dat zij van deze bemachting niet voorzien waren, maar dat zij niet twijfelden of hun meester, die hen alhier gezonden had, zou daarvan goed bewijs leveren, indien het noodig ware; daarenboven dat de wethouders van Gent, Ieperen en andere steden de beeldenbrekerij niet zouden gedoogd hebben indien zij diesaangaande geen goed bescheid gekend hadden. Het magistraat zegde hun hierop, dat zij binnen de stad niet zouden toegelaten zijn, dewijl zij geene koninklijke bemachtiging hadden, daarenboven dat de beelden in de kerk en in de godshuizen niet meer te vinden waren, aangezien men ze sedert eenigen tijd geweerd en verborgen had.

De afgevaardigden keerden weder tot hunne gezellen,

die buiten de poort gebleven waren, en meldden hun de beslissing der wethouders. Daarop ontstond onder de beeldstormers groot rumoer; zij konden hunne misnoegdheid over deze teleurstelling niet wederhouden en dreigden met geweld in te breken, zoo de poort niet terstond geopend werd.

Deze bedreigingen maakten grooten indruk op de gilden en de notabelen der stad. Zij kwamen in grooten getalle ten stadhuize en smeekten de wethouders de poorten te openen, daar de kerk en de godshuizen weinig konden beschadigd worden. De schoonste beelden en sieraden waren toch geborgen. Er werd ook aangemerkt dat er min te vreezen was van een klein getal mannen dan van eene groote bende plunderaars, die niet zouden nagelaten hebben de stad te vernielen.

De wethouders hunne plichten kwijten willende, trachtten de gemoederen te bedaren, maar te vergeefs. Ook werden zij gedwongen te verklaren dat 's anderdaags de poorten zouden geopend worden en de sektarissen binnen gelaten. Te zelven tijde bevolen zij de kerkmeesters en de bestuurders der godshuizen gedurende den nacht al de kostelijkste voorwerpen die nog aan de plundering bloot stonden te verbergen.

's Anderendaags, op het herhaald verzoek der burgers, werden de poorten geopend. De beeldstormers drongen de stad binnen, richtten zich naar de kerk en de godshuizen, wierpen de altaren omver en verbrijzelden een zeker getal beelden van geringe waarde. Na een kort verblijf van eenige uren trokken zij heen, tot groote voldoening der wethouders en van de geheele burgerij (1).

(1) Handvesten des rijks. Brussel.

Op 29 Augustus kwam Pieter Haesaert, een predikant van Hondschote, met eenige handlangers en verzocht het magistraat om te mogen prediken. Het werd hem geweigerd en hij trok met de zijnen het Grauwebroedersklooster met geweld binnen, predikte er en verbrak de beelden en kerksieraden (1).

De beelden, staande op de hoogzaal der kerk, werden afgehaald en geborgen in de kerklogie onder de klokstrengen. Het orgel verborg men op den zolder des huizes van meester Ysenbaart van Provyn (2).

De stadsrekeningen van dit jaar en van de volgende jaren maken melding van verscheidene strafuitvoeringen zooals geeselingen, martelingen op de pijnbank, zelfs onthalzingen, die in deze stad plaats grepen op personen die van ketterij verdacht waren. Vele verdachten werden ook verbannen.

Nu eens werden de predikanten toegelaten tot er van koningswege nadere bevelen kwamen (3), dan weder met dubbele strengheid tegengewerkt.

In 1567 werd het magistraat van Dixmude nopens de beeldstormerij, van het voorgaande jaar aangeklaagd en zond naar het opperbestuur eene schriftelijke verdediging waarin er onder andere melding werd gemaakt van de tegenwerking der overheden, van de voorzorgen die genomen waren geweest alsook van de geringe schade die, dank aan die voorzorgen, ontstaan was. Deze verdediging werd bij notarieele akte opgesteld en onderteekend door al de notabelen en geestelijken, 20 leden van de kruisboog-

(1) Handv. des rijks, Brussel.
(2) Rekeningen Kerk Dixmude.
(3) Dieg., Ann. soc. Em.

gilde, 20 der handbooggilde en 20 der busseniers zweren op het luiden der klok, gewapend ter markt te zijn om de beeldstormerij tegen te werken.

In 1573 was de bloeddorstige hertog van Alva naar Spanje teruggeroepen geworden. Zijn opvolger Requesens trachtte eene gematigde regeering in te voeren en schonk in 1574 eene algemeene kwijtschelding aan aan al de beeldstormers.

Intusschen bleef Dixmude bezet met Spaansche en Duitsche soldaten, van welke de bevolking veel te lijden had. De inkwisitie duurde voort en niettegerstaande dat, werd de hervormde godsdienst (nu Calvinismus geworden), met kracht verspreid. Geheel Vlaanderen door predikten de Calvinisten. In Dixmude werden de diensten in de kerk opgeschorst en gedaan in het beggijnhof, in het gasthuis en in de huizen van sommige burgers. Op zekeren dag werd de hoogmis gedaan bij den pastoor Wouters. Terwijl men er aan 't zingen was, werden op eens groote steenen door het venster geworpen en al de geloovigen namen de vlucht. De diensten werden gevolgentlijk geheel opgeschorst (1).

Van dat jaar af tot 1583 deed men in gansch Vlaanderen in de kerken geene missen meer, maar Calvinistische preeken (2).

Dat zulks waar is bevestigen de stadsrekeningen van Dixmude van deze jaren. In 1579 waren meer dan de helft der inwoners hervormd en twee predikanten waren er werkzaam; de eene was broeder Willem,

(1) Naar een handschrift geteekend A. WOUTERS. Getrokken uit WEALE, H. D. D.
(2) Kron. Mich. Jorret.

apostaat, karthuizermonik van Roermonde, die gehuwd was met eene gewezen non; de andere Van Ost, leekebroeder, zoon van eenen timmerman, was zijn ambtgenoot in het Calvinistisch evangelie (1).

Dezelfde geschiedschrijver maakt ook melding van andere predikanten die in 1580 te Dixmude gepredikt hebben. Zoodat men zeggen mag dat deze stad te dien tijde kettersch was. Niettemin duurden de vervolgingen nog voort, niet regelrecht tegen de ketters, maar nu meest tegen de ongelukkigen die door het bijgeloovig volk beschuldigd waren van tooverij. Zoo werden er volgens *la Flandre* (1875) van 1580 tot 1660, zestien tooveraars, eenentwintig tooveressen en drie godslasteraars te Dixmude alleen ter dood gebracht.

Ik geloof stellig dat dit getal overdreven is, doch al ware er maar ééne dergelijke terechtstelling gebeurd, deze zou ons nog doen zien hoe diep het bijgeloof in die tijden bij het volk was ingeworteld en welke vorderingen het menschdom in zake van beschaving heeft gemaakt.

De waarheid doen kennen, onpartijdig zijn in het aanhalen van gebeurtenissen is voor den geschiedschrijver eene voorwaarde, aan welke hij niet mag te kort blijven.

De geschiedenis van Dixmude heb ik geschreven, met het vaste gedacht de waarheid te melden; daaraan wil ik getrouw blijven en om die reden reken ik het mij ten plichte, ten minste één van de hoogergemelde heksenprocessen in zijn geheel over te schrijven uit de stadshandschriften, wier onpartijdigheid en zekerheid niet te betwisten zijn.

(1) JANSSENS, Kerkhervorming in Vlaanderen.

Ik neem letterlijk over uit het sentencieboek, onder dagteekening xxiiij (24 Juli 1596).

« Heerlicke dinghedach (proces) gehouden ter vierschare by J[r] Franchoys Van der Meeren, bailliu up den xxiiij July 1596 (24 Juli 1596).

Denzelven heere h[re] jeghens Thaene, w[e] H. De Haeze, ghevanghen van tooverie v[re].

Den h[re] metter adjonctie van Adriaen Van Middelem, burchmeester van de commune, cybeerende heesch (eisch) by geschrifte, tendeerende by de fyne en de conclusiën daerby genomen de v[ste] (verweerster) gheassisteert met Rycwaert Van Leke, procureur, kennende de fouten haer anghezeyt, badt om gratie ende gheen rechte, ende voorts dat heur lichaem zoude moghen naer heur overlyden ghecommiteert werden der hilighe aerde. — De h[rs] (eischers) verzochten recht.

Omme dieswille dat ghy Thaene Shaecens, weduwe van Heyndric De Haeze, oud lxxviij (78) jaeren, poortresse deser stede, gheboren van Caesekenskercke (Kaaskerke) u zelven zooverre verghetenheb ende te buyten gheghaen zyt, als dat ghy over bet (meer) dan xv jaeren, by uwe vrye wille afghegaen hebbende God almachtich uwen Scepper ende Verlosser en ook u christen ghelove, belofte ghedaen hebt te dienen ende an te hanghen den duvele van der helle, ghesleghen vyant van al dat menschelick gheslachte, die hem (zich) vertooghende was jn ghedaente van een man jnt swarte gecleet, hem presenterende ju de verzekertheyt van de bovenschrevene uwe belofte, een zwart levende henneken dat ghy daer te vooren ter marct ghecocht had, die u ooc beloofde te doen hebben al tgonne ghy van hem zou begheeren. Ende naerdien ghy ten zelver tyde van hem gheteekent zyt geweest hebt u vervoordert metten zelven, jeghens nature ende alle redelickheyt vleeschelick te converseeren. Welke belofte teekeninghe ende versaecinghe gheschiet is thuwen huuse daer ghy waert wonende in Caesekenskercke, hebbende dezelve belofte daernaer noch gheconfirmeert ende bevesticht doen hy u ter vele stonden veropenbaerde jn de ghedaente van een swarten hondt. Ende hoewel dat ghy zulck een afgrysselicken compact ghemaect hebbende metten boozen, u wel behoordet daermede te vreden ghehouden te hebben zonder uwen evenmensch te hinderen ofte beschaedighen in zyn lichaem, vruchten, beesten, zuvele (boter) ende andere ghoederen, nochtans persisteerende van quaet in arghere bezyden stellende Gods gheboden ende alle rechte, hebt u vervoordert diversche goede lieden te hinderen, beschadighen en verlies an te doene by middele van tooverie die ghy gheleert had van een vrauwe ghenaemt Maeyken, de weduwe Cornelis Vervaert, oudt xl (40) jaeren, ghebruckende daertoe zeker pouderken ghelick bussecruyt (buskruid) twelcke tuwer maeninghe u ghebrocht wiert, by denzelven boozen, ghenaemt Maerten, dat ghy allemets zelve ende zomtyds by hem deit smyten in der weeden (weiden) wedding en daer betrent daer de beesten waeren loopende om dezelve alzoo te doen zwellen ende rampeneeren ende onder andere de beesten van Jan Elyas, Adriaen Van Middelem, burchmeester deser stede, Jan Warkin ende van meer andere ghoede lieden thuurlieden grooten verdriete, breeder by de informatie ende uwe confessie behelst. Ende dat meer es hebt doudtste dochter. van Jan Oudolf ghenaemt Maeyken, langhe en vele tyts doen quellen waervoor ghy hadt van boozen een ghulden, niet zonder merckelicke suspicie dat ghy ooc langhen tyt groote ziecte en quellynghe anghedaen hebt den persoon van Jan Peper en zyn wyf in huurlieden lichaem, daervoor ghy hadt een ghulden, zoo ghy daer te vooren jeghens hem in questie zynde, vermeten en gedreight hadt te doene, ende hoewel dat ghy zoo langhen tyt jn zulcke verdoemelicken staet levende, behoordet achterdincken ende leetschap gehadt te hebbene, nochtans daerinne persevererende onder tpretext van godvruchtichheyt en hebt niet laeten daeghelickx twoord Gods ende den goddelicken dienst te comen hooren ende alle vrydaeghe de xv bloetstortinghen Ons Heeren te lezen omme alzoo tvolck te verabuseeren, niet zonder groote suspicie dat ghy de conste van tooverie voortgheleert hebt ende oock in diversche vergaderinghen gheweest met Lyne twyf Jan De Keysere, Calle twyf Robert d'Oosterlinck ende andere uwe complicen, alwaer ghylieden gheaccompagneert zyt gheweest met elk zyn lief van dhelle, doer alwelcke abominable ende verschrickelicke faicten de fornicheyt ende gramscap Gods ontwyffelick verwect wort. Wesende zacken niet lydelick zonder straffe pugnitie te doene, zoo die wel meriteert. Ghezien de calangie (aanklacht) van den heere thuwen laste ghemaect, dinformatie, confrontatie ende uwe belydenisse zoowel in de pyne als buyten pyne ghedaen, scepenen recht doende, ter maeninghe van bailliu huurlieden gherechte mainheers ('s heeren) wyzen en condemneeren u Thaen Shaecens, alhier present ende voor ooghen gestelt te worden an eene stacke en ten respecte van u ouderdom eerst verworcht te worden ende met den viere beschouwet datter u doot naervolghe, ende daernaer u lichaem ghehanghen buuten stede an eene potencie (galg) in exemple van andere. Verclaerende voorts alle uwe goedinghe gheconfisqueert zooveele als confiscatie plaets heeft ende dit ten profyte van tgonne diet metten rechte bevonden zal wezen toe te behooren. »

Vooraleer veroordeeld te worden werd Thaene Shaecens gepijnigd om haar te verplichten bekentenissen te doen.

De volgende rekeningen, insgelijks letterlijk overgenomen, hebben betrek op de pijnigingen en terechtstellingen van Thaene.

Stadsrekening, beginnende 1 Mei 1595, eindigende 30 April 1596.

Burgemeester van Schepenen Jan Elyas. Burgemeester van commune Adriaen Van Middelem.

Betaelt den voornoemden griffier P^r De Meulenaere, over eene voyaige te Veurne om met geleerden tadvyseeren up tstuk van Thaene Shaecens berucht (beticht) van tooverie. Van twee daeghen xii p. par.

Stadsrekening van 1 Mei 1596 tot 1 Mei 1597. Zelfde burgemeesters.

Betaelt Jo^r Franchoys Van der Meeren, bailliu dezer stede over een voyagie by hem ghedaen te Hondschote ende Berghen Sint Winocq, omme gheinformeert te worden hoe men aldaer was userende en procederende up tfaict van tooverie, daerinne hy gevachiert drie daghen tot viii p. par. 's daags xxiiij p.

Betaelt denzelven van twee daghen tot Gent ghevachieerd thebbene om met gheleerde te communiquieren de zaecke van Thaene Shaecens ende Lyne twyf Jan De Keysere beede ghevanghen van tooverie mits de zwaricheden upghecomen in huurlieden vacillatien (wankelbare) ende dubieuse (dubbelzinnige) confessien (belijdenissen) daerinne begrepen iiij p. 10 sch. voor tadvys xx p. 10 s.

Betaelt denzelven griffier Pr Meulenaere, over eene voyagie by hem ghedaen tYpre omme met gheleerde tadvyseren tstuk van Thaene Shaecens en Lyne Keysers, ghevanghen van tooverie van twee daghen tot vi p. p. sdaeghs xii p. p.

Betaelt Franchoys De Poortere, messagier deser stede over eene voyagie ghedaen metten griffier Meulenaere ghezonden tYpre ten advyse up tstuk van Thaene Shaecens en Lyne twyf Jan De Keysere ghevanghen van tooverie van twee daghen te iii p. 's daeghs vi p. p.

Denzelven reyzende metten zelven griffier te peerde naer Ghendt tot iji p. 's daeghs xviii p. p.

Denzelven reyzende metten bailliu Jor Van der Meeren naer Hondschote en Berghen Sint Winocq van twee daghen ten pryze alsboven vi p. p.

Denzelven ghehaelt hebbende den officier crimineel (beul) van Ypre om te tortureren (pijnigen) de voorseyde ghevanghenen iii p. p.

Den lakaye (knecht) van den bailliu ghezonden tYpre om zekeren halzebant ghezeyt *le collet de vérité* om te tortureren Lyne uxor (vrouw) Jan De Keysere vi p. p.

Jaques Heyndrix ghezonden naer Berghen Sint

Winocq om den officier crimineel van Ypre vi p. p.

Gherestitueert denzelven griffier Meulenaere over tadvys van gheleerden tYpre up tfaict van Thaene Shaecens ende Lyne uxor Jan De Keysere xii p. p.

Van ghelycke van dies hy betaelt hadde te Ghent aan vier gheleerde overzien hebbende de voorseyde zaeke lix p. p.

Betaelt m[r] Charles Rootcaes griffier crimineel der stede en casselrie van Veurne van te twee stonden ooc overzien ende gheconsulteert hebbende de sticken (stukken) van beede de voornoemde ghevanghene vi p. p.

Betaelt P[r] Vergheynst gheseyt Peerken Duvele ontboden by de wet omme ondervraecht te worden up tfaict van Thaen Shaecens xx s. p.

Betaelt Adriaen Schulinck over de teeringhe tzynen huuze ghedaen by den officier crimineel van Ypre ende eenige van de wet doen men ginck tortureren Thaene Shaecens viii p. xiiij sch. vi d. p.

Gherembourseert de greffier Meulenaere van dies hy te coste es gheweest over zeker banquet ghedaen an de vier advocaten alle de stix (stukken) overzien hebbende van de voorzeyde twee ghevanghene met andere papieren de stede rakende de somme van xxxvi p. ii s. p.

Betaelt Passchyne v[a] Jacop Rooze over de teercosten thuuren huuse ghedaen by den voornoemden officier crimineel met zynen knecht den tyt van twaelf daghen I[c] xxii p. xiiij s. p. (100 p. 14 s.)

Betaelt Jehan de Medina provoost over de teeringhe tzynen huuze ghedaen by drie vrybuters alhier gheexecuteert by laste van den gouverneur metter corde iii p. p.

Betaelt m^r Laureyns Van de Neste, officier crimineel van der stede van Ypre van zyne teercosten den tyt van xxvii daghen ter twee stonden ghevachiert thebben om de voornoemde Thaene ende Lyne tot L s. (50 sch.)

Daerinne begrepen iii p. over de discepline ghegheven an de voornoemde Lyne ende xx p. over texecuteren metten viere van dezelve twee ghevanghene ende nog xxx p. van thanghen de voornoemde vrybuters 1^c xx p. x s.

Gherembourseert den bailliu Jo^r Frans Van der Meeren over tfatsoen van eenen halzebant gezeyd *collet de vérité* om de voorseyde ghevanghen te tortureren x p.

Nota. Deze twee betalingen zijn met eene streep doorgehaald en de commissarissen van rekening hebben in margina geschreven nevens de betaling A : zij ter xxx p. p. gebrocht a parti in fine capitua wezende tstadslaste alleene en de reste wezende ten laste van Mevrouw. Nevens betaling B staat : Roye wezende ten laste van Mevrouw.

Betaelt Pauwels de la Saxe over de leveringe van V^c (500) manspellen om te maken de halzebant dienende om te tortureren de voorzeyde twee ghevanghen Lyne ende Thaene xx s. p. (Tot laste van Mevrouw).

Betaelt van diesser verteert was den 24 July 1596 doen Thaene Shaeens ende Lyne De Keysere gheexecuteert waren metten viere xviij p. voor tordinaire iii p. p.

Betaelt Mr Vincent van Ostenryk over het afscheeren van thair van dezelve twee ghevanghen iii p. p.

Betaelt Adriaen Schulinck conchierge van diesser den xxiiij July 96 verteert was by mevrouwe en den heeren der wet, doen de voorzeyde ghevanghen waren gheexecuteert met den viere xlviii p. p.

10

Betaelt van diesser bij dezelve ghevanghen met huurlieden biechtvaders mitsg (mitsgaders) den officier crimineel, verteert, doen zy ghinghen naer tsupplicie x p. p.

Betaalt Pr Leeuwe van vier ketens crammen ende bootshaecken om texecuteren de voorz. ghevanghen viii p. p.

Betaelt Jan Batten over de leveringhe van xviij schoven gley om de voorz. ex^e (executie) xviij s. p. Roelken Van Houcke van xlv (45) bromschoven (bremschooven) ende verhaelde bier viii p. p. Renart Vermesch van eenen stoel om de voorz ghevanghen by den viere te stellen lvi s. (56 sch.) te zamen xi p. xiiij s. p.

De staatkundige wereld had intusschen merkelijke veranderingen ondergaan. Requesens was in 1576 gestorven en opgevolgd door Don Juan van Oostenrijk; Antwerpen werd geteisterd door de Spaansche furie en de pacificatie of bevrediging van Gent werd geteekend die voor het oogenblik den godsdienstvrede verzekerde. De buitensporigheden der Gentsche hervormden en de afval der Walen verhinderden de weldadige gevolgen van dit verdrag en brachten weer de tweedracht in het land, hetgeen Willem van Oranje deed besluiten, ten minste de Noordelijke provinciën bijeen te houden.

Dit leidde tot *Unie van Utrecht*, die 1579 geteekend werd en de grondslag der Bataafsche Republiek werd.

Holland streed moedig tegen den landvoogd Alexander Farnese.

In 1581 bevocht de prins van Nassau met zijn leger

in de omstreken van Dixmude de Fransche hulptroepen die in Spaanschen dienst waren.

Na vruchteloos de bebolwerkte kerk van Watten aangerand te hebben, werden de Vlamingen die den prins van Oranje Nassau volgden, op den terugtocht door de ruiterij van Montigny bij Dixmude aangetast, duchtig geslagen en van bijna al hun grof geschut beroofd (1).

Het Fransch leger, onder het bevel van den dolfijn, zoon van den hertog van Montpensier, en van den maarschalk de Biron, rukte langs Duinkerke in Vlaanderen. Een gedeelte van dat leger bezette de Dixmude en de andere gedeelten trokken in een groot getal steden van Vlaanderen om den winter door te brengen (2).

In 1582 bezette de hertog van Alençon Duinkerke, Dixmude en St Winoxbergen met zijne troepen. De Franschen en Schotten, die er gelegerd waren, slecht betaald zijnde, plunderden en roofden in de omstreken (3).

Deze hertog, ook genaamd hertog van Anjou, had besloten zich meester te maken van de Nederlanden. De Spanjaarden belegerden Dixmude, welke stad, in weerwil harer sterke bezetting, zonder grooten tegenstand werd ingenomen. De Franschen staken met voordacht, eer zij vertrokken, eenige huizen in brand. De inwoners haastten zich den brand te blusschen, maar zij werden verjaagd en andere huizen werden geplunderd (4).

---

(1) Kron. van Vlaanderen.
(2) CHAPPUIS, H. Geurre. Fl.
(3) Kron. Vl. 3.
(4) V. D. P., H. van Vlaanderen.

Wederom stonden de omstreken aan de strooperijen der garnizoenen ten prooi.

Dixmude viel den 31 Juli 1583 den Spanjaarden in handen en den 2 Augusti keerde kapitein Marivoorde, aan wien het opperbevel van de stad was toevertrouwd geweest, met zijne soldaten naar Brugge weder, terwijl eene schaar van hervormden ook de verloren stad ontweek en hem vergezelde (1).

Hier volgt de vertaling van een wettig stuk in stadsarchieven berustende :

Voorwaarden der overgaaf van Dixmude aan den hertog van Parma :

1° De kapiteinen, officieren en soldaten, zullen vrij en ongehinderd met wapens, degens en dolken, en met al hunne *bagagen,* vrouwen en kinders de stad mogen verlaten ; hierin zijn begrepen, de sergeant-major, de kanonniers en de vrouw van den gouverneur, die in eene veilige plaats zullen geleid worden.

2° Voor wat de zieken en gekwetsten betreft, die nu niet kunnen vertrekken, er zal hun geen hoegenaamd leed gedaan worden ; zij zullen mogen blijven tot dat hunne gezondheid hun zal toelaten de reis te ondernemen.

3° Wat aangaat het magistraat, de burgers en inwoners, al die zullen willen vertrekken met het garnizoen, zullen vrij zijn zulks te doen met hunne goederen en zes weken tijd hebben, om hunne meubelen te vervoeren of te verkoopen en zes maanden voor het verkoopen der onroerende goederen ; deze die de stad niet aanstonds zouden willen verlaten, zullen eene maand tijd hebben om te vertrekken, en er zal hun een gelijken

(1) Janss., Kerkherv. VI.

tijd toegestaan worden als aan de anderen, voor wat het verkoopen van hunne meubels en onroerende goederen betreft.

4° Aan de magistraten, burgers en inwoners die zouden willen blijven, wordt door Z. K. Hoogheid algemeene gratie vergund; al de misdrijven of beleedigingen, die zij ten opzichte van Spanje bedreven hebben, worden hun vergeven, zonder dat zij naderhand hiervoor in lijf of goederen nog zouden kunnen vervolgd worden.

5° In het vervolg zullen zij door zijne majesteit den koning behandeld worden als door eenen goeden en genadigen vorst.

6° Z. K. Hoogheid eischt geenzins hunne gebruiken en voorrechten te kennen en zal ze voor het toekomende hun toelaten volgens dat het noodzakelijk zijn zal.

7° Er zal geen ander garnizoen in stad gelegd worden dan hetgeen er noodig is, en dat tot de meeste ontlasting der burgers.

8° De ontvangers der domeinen zijner majesteit en die van bijzonderen, van welke hoedanigheden zij ook wezen mogen, en die tot den dage van heden op bevel van hunne overheden, betaald hebben, zullen hierover geenzins vervolgd worden.

Gegeven in het kamp van Dixmude, den laatsten dag van Juli 1583.

(Onderteekend) ALEXANDER, op bevel (get.) LEVASSEUR.

Het magistraat van Dixmude verklaart dat op bevel van den kommissaris Snoeck, door de stad betaald is geweest 9,913 p. p. over zeven maanden solde van vier kompagnien voetvolk, alhier in garnizoen; welke penningen ontleend zijn geweest aan de burgers (1).

In 1587 was Vlaanderen in eenen droeven toestand. De havens waren gesloten, alle koophandel was verlamd, gansch het land werd doorkruist door dieven, moordenaars en vrijbuiters. De armoede, de vrees en de duurte der levensmiddelen groeiden dagelijks aan. De tarwe werd verkocht aan 36 gulden de raziere (omtrent eenen halven zak), de rogge 26 en de haver 15 gulden. De stadsrekening van Dixmude sloot met een schadelijk slot van 85,947 p. 13 sch. 11 d. parisis.

Deze achteruitgang van de stadsfinancien moet niemand verwonderen wanneer men denkt aan het groot getal soldaten die Dixmude bezetteden, zooals Italianen, Burgondiërs, Duitschers, Franschen, Ieren, Schotten en Spanjaarden welke van de bevolking veel geld eischten en, bij gebreke aan voldoende soldij, de omstreken met plundering en moord bedreigden; (bedreigingen die zij vaak uitvoerden) ja, dat was waarlijk een droeve tijd.

De stadsoverheden zagen zich genoodzaakt aan de ingezetenen geld in leening te vragen om de schulden te kunnen betalen (2).

In 1591 waren er niet min dan zesentwintig forten of sterkten op den IJzer en de Ieperlee, om de rooverijen der garnizoenen van Oostende en andere bezette plaatsen te beletten. Het waren de volgende: 1° ter Vierboete bij Nieuwpoort; 2° op het Lekesluis; 3° te Bekaf;

(1) Arch. Dixm.
(2) Stadsrekening 1587.

4° aan den Verlorenkost; 5° te Nieuwendamme, 6° ter Stijlen; 7° te 's Gravenbrugge; 8° bij Tard avisé; 9° aan het Schoorboomken; 10° te Schoorbakke; 11° te Schrekels; bij Tervate; 12° bij Coupe la voie; 13° aan den Blauwen toren 14° aan het Kwaadstraatje; 15° aan de Hoogebrug te Dixmude; 16° te Sprange Heernisse; 17° ten Halven Mijlemeulen; 18° te Steenensluis; 19° ter Knokke; 20° ter Peereboombrug; 21° ter Hagen; 22° ter Drie grachten ; 23° ter Hooge brugge ; 24° bij het Wit huizeken; 25° ter Kooie; 26° te Steenstrate (1).

De bezetting van Oostende deed eenen uitval met het gedacht de stad Dixmude bij verrassing te overmeesteren, doch zij werd gedwongen van hare plannen af te zien en met verlies van eenige mannen naar Oostende terug te keeren (2). De Hooge brug werd door de Franschen afgebroken (3).

In 1593 werd het fort van Plasschendaele ingenomen.

Na Alexander Farnese werden nog drij landvoogden: de graaf van Mansfeld, Ernest van Oostenrijk en de graaf van Fuentes naar België gezonden. Deze konden niet veel tegen de bondgenooten uitrichten. Aartshertog Aalbrecht gelukte daarin evenmin. In 1595 kwam hij naar België en in 1596 deed hij zijne intrede te Dixmude, waar hij met vele eerbewijzen onthaald werd. Deze landvoogd gaf blijken van veel dapperheid en goed beleid; hij tastte Nieuwpoort aan, dat in de macht der Hollanders was, maar kon die stad niet innemen. Ten jare 1601 belegerde hij Oostende. De

(1) Kron. Vl., 3° d.
(2) V. D. P., Gesch. Vl.
(3) Rek. Dixm.

bondgenooten hadden verscheidene vliegende legers in de nabijheid van den IJzer om tegenstand te bieden aan de Franschen, aangevoerd door Montal en Lamotte. Van eenen anderen kant was Jagel, aan het hoofd van vijf duizend man, gekomen om de aardewerkers aan het fort Schoorbakkebrug tegen allen aanval te beschutten (1).

Na een drijjarig beleg viel Oostende, dan nog slechts een puinhoop, in de macht van Aalbrechts leger (1604).

Nog immer had de landvoogd tegen de bondgenooten te strijden, toen in 1609 het twaalfjarig bestand geteekend werd. Gedurende dit tijdstip deden hij en zijne gemalin, de Infante Isabella, hun best om België op te beuren.

Maar niet gansch het land kon zich gelukkig noemen, vooral Dixmude niet. Wel is waar, had Aalbrecht aan het stadsbestuur toegestaan al de gebouwen, welke ten tijde van den oorlog waren verwoest geweest, herop te maken, maar nog altijd had de burgerij van de garnizoenen te klagen. Dat volkje, bestaande uit alle slach van mannen, uit alle landen, maakte het nog dikwijls heel bont. Het deed uitvallen links en rechts in de stad en op den buiten, en richtte nog immer plunderingen en verwoestingen aan.

In 1621 was het twaalfjarig bestand geëindigd en het groote spel ging op nieuw aan den gang tusschen Spanje en Holland. Hetzelfde jaar was Aalbrecht overleden, en toen Isabella hem in 1633 in het graf volgde, ging ons land op nieuw aan Spanje over, daar de aartshertogen kinderloos stierven.

(1) Kr. v. VI.

De toenmalige koning van Spanje, Filips IV zond zijnen broeder, kardinaal Ferdinand, naar België, waar deze als gouverneur regeerde.

« Alles was naar en dreigende in Europa » zegt F. P. J. Dumont, in zijne « Histoire de Belgique. » Al de mogendheden van het Noorden en het Zuiden waren onder de wapens. »

En inderdaad. Spanje stond tegenover Holland, Frankrijk, Engeland, Duitschland, Denemarken en Oostenrijk. Een deel van Holland, België en een deel van Frankrijk waren de plaatsen, waar de bloedige oorlogstooneelen plaats grepen, en onder de streken die het meest van de verwoestingen te lijden hadden, mag men zeker het Westelijk en Zuid-Westelijk gedeelte van West-Vlaanderen niet vergeten, vooral Dixmude niet, ofschoon de algemeene geschiedenis van België er geene melding van maakt.

Het was niet genoeg, dat de stad bezet was met garnizoenen van allen aard, tot zelfs met drie companiën Italiaansche vrouwen; de inwoners zelven moesten zich nog wapenen om te strijden, nu eens voor den eenen vorst, dan weer voor den anderen.

In 1647 werd Dixmude door de Franschen ingenomen in de volgende akelige omstandigheden.

Het Fransche leger, dat onder het bevel van den maarschalk De Rantzau, in aantocht naar Dixmude was, trok door Veurne-Ambacht, plunderende en roovende al wat het vond. Al de huizen en andere gebouwen omtrent de stad werden afgebroken en de bouwstoffen gebruikt om barakken voor de soldaten op te richten.

Na acht dagen tegenstand geboden te hebben, gaf zij zich over, den 13 Juli 1647. Nog datzelfde jaar, maakten er de Spanjaards zich meester van en werd zij op nieuw door de Franschen genomen en weer door de Spanjaards veroverd.

In 1648 komt het verdrag van Munster een einde stellen aan de godsdienstoorlogen en het land mag hopen een weinig rust te genieten. Toch niet, de heerschzucht van Lodewijk XIV, koning van Frankrijk, zal er weer een oorlogstooneel van maken.

In 1658 heeft Dixmude de eer den grooten Franschen veldheer Turenne te ontvangen, die er komt bezit van nemen, tot spijt der 400 mannen die, de stad niet genoegzaam kunnende verdedigen, haar maar seffens overleveren. De groote Turenne doet haar twee duizend ponden parisis betalen om er den opperkwartiermeester mede te beloonen, misschien voor de gunst, de stad niet plat geschoten te hebben. — Dat is vast schoon!?

In 1659 werd Dixmude door het *traktaat* der *Pyreneeën* aan Spanje teruggegeven.

In 1663 had het volgende voorval plaats.

De genaamde Waltherius Kapelle werd om zijne kettersche gedachten op de openbare plaats verbrand. Die Waltherius was een welgezeten burger en deed zich, om zijne menigvuldige weldaden, door zijne arme stadgenooten beminnen. — Een ongelukkige zinnelooze, die dikwijls aalmoezen van hem ontvangen had, schreeuwde tot de dienaars van den *ketterrechter*, (inquisiteur) die bezig waren den patient aan den strafpaal te binden: « Gij zijt moordenaars! Nooit heeft die man eenig kwaad gedaan aan wien het ook zij, en hij heeft mij brood gegeven! » Op deze woorden springt hij zonder aarzelen in den ontstoken brandstapel, ten einde zich met zijnen weldoener te laten omkomen, doch hij wordt met veel moeite door de dienaars uit het vuur getrokken. — Een of twee dagen later geraakte de zinnelooze bij den brandstaak, waaraan het halfverkoolde lichaam hing, nam het lijk op zijne schouders en droeg het door de stad, ten huize van den eersten burgemeester, waar bij toeval verscheidene leden van het magistraat vereenigd waren. Met geweld binnen gedrongen zijnde, legde hij het lichaam voor hunne voeten, uitroepende ; « Ziet daar, moordenaars! Gij hebt zijn vleesch verslonden, doet nu hetzelfde met zijne beenderen. »

De geschiedenis meldt niet wat Titelman, de ketterrechter, met den ongelukkige gedaan heeft (1).

In 1667 was Lodewijk XIV, enkel na vier maanden strijden meester van Armentières, Charleroi, St Winoxbergen, Veurne, Aat, Doornik, Kortrijk, Binche, Oudenaarde, Rijsel, Aalst en van geheel den omtrek (2).

Nieuwpoort, dat reeds zooveel had geleden, werd op nieuw bedreigd. Om het te bevrijden namen de bewoners der omstreken hunne toevlucht tot een heldhaftig middel : zij braken de dijken door en lieten zoo gansch Veurne-Ambacht met het zeewater overstroomen (3).

Zooals vroeger was in Dixmude eene bestendige bezetting en meermalen ontstonden er wanordelijkheden tusschen haar en de inwoners.

In 1678 maakte Lodewijk XIV zich meester van het fort de Knokke op anderhalf uur van Dixmude langs den IJzer stroomopwaarts gelegen. Hij deed het

(1) JOHN LATHROP MOTLEY, Révolut. des Pays-Bas au XVIe siècle.
(2) DUMONT, Hist. de Belgique.
(3) HINDR. Jaarb. Veurne.

door den beroemden *Vauban* versterken en met bastions en twee halve manen beschutten. In dat zelfde jaar werd het verdrag van Nijmegen geteekend tusschen Holland en Spanje. Dixmude bleef aan deze laatste mogendheid (1).

Ten jare 1683 werd de stad wederom door de Franschen ingenomen, nadat deze laatste zich van Kortrijk hadden meester gemaakt.

Na de overwinning dezer twee steden deed Lodewijk XIV eenen gedenkpenning slaan, waarop de god Mars afgebeeld was, aan Spanje het vredetraktaat aanbiedende met deze woorden : *Mars sus negatum repetens Curtracum et Dixmudæ captæ*. De gouverneur van Dixmude, doorliep aan het hoofd van vierduizend man Fransche troepen, het Brugsche Vrije, alles brandende en verwoestende (2).

Men moet veronderstellen dat de Fransche legers bij hun verblijf in Vlaanderen en bijzonderlijk in het Brugsche Vrije, alsook in de omstreken van Dixmude vele baldadigheden hebben gepleegd, dewijl ik in een register der rhetoricagilde van « Nu, Morgen niet » van dat tijdstip, de volgende regels vindt :

<pre>
Om reden dat de Fransche heeren
Hier nieuwelick de meester scheren,
En mits het groote garnizoen
Was dees rekening verstelt te doen,
En mits men sach aan alle canten
Dat de voorseyde chrichstrawanten
't Land doorliepen Noord, Oost tot Zuyt,
Dat ons 't hart (schier) van droufheyt sluyt.
Door het plunderen en branden
Van dees schoone Vlaamsche landen,
Want 't schynt dat 't Vrye met dezen stoot
Moet syn van allen het goed ontbloot
                        B. Rhet. N. M. N.
</pre>

(1) Kron. van Vlaanderen, 3ᵉ deel.
(2) Jaarboek van den Vrije, 2 v.

Sprekende over de vestingen heb ik doen zien hoe de Franschen van hunnen zegepraal gebruik maakten om Dixmude te ontmantelen.

In de jaren 1690, 1692 en 1693 viel Dixmude in de macht der Engelschen en daarna in die der Franschen, die de stad beurtelings versterkten en daarna van hare vestingwerken beroofden. Ten jare 1694 werd zij opnieuw door de Engelschen en dan weer door de Franschen beschermd.

Het mag hier terecht gezegd worden dat het schouwspel wel geleek aan dat van twee katten die om eene muis vochten, deze elk op zijnen beurt beschermden om ze daarna meer en meer te martelen. Het kan immers niet missen dat eene stad bij zulk gedurig nemen en hernemen, veel onder stoffelijk en zedelijk oogpunt moet lijden.

In Januari 1693 werd, te Parijs een gedenkpenning geslagen, waarop de wapens van Veurne en Dixmude afgebeeld waren met de spreuk : *Mars providus Furnis et Dixmuae captis* (1).

Op 11 Maart 1695 zond de gouverneur van Dixmude 410 mannen op verkenning naar het fort de Knokke. De bevelhebber dezer sterkte deed het grootste gedeelte van zijn volk optrekken en men vocht met hardnekkigheid, doch hij geraakte in eene hinderlaag, verloor vele mannen en was verplicht in het fort te schuilen.

Op 9 Juni zond de koning van Engeland een leger om het fort te overmeesteren. Dat leger werd verhinderd door het garnizoen van Dixmude, hetwelk den dijk doorsneed. De Engelschen moesten het beleg opbreken.

De koning van Engeland zond den Deenschen veld-

(1) Ann. mon. Franc.

heer Ellenberger met 12 bataljons voetvolk en eenige schadrons ruiterij om Dixmude te veroveren. De stad kon geenen tegenstand bieden. Ellenberger verhaastte zich een groot getal aardewerkers op te roepen om de bolwerken te versterken, zond de vrouwen buiten de stad en deed de burgers en de aardewerkers de wapens opnemen. Hij nam alle mogelijke voorzorgen om eenen hardnekkigen tegenstand te bieden aan het Fransch leger, dat onder het het bevel van maarschalk de Villeroy stond.

Den 26 Juli deed Villeroy den aanval en vertrouwde het beleg aan den markgraaf van Montal. Ellenberger, gaf 's anderendaags de stad over, hetzij door verraad, hetzij door lafhartigheid, zonder dat de vijand, die niet meer dan dertig kogels had geschoten, het minste stormgat geopend had.

De voorwaarden van de overgaaf werden door de Franschen schandelijk te buiten gegaan. Het garnizoen, bestaande uit 4,046 mannen, werd ontwapend en krijgsgevangen genomen, de aardewerkers werden uitgestroopt, mishandeld en weggejaagd. De ongelukkige Ellenberger werd aan de Engelschen overgeleverd en op last van hunnen koning te Gent onthoofd.

De maarschalk de Villeroy maakte zich ook meester van Deinze en deed te Parijs eenen gedenkpenning slaan waarop een krijgsman in knielende houding verbeeld is, twee kronen dragende waarop men leest: *Hostes ad deditionem vit milliæ Deynsio et Dixmudæ captis* (1).

Uit die talrijke inbezitnemingen van Dixmude door de mogendheden, uit de voorwaarden in verschillende

(1) Ann. mon. Fr.

traktaten, volgens welke deze stad aan de overwinnaars moest behooren, is te begrijpen van welk belang zij in de oogen der mogendheden moet geweest zijn. Dixmude was om zoo te zeggen het *trait-d'union* tusschen de Vlaamsche steden Duinkerke, Ieperen, Kortrijk en de havens van Oostende en Nieuwpoort. De groote veldheer Marlborough deed zulks ten stelligste blijken, wanneer hij in 1708 een vliegend leger zond om Dixmude te bewaken en de gemeenschap met Oostende te verzekeren. Hij aanzag eerstgenoemde stad als eene gewichtige plaats, niet alleenlijk als hebbende eene gemakkelijke gemeenschap met zijn leger in Oostende, maar bij middel van Oostende met Zeeland, Holland en Engeland. Daarenboven was hij aldus meester van de vrijheid der scheepvaart tusschen Ieperen, Duinkerke, Veurne, Nieuwpoort, Brugge en Gent.

Cardogan, de bevelhebber van dat leger, kwam op 8 October te Dixmude om den IJzer over te trekken Hij tastte onmiddelijk de sterkte bij de Hooge brug aan en na een bloedig gevecht van drij uren veroverde hij deze verschansing. Des anderendaags trok hij in Veurne-Ambacht, de rivier volgende tot aan het fort de Knokke, alwaar hij grooten tegenstand ontmoette (1).

Frankrijk gevoelde dat de bezettingen van Ieperen, Rijsel, Veurne, Dixmude en het fort de Knokke niet sterk genoeg waren en in de maand Juli verdeelde de generaal Berwyck, onder het opperbevel van den hertog van Beieren, die in Franschen dienst was, een legerkorps van drij duizend man om genoemde bezettingen te versterken.

(1) Kron. van Vl.

De Fransche soldaten deden de inwoners onzer streken veel lijden, zij gaven zich over aan alle soort van baldadigheden; roofden niet alleenlijk alle huisgerief maar ook paarden, koeien en alles wat in hunne handen viel en stuurden het opentlijk naar de markten om het te verkoopen.

Vreemde legerkorpsen, nu eens Hollanders, dan eens Engelschen doorkruisten dagelijks de stad.

Het fort de Knokke werd in 1712 door eene aardige krijgslist en slechts 180 mannen aan de Franschen ontnomen door zekeren De Rue, overste der Hollandsche partijgangers. Deze krijgsman overhaalde den hovenier, die het fort bevoorraadde, om er eenen zak noten heen te brengen en ze op een gegeven oogenblik op het voorhof als bij misgreep uit te storten. De Rue was den hovenier gevolgd. Niemand, zelfs de wachten niet, vermoedde eenig verraad toen beide mannen op het fort aankwamen en hun zegden dat zij iets goeds medegebracht hadden. De bezetting schaarde zich rondom hen en de hovenier deed als door onvoorzichtigheid al de noten op den grond rollen; de soldaten wierpen zich op de vruchten en intusschen kwam De Rue onverwachts met zijne 180 man en maakte zich van het fort meester. (De soldaten hadden verwaarloosd de poort te sluiten).

Caris, bevelhebber van Oostende, zond onmiddellijk eenen hulptroep van vijftig man en het fort werd van levensmiddelen voorzien door het vrijbuiten in den omtrek (1).

Dit voorval moge aardig en ongelooflijk schijnen. Het is bevestigd door een handschrift dat te raadplegen

(1) Manuscript Beghin.

is en volgens hetwelk ook de Fransche bevelhebber te Ieperen het genoemde fort met twee duizend Fransche soldaten bezettede en aan De Rue tien duizend patakons en eene lijfrent van vijf duizend pond beloofde indien hij de sterkte wilde overleveren. Hij weigerde en werd nadien door de Staten van Holland beloond met eene gift van 3,000 gulden, 1,200 gulden 's jaars lijfrent en den titel van kolonel en bevelhebber van het fort de Knokke (1).

Daarna verklaarden de Staten-Generaal van Holland Dixmude onder hunne bescherming te nemen (2).

Bij het verdrag van Utrecht, in 1713 gesloten, werd bepaald dat de Hollanders gemachtigd waren eenige steden van Vlaanderen, alsook het fort de Knokke te bezetten. Door de verdragen van Rastadt in 1714 en het Barreeltraktaat in 1715 werd de vrede tusschen Frankrijk en de verbondene mogendheden hersteld.

Ons land was het slagveld geweest van gansch Europa, al zijne vrijheden hadden in deze oorlogen schipbreuk geleden; men had het aan ieders belangen opgeofferd (3).

Men kan dus denken hoe het met Dixmude gesteld was, daar, waar zóóveel gevochten was geweest. Zoo gaat eene stad ten voordeele en tot voldoening van gekroonde hoofden, stillekens tot haren ondergang.

Door bovengemelde traktaten ging België over aan het beheer van Oostenrijk. Ons land had zich over de nieuwe meesters niet te beroemen, doch voor Dixmude was een tijd van rust aangebroken; geene bijzondere

(1) Manuscrit Beghin.
(2) Arch. Dixm.
(3) Genonceaux. Hist. de Belg.

11

voorvallen hadden plaats en de stadsfinantiën werden voorspoedig.

De dood van Oostenrijks keizer Karel VI stelde een einde aan den vrede. De erfenisoorlog begon en weder werd Dixmude het tooneel van oorlogen en rampen.

De Fransche koning Lodewijk XV verklaarde den oorlog aan Oostenrijk om in het bezit van België te geraken. Dixmude werd bezet met Fransche troepen, die er in 1744 de Hooge Brug afbrandden. Lodewijk XV zelf viel in Vlaanderen met een leger van 100,000 man, overweldigde een groot getal steden en kwam het kasteel van Merkem bezoeken, waar hij door den heer Van Outryve zeer wel onthaald werd (1).

In 1746 werden Nieuwpoort en Oostende belegerd, en Dixmude zag wederom binnen zijne muren soldaten van allen aard, ook matrozen aan welke het slaping en voedsel moest verschaffen. De Franschen maakten zich meester van de twee genoemde zeehavens.

Na deze overwinningen in Vlaanderen kwamen weerom nieuwe belastingen. Zoo moest ten jare 1748 Dixmude 2,200 ponden voor zijn aandeel in de lasten van dit jaar betalen.

De koning kwam met zijn gevolg naar Ieperen en andere omliggende streken. De kompanie der grenadiers te paard was te Dixmude gevestigd (2).

In 1749 werd Maria-Theresia, dochter van Karel VI en keizerin van Oostenrijk als vorstin in België ingehuldigd. Hare regeering was voor heel het land een tijd van voorspoed en vooruitgang, die tot in 1780, tijdstip van haren dood, voortduurde. De Belgen noemden haar

(1) REAUCOURT, Encomb. urb. Brug.
(2) La Flandre 1872-1873.

de moeder des vaderlands. Haar leven en hare daden behooren tot de algemeene geschiedenis. Talrijke verbeteringen en verfraaiingen werden te Dixmude gedaan en niettegenstaande deze verbeteringen waren de stadsfinantiën in goeden toestand. In 1776 was er een batig slot van 2,489 p. p. 6 sch. 5 deniers.

Maria-Theresia en haar schoonbroeder, Karel van Lorreinen, stierven hetzelfde jaar (1780). De betreurde keizerin werd met veel eerbewijzen begraven en gansch het land was in rouw over haar afsterven.

De lijkdienst te Dixmude was plechtig. In het midden van het binnenkoor was een hooge katafalk of praafgraf geplaatst, verheven in drij stagien en bedekt met zwarte stoffe. Daaromheen stonden dertig groote brandende flambeeuwen en daarvóór bemerkte men het in 't groot geschilderd wapen der vorstin. Boven op het praalgraf lagen de keizerlijke kroon en schepter en het hoogaltaar was door talrijke groote waskaarsen verlicht. Het bovenste van de zitplaatsen der heeren pitanciers of geestelijken was omhangen met zwarte stoffe op dewelke, aan de zijden, de wapens der overledene prijkten. Gansch den nacht van den 9 tot 10 Januari 1781 (datum der uitgestelde lijkplechtigheden) werd de kerk van binnen bewaakt en in den namiddag van den 9ⁿ luidden al de klokken zoo der groote kerk als der kloosters. Al de stadsoverheden, ofschoon niet in schepenenvergadering geroepen, al de overheden der openbare besturen, de broederschappen, het personeel der kloosters en al de schoolkinderen woonden deze grootsche lijkplechtigheid bij.

Jozef II, zoon der betreurde vorstin, volgde haar op. Deze vorst liet zich in de Nederlanden vervangen door zijne zuster Maria-Christina en haren gemaal Albert van Saksen-Tesschen, die den naam van goeverneurs der Oostenrijksche Nederlanden droegen. Op hunne omreis verbleven zij korten tijd te Dixmude.

Jozef de tweede was een hervormer in den vollen zin des woords. Het is niet noodig over al de hervormingen te spreken, die hij op geestelijk gebied wilde tot stand brengen. Alleen dient gezegd te worden dat hij aan de protestanten volle vrijheid gaf om tempels op te richten en alle voordeelen, aan andere eerediensten verbonden, te genieten; dat hij alle katholieke broederschappen en processiën afschafte, uitgenomen de processie van het H. Sacrament, en eenen algemeenen staat deed opmaken van al de goederen der geestelijke broederschappen.

Een enkel broederschap mocht nog te Dixmude bestaan, dat van de werkende liefde tot den evennaaste.

Te zijner eer hadden er in 1787 te Dixmude en in andere steden der Nederlanden groote feesten plaats, ter gelegenheid der bekrachtiging, welke hij gaf aan het behoud der *voorrechten en privilegiën* van dat Oostenrijksch gewest.

Edoch de geweldige hervormingsmaatregelen van den nieuwen vorst misnoegden in hooge mate het Nederlandsche volk en in 1789 brak eene omwenteling los. Vandernoot, een Brusselsche rechtsgeleerde, en andere groote mannen der Brabantsche Staten waren naar Breda geweken om volk aan te werven, waarmede zij de stad Turnhout op den 15 November innamen. Daarna verlieten de troepen de stad Brussel en geheel Brabant, de stad Brugge nam haar eigen garnizoen gevangen, de garnizoenen van Oostende en Nieuwpoort kwamen naar Dixmude en werden door onze schippers naar S*t* Winoxbergen vervoerd. Dertig patriotten kwamen hier den eed afnemen van het magistraat in naam van de Staten van Oostvlaanderen. De heer Pieter Bortier, vader, die de bediening van ruwaard bekleedde, weigerde den eed af te leggen en verliet het magistraat.

De generaal Van der Meersch, geboren te Meenen, was opperbevelhebber van het leger der patriotten. Hij vervolgde de keizerlijke troepen tot in de provincie Luxemburg, doch gekomen zijnde tot bij S*t* Hubert, begonnen de keizerlijken met omtrent 8,000 mannen tegenstand te bieden en deden hunne achtervolgers tot aan Marche en Rochefort terugtrekken.

Den 19 Februari 1790 overleed Jozef II; zijn opvolger Leopold deed eene verklaring, waarbij hij alles op den ouden voet bracht en zeer voordeelige voorrechten aanbood, maar het Kongres en de Staten verwierpen alles en kozen tot generaal zekeren baron van Schœnfeld, die na verscheidene gedeeltelijke nederlagen ondergaan te hebben, eenen grooten slag waagde op den 23 Mei, bij Marche in Famenne, waar de patriotten de volle nederlaag kregen en tot over de Maas moesten vluchten. Op 22 September verloren zij nog eenen veldslag. De provincie Luxemburg was reeds sedert het begin van Augustus door de Oostenrijkers ingenomen.

Zijne Majesteit Leopold had te Reichenbach in Silesiën een traktaat gesloten, waarbij de drij mogendheden de Zuiderlijke Nederlanden aan Oostenrijk verzekerden. De keizerlijke troepen kwamen allengskens in het land. Z. M. zond den 14 October, tijdens zijne kroning, uit Frankfort, eene verklaring, waarin gemeld werd dat al de oproerigen, die de wapens zouden neerleggen, tegen den 24 November, in genade zouden ontvangen worden. Integendeel zouden als vijanden behandeld worden al deze, die men sinds dien dag nog in bezit van wapenen zou vinden.

De generaal Schœnfeld, de overmacht ziende, verzocht van het bevelhebberschap des legers ontslagen te worden en de wapenen te mogen neerleggen. Het Kongres en de Staten, in plaats van dat wijs gedacht te volgen, beslisten op het laatste uur, Karel III, zoon van den keizer, te verkiezen tot groothertog van Nederland en zonden eenen koerier naar den veldmaarschalk Bender om eenen wapenstilstand te vragen ; maar zij kregen geen antwoord. Intusschen ging het keizerlijk leger over de Maas omtrent Luik. De generaal Schœnfeld verloor Namen en kwam met zijn leger rond Brussel. Overal werden dringende bevelen gegeven om het land te versterken. Het optrekken van al de vrijwilligers werd ten strengste bevolen. De zonen moesten hunne ouders verlaten en de mannen hunne vrouwen om tegen den keizer, hunnen wettigen vorst te gaan vechten.

De Dixmudenaars vertrokken den 2 December, werden uitgeleide gedaan tot aan de *barge* en met vele eerbewijzen bejegend. Denzelfden avond kwam de tijding dat de Staten de wapens hadden neergelegd en dat het geheele leger der patriotten gevlucht en verstrooid was. Deze vrijwilligers keerden den volgenden dag terug en werden met meer spotternij ingehaald dan zij met eer uitgeleid waren geworden. Groot was de blijdschap over deze verandering. De keizersgezinden waren zoo opgetogen dat men ze met moeite kon bedwingen en de rust onder de inwoners bewaren.

Deze regelen zijn getrokken uit een handschrift van eenen geloofwaardigen ooggetuige, den heer P. Bortier, vader van den grooten man die zooveel voor Dixmude gedaan heeft en waarover verder zal gesproken worden.

Om deze inlichtingen te volledigen moet er bijgevoegd worden dat de patriotten in 1789 eenen zegepraal behaalden te Turnhout, dat alle steden opstonden en dat de Oostenrijkers alras uit ons land verdwenen waren. Nogtans kwam er tweedracht tusschen de patriotten. Er ontstonden twee partijen: de Van der Nootisten en de Vonkisten. De Oostenrijkers maakten van de verdeeldheid gebruik om zich van het land weer meester te maken. Generaal Van der Mersch werd aangehouden en in het gevang opgesloten.

FRANSCHE OMWENTELING.

Terwijl in 1789 de aangehaalde onlusten in België en Holland plaats grepen, ontstond in Frankrijk de grootste omwenteling die de wereldgeschiedenis geboekstaafd heeft. De Franschen wierpen het zoo gehate koningdom omver. De monarchie werd er vervangen door eenen republikaanschen regeeringsvorm. Ongehoorde gruwelen grepen er plaats. Gedurende het schrikbewind werden de koning en zijne gemalin gehalsrecht; al wat edel was, werd vermoord, verbannen of moest vluchten. Al de priesters die den eed van getrouwheid aan het gemeenebest niet wilden afleggen ondergingen hetzelfde lot. De algemeene geschiedenis is daar om deze feiten aan te stippen en te beoordeelen. In de geschiedenis van Dixmude moet ik mij beperken bij de gebeurtenissen, die in genoemde stad plaats grepen.

Terwijl de Franschen in hun eigen land oproer maakten, behaalden hunne legers in het buitenland overwinningen op overwinningen. Door den veldslag van Jemmapes in 1792 door de Franschen gewonnen, werd België een wingewest van Frankrijk.

Deze tijding verspreidde zich snel door gansch het land en overal grepen min of meer groote onlusten plaats.

Te Dixmude nam het stadsbestuur maatregelen om alle ongevallen te voorkomen. Het riep de wijkmeesters bijeen en er werd bevolen des avonds, om 6 uren, te beginnen met licht door de straten te gaan.

Het handschrift van eenen ooggetuige der gebeurtenissen zou te lang zijn om het in zijn geheel over te nemen. Het zou op zijn eigen een belangrijk boekdeeltje vormen, dat verdient afzonderlijk gedrukt te worden. Ik neem er in het kort de volgende daadzaken uit op.

Alhoewel na den slag van Jemmapes de Franschen welhaast in Vlaanderen en Brabant meester waren, oefende het magistraat van Dixmude nog zijn volle onveranderd gezag uit.

De aankomst van een groot getal Fransche priesters die hun vaderland ontvlucht waren, was de voorbode van den nieuwen toestand. Deze vluchtelingen werden door de inwoners met geestdrift ontvangen en beschermd.

Het magistraat had reeds meermalen staatsbrieven ontvangen van wege de voorloopige opperregeerders, doch het liet deze zonder uitwerksel.

Het eerste Fransch dekreet dat uitgevoerd werd, was dat, betreffende het planten van eenen vrijboom. Deze werd den 7 December in het midden der groote markt geplant.

Daardoor ontstonden onlusten onder de bevolking.

Het stadsbestuur was verplicht de wijkmeesters bijeen te roepen en eene burgerwacht in te richten om de rust te handhaven.

Eene kommissie kwam tot stand bestaande uit de heeren A. Van Vossem, voorzitter; Woets Filips, Pieter De Ruysscher, Lodewijk Jansseune, Pieter Verwilghen, Pieter-Lodewijk Van Dromme en Eugeen De Lacy, leden. Zij droegen den naam van *Volksverbeelders*, behielden bij voortduring de leden van het magistraat in hunne vorige bedieningen en handhaafden gezamentlijk het stedelijk bestuur.

Den 16 Januari 1793 kwamen de eerste Fransche soldaten in de stad. Het was eene afdeeling van 78 koninklijke dragonders, gekleed in 't groen met witte mantels en helmen met paardestaarten. De bevolking was ongerust maar de vrees verdween, daar de aangekomene beschaafde en deftige krijgslieden waren. Zij vertrokken den 19 Januari.

Den 23 ontving het magistraat uit Brugge bevelen om het stadsbestuur te veranderen en eenen municipalen raad te kiezen. Er moest ook eene nationale conventie tot stand komen. De stadsbestuurders meenden door het aanstellen van volksverbeelders (reeds den 18 December 1792 genoemd) aan de eischen voldaan te hebben en schreven in dien zin naar den Franschen generaal Omoron.

Dat werd niet aangenomen. De kommissaris Malou-Riga, door wiens bevel de eerste kiezing plaats had gegrepen, schreef terug dat de Dixmudenaars zich tot den kommissaris Coppin te Veurne moesten wenden. Nochtans moest eene herkiezing plaats hebben, zoo wilde het de generaal. Ingeval van weigering zou er naar Dixmude eene bezetting van 1,200 man gezonden worden, die voor den uitvoer der bevelen moest instaan. De regeerders weigerden toch en naar het schijnt werden de bedreigingen niet uitgevoerd.

Den Maandag 11 Februari had een voorval plaats dat in de stad eene groote opschudding te weeg bracht.

Het gepeupel had besloten eene met graan geladen kogge of binnenschip te plunderen. Het bracht dat besluit ten uitvoer en om 8 uren in den morgen zag men op de Groote Markt en uit de Weststraat mannen aankomen, met zakken tarwe geladen. Dank aan de krachtdadigheid van eenen volksverbeelder, den heer Pieter Verwilghen, werden de roovers in hun werk tegengehouden en hunnen buit afgenomen dien men in eenige huizen borg.

De plunderaars boden tegenstand en eenige gewapende mannen kwamen aan om den opstand te dempen.

Zekere Jan De Nyft, die met eene vracht graan in een huis omtrent de Hooge Brug geloopen was, werd verplicht het gestolene weer te geven. Er ontstond eene schermutseling en Jan De Nyft werd erg gewond, ten gevolge van eenen sabelsteek hem toegebracht, naar het schijnt, door den heer Jan-Baptist Van Dromme, eenen der andere volksverbeelders.

De familie van den gekwetste besloot zich op den heer Van Dromme te wreken : talrijke bloedverwanten omringden zijn huis en men zou het afgebroken hebben, ware de gewapende macht er weer niet tusschengekomen.

De heeren Verwilghen, Pieter Van Hille, Jan-Baptist Van Dromme en andere moedige mannen verdienen om hun moedig gedrag ten voordeele van het algemeen welzijn, eene bijzondere melding in deze geschiedenis.

De wraaklust was evenwel daardoor nog niet verdwenen, eene bende plunderaars was in de omstreken van Dixmude samengeschoold en wilde de huizen der moedige burgers vernielen. De leden der busseniersgilde wapenden zich, stelden vier kanonnen aan het gildhof den Helm en de omstreken werden gedurig door gewapende mannen doorkruist. Daar kreeg de bende boosdoeners, wel 300 man sterk, schrik van en welhaast was de vrees voor grooter oproer geweken.

Op den 1 Maart kwam eene Fransche bezetting van 150 man in de stad. De burgers waren allen zeer ongerust en dierven niet naar bed gaan. De vredelievende houding der aangekomenen deed welhaast alle vrees verdwijnen, er werd enkel aan de burgers bevolen de driekleurige kokarde te dragen, aan welk bevel voldaan werd.

Den 3 Maart werd de bezetting versterkt door nog 150 Fransche soldaten van hetzelfde bataljon, *garde nationale du Pas de Calais.*

Deze waren op verre na zoo vredelievend niet en welhaast gaf heel het garnizoen zich over aan geweldenarijen. De kaak of pellewarijn, staande in het midden der groote markt, werd met geweld afgebroken. Den 4 werden twee boerinnen, die naar de wekelijksche markt gekomen waren, hunne gouden sieraden afgenomen. Alle wapenschilden en teekens van heerschappij moesten verdwijnen. Een dubbele arend, die in het venster boven het altaar van O. L. V. in de groote kerk prijkte, werd met kogels doorboord.

Vernomen hebbende dat de busseniersgilde vier kanonnetjes bezat, gaf de plaatselijke bevelhebber aan zijne soldaten last, dezelve te gaan afhalen. Deze stukjes geschut waren geborgen in het huis van den heer Pieter Verwilghen, hoofdman der gilde. Alles werd in dat huis het onderste boven gekeerd, de hof werd geheel omgewoeld en de opzoekingen werden niet gestaakt vooraleer de kanonnetjes met al hunne toebehoorten gevonden waren.

De heer hoofdman was juist niet te huis toen dat voorviel. Bij zijne aankomst het gebeurde vernemende, spoedde hij zich bij den bevelhebber om het ontnomene weder te eischen, voorgevende dat de bedoelde wapenen te klein waren om ergens toe dienstig te zijn en maar dienden tot sieraad. De bevelhebber stemde er in toe ze bij het vertrekken der bezetting weder te geven.

Den 8 had een voorval plaats dat aantoont hoe krachtdadig de stedelijke regeerders aan hunne gebruiken en instellingen, in een woord aan hun vaderland gehecht waren. De Fransche kommissaris beval hun de Fransche wet te aanvaarden en het bestuur te veranderen naar den Franschen geest. Zij verzetteden zich daar zoo hardnekkig tegen dat de kommissaris in toorn ontstak en uitriep : « Dat allen die de voorgestelde grondwet aannemen zich aan mijne rechterzijde plaatsen, en de andere aan mijne linker.

Er heerschte in de zitting eene wijl stilzwijgen, daarna schaarden zich zes inwoners aan de rechterzijde van den kommissaris; het waren : David Van den Berghe, herbergier, Pieter Maes, vleeschhouwer, Filips De la Haye, koperslager, Liebaert, vader, beeldhouwer, Filip De Wyze, hovenier en een paardenmakelaar, wiens naam niet gekend is. Deze personen kregen den naam van Fransche burgers, maar werden welhaast aan de minachting en den spot, waarmede men hen bejegende, gewaar hoe zeer zij de genegenheid hunner medeburgers verloren hadden.

De kommissaris zag zich verplicht eene verklaring te doen aan de stadsregeering, waarbij het ten strengste verboden werd de zes genoemde burgers, die voortaan onder Fransche bescherming stonden, op welke manier ook, te beleedigen.

Nauwelijks was dat bevel afgekondigd of er werd onder het volk geroepen : « Wacht maar tot dat de Franschen weg zijn. »

De houding der wethouders tegenover de Franschen was kloek, vrij en heusch. Deze laatste hoedanigheid behaagde aan den bevelhebber Gadolle zoodanig dat hij, inweerwil zijner misnoegdheid over den tegenstand van het stadsbestuur toch zekere beloften deed, onder andere deze, dat hij alles zou aanwenden wat hij vermocht om de dagelijks verwachte verbanning der gevluchte Fransche priesters, te Dixmude wonende, tegen te houden. Daarna vertrok hij.

Den 11 kwamen eenige Fransche afgevaardigden en, ziende dat het werk door Gadolle te Dixmude verricht was, vertrokken zij naar Eesen om daar ook eenige omliggende gemeenten de Fransche grondwet te doen aannemen. Zij werden er door het volk, met kluppels, hamers en ander tuig schandelijk weggejaagd. Daarover ten hoogste verbolgen, verzamelden die heeren twee honderd man der bezetting om met geweld de Eesenaars te straffen. Deze vroegen genade, deden eenige verontschuldigingen en gelukten erin de overweldiging te voorkomen.

Den 16 werd in weerwil van de smeeking der regeering en der burgerij, door den kommissaris Sibuez bevel gegeven de gevluchte priesters uit de stad te brengen. Den 18 vertrokken zij naar de plaatsen waar de verbanning nog niet bevolen was. Dat vertrek dompelde de burgers in groot verdriet en neerslachtigheid.

De haat der Franschen tegen de priesters was zeer groot.

Een pitancier der kerk werd door eenen soldaat erg mishandeld en redde zich maar door de vlucht.

Den 24 en 25 had er eene ware beeldenbrekerij plaats.

Te Woumen werd het borstbeeld van Maria-Christina in eene herberg verbrand; al de plaasteren beelden, die op het kerkhof stonden, werden vernield. Een soldaat sloeg met zijnen sabel de armen af van een O. L. V. beeld.

Deze handelwijs verwekte groote verontwaardiging onder de burgers. Men wilde met messen en stokken de soldaten op het lijf vallen. Het was weerom de krachtdadige houding des burgemeesters, die de rust herstelde.

Den 26 werd op 't verzoek van den plaatselijken

bevelhebber het vaandel van het bataljon gewijd gedurende eene plechtige mis, die te dier gelegenheid in de groote kerk gezongen werd, en in welke al de onder de wapens zijnde soldaten, tegenwoordig waren. Denzelfden dag vertrok de bezetting naar Nieuwpoort tot groote vreugde der inwoners.

Te dier gelegenheid vergat de heer Verwilghen niet de afgenomene kanonnekens weder te vragen, welke hij ook kreeg. Zij wierden nu geborgen in het huis van Jan Annothé, dienstknaap der gilde.

De 26 Maart was voor de bevolking een vreugdevolle dag. Men had vernomen dat de Franschen door de verbondene mogendheden : Engeland, Holland Duitschland en Oostenrijk overmeesterd waren en het grondgebied moesten verlaten. De heer Pieter De Breyne, advokaat, kwam met het weekrijtuig aan en droeg, even als de koetsier, de keizerlijke kokarde op den hoed. Aanstonds werd er feest gevierd. Het volk snelde naar het huis van eenen der Fransche burgers, eischte drinkgeld, brak het poortje af en kwam met het hout tot bij den vrijboom, dien men verbrandde. De klokken luidden, het volk danste en zong rond den brandenden boom en riep luidruchtig : « Leve de Keizer! » De Eesenaars kwamen hun vaandel terughalen en hielden mede feest. Een groot getal huizen waren verlicht en het was reeds laat in den nacht, toen de juichende menigte uiteenging.

Deze algemeene vreugde was helaas van korten duur. Den 28, zijnde Witten-Donderdag, verspreidde zich het gerucht dat eene bende Franschen uit Nieuwpoort op Dixmude in aantocht waren. De bevolking was op nieuw zeer bevreesd, de keizerlijke kokarden werden van de hoeden gerukt en door de driekleurige vervangen. Het stadsbestuur nam strenge maatregelen. Er werd besloten voedsel voor de soldaten te bezorgen en 's avonds stonden alle huizen open ; er was licht overal en eenieder was bereid de Fransche soldaten met welwillendheid te ontvangen. Rond middernacht van Goeden-Vrijdag kwamen de verwachten aan ten getalle van 580 man, van het 6ᵉ *bataillon fédérés* met twee stukken kanon. Ofschoon de houding der soldaten niet uitdagend was, was eenieder met schrik bevangen. Er werd hun aanstonds huisvesting en voedsel verleend. Geene erge gebeurtenissen hadden plaats, behalve het rooven van de vier stukjes geschut, die bij Jan An... thé verborgen waren. Deze inbezitneming ging met zekere geweldenarijen gepaard. Jan Annothé kreeg van eenige soldaten, die op den zolder aan 't zoeken waren, verscheidene slagen met platten sabel. De soldaten waren woedend omdat de ontdekte kanonnekens zoo klein waren; er moesten volgens hen grootere zijn en de heer Verwilghen werd hevig aangevallen. Een soldaat sloeg hem met zijnen sabel, maar de heer Verwilghen weerde den slag met zijnen stok af en gaf den soldaat zulk eenen geweldigen stoot tegen den muur dat hij ter aarde viel en niet meer de schermutseling herbegon, ofschoon de verweerder bij den overste aandrong om gewapenderhand een gevecht tegen den aanvaller aan te gaan. Dat had plaats op zaterdag 30 Maart. De stukjes geschut werden medegenomen. De bezetting vertrok en wederom was de rust en de gestoorde vreugde hersteld.

In eene afkondiging maande het stadsbestuur het

volk aan zich in het vervolg kalmer te houden. De vrijboom werd herplant.

Denzelfden dag kwamen nog 480 Fransche soldaten aan. Zij werden gehuisvest en kregen voedsel door de beenhouwers en de bakkers op bevel der stedelijke regeering.

Op Zondag 1 April kwam de tijding, dat de bondgenooten in aantocht waren en op Dixmude aankwamen. De bezetting stelde aan de Beerstkalsijde eene wacht van 25 man met een stuk kanon. Eene gelijke wacht werd gesteld aan de Hooge brug. De bewoners waren heimelijk verheugd over de aankomst der Oostenrijkers en zagen met zeker ongenoegen de verdedigingsmiddelen, die de Franschen aanwendden.

Intusschen waren de financiën der stad, door het gedurig onderhoud der Fransche troepen, in slechten toestand geraakt en werden er middelen beraamd om daarin te voorzien. Er werd machtiging gevraagd tot het lichten, waar zulks geschieden kon, van eene som van 1,500 gulden. Door den drang der wankelbare omstandigheden werd die lichting uitgesteld.

Sinds den 1 April waren er geruchten in omloop als zouden de Oostenrijksche troepen reeds gelegerd zijn in de naburige gemeenten, voornamelijk te Eesen. De bezetting verkeerde in angst. De wacht van de Beerstkalsijde werd aan de Eesenkalsijde geplaatst.

Op 7 April vertrok de Fransche bezetting naar Loo.

De aankomst der Oostenrijkers te Eesen en het vertrek van het garnizoen deden de burgers vermoeden dat er groote veranderingen op handen waren. Uit vrees voor de aankomst der Oostenrijkers velde men op nieuw den vrijboom. Er kwam te Dixmude een bericht van den graaf Von Metternich de Winnebourg, gevolmachtigde minister van den keizer, waarin vermeld werd, dat het magistraat zooals voorheen zijne werkingen kon hernemen. Deze tijding werd met vreugde vernomen. Het stadsbestuur gaf een verslag van zijne handelingen tegenover het Oostenrijksch bestuur en de Fransche overheersching, deed zien hoe onwrikbaar inweerwil van den Franschen dwang, zijne getrouwheid aan den wettigen vorst geweest was, en besloot dat nooit een lid der regeering eenen enkelen eed van getrouwheid aan de overheerschers had gedaan. Er werd verder nog besloten aan Zijne Majesteit te kennen te geven dat, indien zij eenen nieuwen eed eischte, al de stadsregeerders niets zoo zeer ter harte hadden dan op nieuw trouw aan den wettigen vorst te zweren. Eindelijk, om eene overtuigende proef van verkleefdheid te geven, werd er beslist aan Zijne Majesteit te zenden eene akte van handeling van den 9 Maart laatstleden, waaruit blijkt dat, op de voordracht van den Franschen kommissaris, de groote meerderheid des volks met klockmoedigheid de Fransche grondwet verworpen had.

Middelerwijl had men de stellige verzekering gekregen, dat de keizerlijke troepen de stad naderden. Eenige burgers waren hen te gemoet geloopen, en omtrent den middag zag men, onder het geluid der klokken, het spelen van den beiaard en onophoudend vreugdegeroep, uit Roeselare eene afdeeling van 36 keizerlijke huzaren van Blankenstein binnen de stad komen. Van menschen geheugen had eene verschijning van troepen op de gemoederen eenen meer genoeglijken indruk gemaakt.

Te midden van deze onstuimige vreugd kwam een Fransche dragonder over de groote markt gereden. Hij werd door de keizerlijken gevat. Het volk schreeuwde: « Een nation! een nation! » In het stadhuis geleid zijnde, werd hij onderzocht, en men bevond dat die ruiter een vrouwspersoon was, die haren man was komen opzoeken. Men hield haar in echtenis, maar gebruikte de meeste zorgen en al de inschikkelijkheid die haar toestand vereischte.

Omtrent twee uren namiddag werd het staatsschrift van Z. E. den gevolmachtigden minister, graaf Von Metternich bij afkondiging aan de gemeente bekend gemaakt. Dat belangrijk nieuws werd met de grootste blijdschap en de levendigste toejuichingen onthaald.

Tezelfden tijde werden de inwoners van wege het magistraat aanzocht aan de verscheidene pachters der accijnsen te betalen de rechten der voorwerpen, die zij gedurende het verblijf der Franschen mochten verbruikt hebben.

Op aanzoek van de overheid werd ook alles wat de Franschen hadden achtergelaten, ingedragen en ieder bood zijne diensten aan tot handhaving der orde.

Vooral de busseniers muntten uit door hunne bereidwilligheid, verwierven de goedkeuring van den bevelhebber en verrichtten den wachtdienst den ganschen nacht. De vreugde was algemeen, de huizen waren verlicht, de klokken luidden en de beiaard zond zijne luidruchtige tonen over de stad.

In den loop der volgende week werd de in hechtenis genomene vrouw naar Meenen geleid en de gevluchte bannelingen werden teruggeroepen.

Nochtans was de gerustheid van korten duur.

Den 6 Mei waren onrustvolle geruchten in omloop. Men vernam dat de Oostenrijksche en Hollandsche legers te Poperinge en Roesbrugge handgemeen waren met de Franschen. Talrijke vluchtelingen kwamen uit deze streken aan en vonden hulp en bescherming in de stad.

De tijdingen werden allengskens gunstiger en de vluchtelingen keerden naar hunne haardsteden terug.

Den 12 Mei werd de geboorte gevierd van den keizerlijken prins. Men dankte God over de gelukkige bevalling der keizerin.

Den 26 Mei had een ommegang plaats waarvan omtrent 130 geestelijke vluchtelingen deel maakten. Volgens het handschrift was het getal der aanwezige geestelijken het twintigste deel der bevolking. Zoodat men kan aannemen dat Dixmude op het einde der laatste eeuw slechts 2,600 inwoners telde.

Den 31 Mei kwamen eenige vluchtelingen van Veurne verklaren dat de Franschen hunne stad waren binnengestormd. De onrust begon zich op nieuw en erger dan ooit van de bevolking meester te maken. Velen vluchtten weg nadat zij al hun geld en hunne kostbaarheden verborgen hadden.

De schrik vergrootte, doordien den 5 Juni 1,200 tot 1,300 man Hollandsche troepen Dixmude doortrokken op weg naar Veurne.

Deze schrikwekkende geruchten bleken echter niet gegrond en weer herstelde de gerustheid.

Den 12 Juni kreeg Dixmude eene bezetting van Hollandsche soldaten en van dien dag af tot den laatsten inval der Franschen was de stad onophoudelijk bezet met alle soorten van krijgslieden zooals

Hollanders, Engelschen, Hessenschen enz. aan welke de inwoners meestal onvergeld voedsel moesten verschaffen.

Den 19 Juni kwam prins Willem-George-Frederik van Oranje binnen de stad met een schitterend gevolg van hooggeplaatste personen en werd met veel eerbetooning onthaald.

Den 20 kwam uit Ieperen de generaal Wartensleben, op wiens bevel een groot deel der bezetting onmiddellijk naar Veurne trok.

Onder de voorname personen, die Dixmude mocht begroeten verdienen de Oostenrijksche generaal Melius en de prins van Hessen-Darmstad vermeldt te worden.

Nog nooit had men alhier zooveel troepen in bezetting gezien. Hun getal was tot meer dan 2,000 man gestegen.

Het is niet moeilijk te begrijpen dat de lasten van onderhoud zwaar om dragen werden voor de burgers. Men kloeg eerst stil, maar allengskens klom de misnoegdheid en den 6 Juli stuurden de inwoners een smeekschrift naar den raad om middelen te verzoeken ten einde den toestand te verbeteren. Op hunne bede werden de ledigstaande huizen gebruikt om de soldaten te herbergen. Zoo werden de burgers van hunne ingekwartierde mannen ontslagen.

Den 3 Augustus vertrokken omtrent 2,000 man van de Hollandsche bezetting naer Ieperen en de inwoners waren reeds tevreden dat zij van zooveel krijgslieden ontslagen waren. Doch die tevredenheid duurde niet lang. Nog waren de huizen niet gereinigd toen een gansch bataljon — dat van Van Brakel — uit Loo terugkeerde en zonder huisvestingsbriefjes bij de burgers, waar de soldaten nog geherbergd geweest waren, zijnen intrek nam.

Den 20 Augustus vertrok de gansche bezetting naar Hooglede, Roeselare en Meenen; doch reeds den 21 en 22 had er een doortocht van troepen plaats, zooals men er nog nooit een gezien had. Deze doortocht begon den 21 om 7 uren 's morgens. Het waren Engelschen, Hessenschen en Hanoveranen, ten getalle van 10,000 man die van Ieper kwamen en Duinkerke gingen belegeren. Zij waren gevolgd door 36 stukken kanon, 4 houwitsers, 9 ledige affuiten, 74 legerkisten, 12 pontonschuiten, 10 wagons met ijzeren bakovens, 1,193 bagagie- en fouragiewagens, 78 legerkarren, 300 paarden geladen met tenten, 85 koeien, 23 kalveren en 60 schapen. In 't midden van dien ontzaggelijken doortocht onderscheidde men de koets van den hertog van York, bespannen met zes zeemkleurige paarden, gevolgd van verscheidene andere rijtuigen en 19 zeer prachtig getooide muilezels, geladen met des hertogen reisgoed.

Gedurende dezen doortocht had een buitengewoon geval plaats, dat bij de toeschouwers eenen grooten schrik verwekte en bijna een groot ongeluk veroorzaakte, waardoor heel de stad had kunnen vernield worden. Het vuur geraakte in de bus van een wiel eens kruitwagens. Men werd het gelukkiglijk aan den rook gewaar; deed den wagen oogenblikkelijk stilhouden en spoedde zich uit de nabij gelegene Halve mane, aan de Westpoort, eene genoegzame hoeveelheid water te halen waarmede men het vuur seffens bluschte.

Den 24 Augustus evenals daags te voren bemerkte

men eenen onophoudelijken doortocht van voederwagens voor het groot leger van Duinkerke bestemd.

Den 25 Augustus werd eene aanvraag gedaan aan de burgers ten einde eene groote hoeveelheid pluk en lijnwaad te bezorgen voor de talrijke gekwetste soldaten, die te Veurne aangekomen waren. Bijlen en ander tuig werden insgelijks gevraagd ten dienste der verbondene legers.

Voor het eindigen van den 27 Augustus kwam eene zending van 13 wagens met zieke en gekwetste Hessensche en andere soldaten, alsmede 400 gekwetste paarden van Valencijn, Doornijk, Kortrijk en Roeselare. De ongelukkige soldaten waren in eenen hartverscheurenden toestand. Door de vaderlijke zorg van het magistraat werden zij aanstonds geplaatst in het hospitaal en de kloosters der paters Recolletten en zwarte nonnen, waar zij door de heelmeesters der stad verbonden werden en van alles voorzien wat hunne jammervolle gesteltenis vorderde. De paarden werden geplaatst binnen en buiten de stad.

Van den 1 tot den 11 September kwamen talrijke vluchtelingen van de Fransche grenzen. De verslagenheid was algemeen en vergrootte nog toen er vernomen werd dat de Franschen reeds te Vorthem waren en op Dixmude aanrukten. Zij steeg ten top toen een leger van 3,000 soldaten der bondgenooten de stad doortrokken in aantocht van Veurne naar Ieperen. Doch de schrik verdween toen er vernomen werd dat de krijgslieden, die men voor Franschen hield aan de bondgenooten behoorden. (Een leger blauwe Engelsche dragonders) Zij bleven eenen dag te Dixmude, waar zij voedsel en huisvesting kregen. Velen nochtans moesten onder den blauwen hemel slapen.

Den 12 September kwam de hertog van York met een leger van 15,000 à 16,000 man aan. Het bestond uit Engelsche, Hanoversche, Hessensche en Oostenrijksche soldaten en kampeerde langs den grooten weg van Merkem naar Keiem. In eene weide bij het Drooghof maakte men eene veldkeuken, waar men de spijzen voor den hertog en zijn gevolg bereidde.

Den 15 September werd het gerucht bevestigd, den 13 en 14 in omloop gebracht dat het Fransch leger te Meenen was verslagen geweest.

Den 17, 18, 19, 20, 21, 22, 23 en 28 September en den 1 October waren er gedurig vreemde legerbenden in de omstreken van Dixmude, alsmede in de stad zelve gevestigd. Deze legerbenden, allen bondgenooten, waren in aantocht op Veurne.

De groote legerplaats was de Heernisse.

Hier zij ter loops gezegd dat de zeer oude Dixmudenaren, daar nog al veel over weten te vertellen. Te huis hoorde ik nog meermalen met veel ophef gewagen over de prachtige uitrustingen der vreemde legers en talrijke wederwaardigheden aan de inwoners overgekomen.

Den 14 October, tegen den avond, was er in het kamp veel beweging, daar de Franschen poogden er in te komen. De volgende dagen kwamen de Fransche legerbenden meer en meer aan in Veurne-Ambacht.

Den 22 werd van 's morgens tot 's avonds omtrent Veurne onophoudend hevig geschoten, de Franschen trokken de stad binnen en volgden de bondgenooten tot in Nieuwpoort, welke stad van den 23 tot den 28 beschoten werd.

Den 28 kwamen 50 Hessensche soldaten in de stad en deden de Hooge brug verbranden.

De overige dagen van het jaar had er een aanhoudend' heen en weerkomen plaats van vreemde legerbenden. Zoodat er mag gezegd worden dat Dixmude en omstreken in een bestendig kamp herschapen was, waar de vreemde soldaten hunne legeroefeningen deden.

Den 2 Mei 1794 werd Kortrijk door de Franschen ingenomen (1).

Den 2 Juni hadden er tusschen de Franschen en de bondgenooten hevige gevechten plaats te Steenstrate en te Boesinge. Des nachts kwamen twee bataljons Engelschen met 3 kanons, en na een verblijf van een uur vertrokken zij naar Steenstrate en omstreken.

Den 5, omtrent 10 uren 's morgens, zag men de reisgoederen en al de Engelsche, Hessensche en Hanoversche soldaten zoo voetvolk als ruiters wederkeeren omdat de Franschen in groot getal waren te Langemark gekomen. 's Avonds gingen de soldaten slapen bij de burgers (zoowat 100 tot 150 man). De overigen bleven op de markt op het stroo vernachten.

Om 10 $\frac{1}{2}$ uren vertrok de luitenant der vrijwilligers met bevel van den heer bevelhebber Hack naar Tielt om den generaal Clairfait bekend te maken met den onnoodigen aftocht der Engelschen en Hanoveranen en het groot gevaar van den inval der Franschen.

Den 6 was hij wedergekeerd en had het bevel medegebracht, dat al de troepen, ten getalle van

(1) Naar een gedrukt jaarboek van Dixmude.

3,000 man al hunne posten moesten hervatten. 's Morgens was er een groot geschil onder de *Emigrés* en de Hanoveranen. Deze laatsten wilden hunne posten niet bezetten. Ten 2 uren zijn al de legerbenden omtrent Merkem en Woumen wedergekeerd.

Den 7 was het een gedurig heengaan en weerkeeren van legerbenden uit- en in de stad. Omtrent 5 uren waren van den kant van Klerken, Woumen en de Hooge brug al de legerbenden in de stad teruggekomen. De Hanoveranen gingen legeren tusschen den eersten en tweeden oliemolen op Beerst met hunne drij kanons wier opening zij naar de stad richtten. De *Emigrés* kampeerden langs den Vladsloodijk met het korps Engelschen, ook met de kanons naar de stad gewend. De vlucht was in de stad vergroot, daar men vreesde dat de Franschen er aanstonds zouden binnengekomen zijn, want op hetzelfde uur was er eene patroelje Franschen gekomen aan het Boerenhol (herberg langs den IJzer), eene aan den Steendam bij de Roone en eene aan het Muideken, een kwart uur gaans in het Vrijbosch. Ten 6 uren trokken wederom al de legerkorpsen door de stad, uitgenomen de Hanoveranen, die inkwamen nadat er twee bataljons Engelschen ingekomen waren met twee kanons. De *Emigrés* met vrijwilligers vertrokken naar Klerken, de Hanoveranen naar Woumen en al de Engelschen legerden omtrent de stad.

Den 8, ten 3 uren 's morgens kwamen 150 Hessensche en Hanoversche ruiters, ten 11 uren nog 3 bataljons voetvolk met twee schadrons lichte dragonders, drij stukken kanon en veel reisgoed, die den 4 ontscheept waren. Zoodat er dan omtrent de stad van 8,000 tot 9,000 man waren. De post der Franschen was aan Langewade en de Knokke. Ten een uur kwam nog een bataljon Engelschen aan en bleef met de andere bataljons op de markt rusten.

Ten twee uren waren al de Engelschen, in twee afdeelingen gesplitst vertrokken, de eene helft naar Steenstrate met twee kanons en de twee schadrons lichte ruiterij, en de andere helft naar de Hooge brug, waar een gedeelte over de rivier gingen met twee kanons en twee kisten, en het andere gekampeerd bleef achter de *tranchées* of borstweeringen. Ten acht uren 's avonds kwam de afdeeling der vrijwilligers van Proven als overwinnares in stad met den buit, dien zij te Nieuwkappelle gemaakt had op de Franschen, die aldaar waren.

Den 8 en 9 Juni ten 10 uren vertrokken de *Emigrés* in twee kolommen naar Langewade en Klerken met twee bataljons Engelschen. Ten een ure kwamen nog in de stad 55 Engelsche lichte ruiters, die ten twee uren naar Klerken vertrokken.

Hier eindigt het handschrift van den heer Derresauw vader. Jammer is het dat het niet verder uitweidt, doch het bovenstaande doet denken dat de omstreken van Dixmude en Veurne het tooneel moeten geweest zijn van talrijke schermutselingen.

De algemeene geschiedenis maakt melding van den veldslag van Hondschoote, waar de Franschen de overhand hadden en waar de hertog van York verjaagd werd.

Clairfait, aan het hoofd der Oostenrijkers, maakte zich meester van Quesnoy, terwijl de hertog van York in Vlaanderen zakte en aangevallen werd door een Fransch leger, dat zich meester maakte van Ieperen, Meesen, Waasten, Komen, Meenen en Wervik, steden die kort daarna door de bondgenooten hernomen werden. Versterking bekomen hebbende, maakten de Franschen zich meester van Kortrijk, vanwaar zij veelvuldige uitvallen in de omstreken deden. Het zijn deze afzonderlijke gevechten, die in het jaarboek van Dixmude en het handschrift van Derresauw vader, aangeteekend staan.

Het valt niet te twijfelen, dat deze gevechten groote schade aan Dixmude toebrachten. De Franschen waren lastige gasten, die van de regeering en de inwoners veel, zeer veel eischten. Meester zijnde van geheel België, veranderden zij alles naar den aard van het bestuur van hun vaderland. de provinciën werden departementen en de Fransche regeeringsvorm drong in ons vaderland.

In 1800 was de Fransche republiek afgeschaft, Napoleon Bonaparte werd eerst tot dictateur en later, in 1804, als keizer van Frankrijk uitgeroepen.

België had veel te lijden van de heerschzucht des keizers. Onze soldaten werden bij de Fransche legers ingelijfd en volgden ze naar de uiterste hoeken van Europa.

Op den ouderdom van 18 jaren moesten de jongelingen loten; deze die een goed nummer trokken, moesten tot twee malen achtereen loten. Men kan denken hoe weinig er aan de heerschzucht des keizers ontsnapten.

De oude Dixmudenaars zouden hartroerende verhalen kunnen geven van de droevige tooneelen die plaats grepen in de stad bij het vertrek der ongelukkigen, die alles wat hun lief was, verlaten moesten om in vreemde landen, voor eenen vreemden alleenheerscher te gaan vechten en den dood te vinden op de slagvelden of in de ijskoude streken van Rusland.

In 1815 werd Napoleon te Waterloo overwonnen. Ons land werd met Holland vereenigd en werd door den koning Willem I tot in 1830 geregeerd. Dan brak de omwenteling los. Dixmude zond evenals de andere steden zijne vrijwilligers. Namen noemen ware hier ongepast.

Sederd 1830 leven wij in geluk en voorspoed. De wijze regeering van Leopold I en van zijnen zoon Leopold II hebben Dixmude doen herleven. Handel en nijverheid zijn weer bloeiend geworden en de stad heeft om zoo te zeggen een ander aanzien gekregen.

VOORNAME GEBOUWEN.

DE PAROCHIEKERK.

Van Dixmude kan niet gezegd worden : « De vreemdeling staat verbaasd, wen hij uw grootheid ziet. » Maar wie deze stad bezoekt, verlaat ze toch niet, vooraleer hij er eenige kunststukken gezien heeft, die waarlijk meldenswaardig zijn.

In het begin van dit werk heb ik met den lezer eene wandeling in de stad gedaan en hem eenige noemenswaardige gebouwen getoond. Nu is het hier de plaats om daarover een weinig uit te weiden.

Ik wil beginnen met het voornaamste gebouw, de

parochiekerk, toegewijd aan den heiligen Niklaas, den beschermheilige der stad.

Schilderachtig steekt de kerktoren uit boven de omliggende gebouwen en bekroont het groote en schoone gebouw dat echte parels van kunst bezit.

Gaan wij er eens binnen ; wij kunnen langs drij deuren toegang vinden : De groote of lijkdeur, de deur langs den kant der markt en deze die op het oude kerkhof uitkomt.

Indrukwekkend is de tempel der geloovigen van binnen, met zijne hooge gewelven, ondersteund door twee rijen dikke, grijze pilaren, die de drij beuken van elkander scheiden.

Vooraan zien wij eene ruime plaats, in wier midden het prachtige doxaal prijkt, daar achter staat het hoogaltaar, van boven behangen met een der meesterstukken van Jordaens, de aanbidding der drij koningen verbeeldende. Nevens het hoogaltaar, links, staat het tabernakel. Rechts van het hoogaltaar staat het altaar van de H. Drijvuldigheid, links, het Onze Lieve Vrouwaltaar.

In de middenbeuk staat de predikstoel, die weinig belangrijks aan zich heeft. Achter in de kerk bemerken wij de dischbank, waar de zeven werken van barmhartigheid afgebeeld zijn, en eene ruime plaats, waar wij den prachtigen Kalvarieberg, de kostbare koperen doopvont en de schilderij van de heilige moeder Anna bewonderen.

Aan de zijmuren prijken de plaasteren afbeeldingen van de zeven weeën van Maria. Bezijden het doxaal staan twee altaartjes, links dat van de zeven weeën, rechts het altaartje der geloovige zielen.

Van achter, boven de lijkdeur, staat eene soort van doxaal dat vervallen schijnt te zijn.

Over den geschilderden kruisweg zal ik niet gewagen. Wat de beelden betreft, daarover zal ik later een woordje zeggen.

De kerk van Dixmude was in de oudste tijden slechts eene kapel, afhangende van de kerk van Eesen. In 1045 werd zij er van afgescheiden en door den bisschop van Teruane ingewijd (1).

Volgens de brieven van Robert den Vries was zij in 1089 eene afhankelijke kapel van de kerk van Eesen, die zelve aan de kerk van S¹ Donaas te Brugge toebehoorde (2).

Wyts zegt in zijne kronijk, bladz. 185. « Op 22 Augustus 1144, werd de kerk van Dixmude geheiligd door Milo, bisschop der Morinen. » Op het oud boek der kerk leest men : « Ter eere van onzen Heer J. Christus, van zijne heilige moeder, Maria, van den heiligen apostel Thomas, van de heilige martelaars Vincent en Lambert, van den heiligen belijder Niklaas, de heilige Maria Magdalena en alle heiligen is de kerk van Dixmude geheiligd den 22 Augustus, alsdan schrikkeljaar, door den eerwaarden Milo, bisschop der Morinen » (3).

Ten jare 1333, gedurende eenen hevigen brand, die bijna heel de stad in asch legde, werd de kerk zeer beschadigd. Gansch het noorderdeel en de middelkoor werden de prooi der vlammen. Onder de kunststukken, die men betreurde, meldt men bijzonderlijk het hoog-

---
(1) MALEBRANC, De Morinis, t. 3, p. 299.
(2) Arch. Fl. Occ.
(3) Kron. WYTS, bl. 185, (verbeterde spelling.)

altaar, gemaakt van kostelijk marmer en versierd met zilver- en koperwerk, en een merkwaardig en reusachtig standbeeld van den heiligen Niklaas, dat zeven ellen lang was en geplaatst op den zwaren steunmuur, deelmakende van het voorgebouw der kerk. Prachtige beelden van de HH. Petrus, Martinus en Amandus, die met bewondering aanschouwd werden, verdwenen ook in dien brand (1).

Voor het op nieuw leggen van den vloer droeg de oudste zerksteen die gevonden werd het jaartal 1364 met het volgende opschrift : « *Hier lighet Jan Van Koren, die was meester .... vrouwen van Namen, die staerf up den xxiij*[ten] *dach van April tjaer ons Heren MCCCLXIIIJ. Bid Onzen Here over de ziele.* » In het midden van den zerksteen was een wapenschild, verbeeldende eenen leeuw doorstreept.

Een boek waarin de bezettingen, aan de kerk gedaan opgeteekend zijn, en dat dagteekent van de XVI[e] eeuw meldt dat de kerk versierd was met twintig verschillende altaren (2).

De toren der kerk bevat eenen schoonen beiaard, benevens vijf groote klokken welke zijn : 1° de groote klok op welke te lezen staat : *Senatus, populus que Dixmudensis, anno Domini 1722. Jay este fondue par Antoine Bernard;* 2° de klok genaamd het sermoentje, die voor opschrift draagt : « *Jouffrouw Joanna Maria F*[a] *d'heer Bevaert, bij jouff. Maria F*[a] *Jan Donche heeft my doen hergieten anno 1672, S*[t] *Joanna Maria; Jacques Lagen, demeurant à Lille nous a fondue;* 3° de St Niklaasklok, daarop staat :

(1) (Naar een handschrift.)
(2) V. D. P., Hist. de Dixm.

« *Ter eeren van St Nicolaus ben ik hergoten door de navolgende tien jongmans, binnen Dixmude, anno MDCLXXII, Reubens, Sanders, Fr. Hilfoort, Moenyn advt. peter, De Buusere, d'hr en Mr Donche, Dumont, Ant. Hilfoort, Erreboot, Piet. Moenyn;* »
4° de klok, geheeten het achterkalf, draagt geenen naam van heiligen, men leest er op : « *Door den brand van deeze torre ben ik gevallen en gebroken en in 'tzelve jaar hergooten. 1672.* Gegoten door denzelfden Sagen ;
5° de Onze Vrouw klok, daarop leest men : « *Ter eeren van de H. Maghet ben ik geghoten ten tijde van d'h^r ende Mr Josephus Libaert, pastor, d'h^r Eduardus Valcke Thiboville, Rouwaert, d'h^r Lowies Willems, baillu, d'h^r Lieven, burgemeester van schepenen, d'h^r Jacobus De Jonghe, burgm. van de commune, d'h^r Pieter Verbeure, d'h^r Jan Bapt. De Smicht, d'h^r Franciscus Bonaventura Reynaert, d'h^r Jan De Corte, d'h^r Dominicus Tainul, d'h^r Lowies Van Woumen, d'h^r Andries De Blauwe, d'h^r Benedictus Loovoet, d'h^r Jacobus De Breyne, d'h^r ende meester Philippus Willaert, raedpensionnaris-greffier, d'h^r ende meester Gobert, raedpensionnaris. 1731.* » (1).

Reeds lang vóór deze dagteekeningen bestonden er klokken; de oorsprong ervan is niet gekend, doch in de stadsrekeningen van 1435, 1462, 1564 en 1568 wordt er melding van gemaakt; onder ander van eene Kerstinneklok, gegoten in 1462.

Gedurende den oorlog met Frankrijk werden al de klokken door de Franschen genomen. In 1647 betaalde het magistraat 1,600 p. p. om ze weder af te koopen (2).

(1) V. D. P., Hist. de Dixm.
(2) Conf. O. V. Dixmude.

De aanwezigheid van een uurwerk in den toren dagteekent vroeger dan het jaar 1447. De stadsrekening van dat jaar maakt melding van het herstellen van het uurwerk en het maken van *een niewe compas metten wisere,* besteed aan zekeren Willem Van de Wiele, horlogiemaker te Kortrijk, voor 12 p. 17 s. p.

In 1508, 1531, 1556 en 1563 werd dat uurwerk insgelijks hersteld en in 1587 werd er een nieuw gemaakt, doch ten jare 1668 brandde de toren af met alles wat hij inhield. Later op verschillende tijdstippen werden de wijzerplaten geplaatst of vernieuwd. Zij waren eerst van hout, later van koper gemaakt, telkens verguld. Naar het blijkt werd de zuidwijzerplaat verguld in 1717.

In den grooten brand, hierboven aangeduid, verdween ook de naald.

Hieronder laat ik tot meerdere opheldering de rekeningen volgen die betrek hebben op het maken en plaatsen der klokken en het herstellen van den toren in verschillende tijdstippen.

In de rekening, 1 Mei 1672 tot 30 April 1673, vindt men eene betaling over reiskosten van pensionaris Van Wel naar Ieperen in de maand April 1672, om inlichtingen te nemen op ..... en 't vervolghen van octroi (toelating te verkrijgen) om de kerkgoederen te belasten ome te vinden d'oncosten van topbauwen van de torre.

Eene betaling aan Jaecq. Sagon, clockgieter, over het gonne hem goet comt tot voldoenynghe van de helft van den accoorde van tgieten van drie en twyntich clocken, oock over ghedaen verschot by den gheseyden Sagon 551 p. p.

Eene idem aan Pater Philippe Wyckaert, predicheere, alhier met permissie van zynen prior van Ghent ghecommen synde alhier tot visiteeren van de nieuwe gheghoten clocken bestaende in xxiii^{uch} mitsg. over de selve thebben gheset op de musiecaele toonen 96 p. p.

Eene idem aan Stien Beckenier over de reepen dienstich voor tnieuw horlogie 33 p. p.

Rekening 1673-1674. Eene betaling aan Adriaen Hilfoort, over voorschot aen de stad gedaen tot coopen van eenichte nieuwe clockspyse na den brant van de torre en smelten van de selve clocken en tot repareeren van diere metten intrest tsedert den 2 October 1672 tot en met den 2 November 1673 1310 p. 14 s. p.

Eene betaling aan Jacob Lezy in voldoening van hantwerk en leverynghe van ysere tot de ghyeterye van de clocken etc. 252 p. p.

Rekening 1674-1675. Eene betaling over teere in tstadhuus gedaen in het maeken der accorden tusschen de heeren schepenen en de werklieden van de torre, van 3 December 1672 tot 12 April 1673 114 p. 16 s. p.

Eene idem over teere bij burgemeester en schepenen gedaan over hetzelfde en visiteeren de nieuwe werken 44 p. 10 s. p.

Eene idem aan Jacob Debats over levering boomen, planken en ander houtwerk voor de gebrande torre 120 p. p.

Eene idem aan Michiel Ester over ghelevert te hebben het loot dienstich omme te legghen eene looden solder tot conservaetie van de torre alhier boven de cuype mitsg. den aerbeytsloon 762 p. 4 s. p.

Idem aan P. De Ruysschere, over leveringe van

hout en tmaecken van het stal daar men de clocken moet gieten etc. 200 p. p. by accorde.

Rekening 1677-1678. Eene betaling aan het couvent der paters predikheeren te Gent, over de expresse voyage en verblyfkosten van pater Wyckaert, alhier gekomen tot het visiteeren van den nieuwen trommel en het steeken van de noten 100 p. p.

Eene betaling aan Jacob Legrand en Pieter De Gryze, voerlieden in stad, over gehaald te hebben naar Brussel en, binnen de stad alhier gebracht te hebben den trommel met de haemers ende andere toebehoorten dienstich tot het horlogiespel tzamen wegend 5600 pond 324 p. p.

In deze en voorgaande rekeningen vindt men verscheide betalingen voor herstellingen aan de *geuzekerke* die stond op den hoek der Koemarkt nu den hoek van de Statiestraat en den Oostvesten.

In de rekening 1713-1714 beloopen de betalingen gedaan voor hergieten van klokken, wijding derzelve enz. te samen tot 537-15-0 p. p.

Rekening 1716-1717. Betaald aan Nicolas Deros en Vincent Beck, over verhangen stadsklokke met levering van klokhoofden 312 p. p.

Rekening 1717-1718. Verscheide betalingen aan Geeraard De Deckere over werk aan stads uurwijzers waaronder eene voor het nieuwmaken van den uurwijzer ter zuidzijde (groote markt), die met de levering van het ijzer betaald werd 576 p. p. volgens akkoord met het magistraat.

De vergulder J. Coppeyn van Brugge wordt betaald 53 p. 8 s. voor het vergulden van denzelfden uurwijzer ter zuidzijde.

In dezelfde rekening ziet men dat alsdan al de uurwijzers zijn afgedaan en verguld geweest.

Rekening 1718-1719. Betaald P. Minne, smid, over het maken van eenen nieuwen oostwijzer 193 p. p.

Gheeraart De Deckere, over spillen, wielen enz. voor idem 105 p. p.

Jacq. De Breyne, over levering van ijzer voor idem 170 p. 13 s. p.

Jacq. Bylo, over het vergulden van idem 108 p. p.

Joannes Pycko en Lefebure, tot maken van de letters van den voorzeiden wijzer, de bollen van de naalden van stads groote en kleine torre 360 p. p.

Den 9 November 1718 het magistraat beslist : den baas Denys, timmerman te Ieperen, te ontbieden, om met hem, over zijn gezonden model van naalde te stellen op den grooten toren en van het torreken op het stadhuis, te confereren.

In de rekening 1718-1719 vindt men eene betaling aan Denys-Brier, over syne moeyenissen in tmaeken der twee modellen voor de naelde van de groote torre en van het stadsthooreken (in 1875 afgebroken) 48 p. p. met 't visiteeren van de balken.

Eene betaling aan Pieter Derave, over het drukken van 450 biljetten voor de aanbesteding van gemelde twee naalden 17 p. 16 s.

Over kosten van kerkgeboden, publicatien van ammans en costers der biljetten voor de aanbesteding 53 p. 18 s. p.

Betalingen over levering van hout, bij aanbesteding, de minstbiedende de naaste, gedaan door 't magistraat 15 September 1718.

1ᵉ aanbesteding	Thomas Erlin	382 p. p.
2ᵉ „	Pieter De Swaene	212 „
3ᵉ „	Jacob Berckgelaers en Jan Thooris	232 „
4ᵉ „	Pieter De Breyne.	200 „
5ᵉ „	Thomas Erlin.	209 „
6ᵉ „	Ch. Pype	94 „
7ᵉ „	Pieter De Swaene.	36 „
8ᵉ „	Pieter Capmaeker	276 „
9ᵉ „	Pieter De Swaene.	206 „
10ᵉ „	Pieter Polentier	172 „
11ᵉ „	Jan Thooris over Jacob Berckelaers	166 „
12ᵉ „	Ch. Pype	49 „
		2250 p. p.

Eene betaling aan Thomas Erlin, over arbeidsloon van het maken van de naalde van de groote stadstorre, volgens aanbesteding van den 4 April 1719, 696 p. p.

Idem voor overwerk na visitatie bij personen in eede gesteld bij ordonnantie van 29 Augustus 1719 156 p. 8 s. p.

Aan Pieter Plaetevoet en Vincent Beck, over visitatie van 't zelve werk 12 p. p.

Aan Pieter Plaetevoet, over levering van de courtresse van 't noodig hout tot het opmaken van de voorseyde naelde van de groote torre, volgens rekeningen van 17 Juni en 29 Augustus 1719 694 p.

Idem over de moulen 110 p. p.

Aan Pieter Dehoorne over levering van ijzer, ankers, krammen enz. 420 p.

Aan Denys-Debrier, over het maken van de twee modellen tot de oprichting van de naalde van stadstoren met opmaking der conditien 18 p.

Over teire gedaan door het magistraat aan de aannemers 54 p.

Aan de weduwe d'heer Jan De Roo, te Nieuwpoort, over levering van vijf duizend zeven honderd *Tillebolsche* schalien tot het dekken van stadstoren 222 p. 6 s. p.

Over vrecht- en vaeteghelt van idem 17 p. 3 s. p.

Aan sieur Donavau, te Duinkerke, over 12,000 schalien tot dekken der voorzeide naalde 486 p. 12 s. p.

Aan Ant. Braecke over de vracht en inkomende rechten te Veurne 90 p. 4 s. g.

Over lossen uit het schip, laden op wagens en voeren in 't stadhuis 10 p.

Aan Felix Beemet, over reeden en kappen van de schalien met den arbeidsloon van het dekken voorzeide naalde, volgens aanbesteding 8 Juli 1719, 180 p.

Aan Francis Esther, over het vergieten van het oud lood van dezelve torre, volgens dezelfde aanbesteding, 154 p. 16 s. p.

Aan Felix Beemet, over levering van de kortresse van het nieuw lood voor de naalde 706 p. 16 s. p.

Over den leegsten instel 6 p.

Aan denzelfden Beemet, over het dekken van de schichten van de vier hoeken van de naalde 47 p. 6 s.

Aan Jacq. De Breyne, over levering van nagels en ijzerwerk tot het dekken van dezelve naalde 282 p. p.

Aan Joannes Coppens, over tin tot de soudure 22 p. 19 s. p.

Aan Nicolas Gheeraert, over 't maken van 't ijzeren kruis, volgens aanbesteding van 20 Juni 1719 78 p. p.

Aan d'heer Jacq. De Breyne, over levering van 't ijzer voor 't kruis 91 p. 13 s.

Aan Jacq. Bylo, over 't vergulden van den haan en den appel van 't zelve kruis met levering van 't goudverguldsel 36 p.

Aan Jan De Nolf, over levering van 16 dubbele boekjes goudverguldsel tot vergulden *de piramiden* en Franchois Brys, over 't vergulden van dezelve 80 p. 16 s. p.

Aan d'heer Michiel Lieven en Ph. Willaert, over extraordinaire diensten in 't bezorgen van deze werken 100 p. p.

In 1722 is de groote klok, tans nog bestaande, gegoten geweest door Antone Bernard, in vervanging van eene groote geborstene klok, zeven jaren vroeger gegoten.

De uitgaven dezer hergieting met eenige herstellingen aan het klokkenspel en het vernieuwen van het ijzeren kruis op stadstoren, door eenen geweldigen storm afgerukt en gebroken, worden in stadsrekeningen 1721-1722, 1722-1723 en 1723-1724 vergoed en beloopen gezamentlijk tot 4273 p. 10 s. p., waaronder wij ter bestatiging hier overnemen:

Betaald aan Vincent Beck, meester timmerman, over het ophanghen van het carillon in de lanteern van stadstorre 256 p. 10 s. p.

Aan Joannes De Deckere, over herstellingen aan stadshorlogie, uurslag en wekkering 200 p. p.

Aan Pieter Vandewalle, smid, over het *maeken een iseren cruys op de naelde van den thooren door de stormwinden afghevloghen* 66 p. 13 s. p.

Aan Ch. Vandenberghe tot Ieperen, over levering van *1600 pond clockspyse tot verghieten stads gheborsten clocken* 1873 p. 5 s.

Aan Jan Denyf over levering van 75 en ¼ pond Engelsch tin tot verbeteren van gemelde klokspijze 79 p. 10 s. p.

Nog over hetzelfde 97 p. 1 s. p.

Aan Hind. Struve te Dunkerke, over het *versmeden den cnippel van stadts groote cloche* 79 p. p.

Aan den kanonik Drubbel, over *twee expressen voyagen van Thourout naer deze stede ende twalf daghen verblyf tot accordeeren stadts gheghoten clocken ende carillon* 72 p. p. enz.

HET DOXAAL.

Het voornaamste kunststuk van de kerk is wel het doxaal. Descamps zegt er van in zijn werk « Voyage pittoresque de la Flandre et du Brabant » « het doxaal der parochiale kerk van Dixmude is een merkwaardig kunstwerk, bijzonderlijk door zijne fijnheid en lichtheid van uitvoering ; de beelden zijn wel gebeiteld en groot in getal. »

In «la Belgique monumentale » leest men « Dixmude heeft een doxaal terecht bewonderd door de kenners van schoone kunsten. Dat pronkstuk alleen is genoeg om de nieuwsgierigheid der liefhebbers uit te lokken. Men bewondert dien overvloed van versieringen, welke de XVe eeuw liefkoosde, en welke aan deze soort van bouwkunde den naam van « versierd gotisch » gegeven heeft. De beeldekens, waarschijnlijk herplaatst na de beeldstormerij, zijn van het jaar 1600. »

Wouters, in de « Délices de la Belgique » schrijft : Dixmude telt onder zijne gedenkstukken de parochiale kerk, waarin pronkt het doxaal, een prachtig overblijfsel der laatste tijden van den gotischen bouwtrant. »

In het werk « Splendeurs de l'art en Belgique, » drukt de schrijver zich uit in dezer voege : « Wij bezitten geene opgaven rakende de oprichting van het doxaal te Dixmude, noch van den meester, aan wien wij dat kostbaar juweel verschuldigd zijn. Dit doxaal behoort ongetwijfeld aan de XVI[e] eeuw en het moet opgebouwd zijn na den brand van 1513, die een groot gedeelte der stad en der kerk vernielde. Voor het overige zijn wij van gevoelen, dat dit kantwerk, door zijnen aard en zijne uitvoering, aan hetzelfde tijdstip behooren als het stadhuis te Oudenaarde. Dat doxaal bestaat uit vijf nederbuigende gewelven, omzoomd als het ware, door fijne lichte kantwerken. Het middengewelf dient tot ingang van het middenkoor. De deur, zoowel als de zijgewelven, zijn voorzien van sierlijke metalen balusters. De twee andere gewelven zijn bezet door twee kleine altaren. Onmogelijk den overvloed van versierselen te beschrijven, die gansch dat aanbiddelijk kunstwerk overdekken. Wel is waar, zijn de versierselen boven de halve cirkels zeer gelijkend met deze van het oudste deel van het stadhuis van Gent; maar het overige biedt ons eene verzameling aan van inbeeldingen en gedachten, welke de meesters in de XVI[e] eeuw kunnen te voorschijn brengen, als een staaltje van hunne kunst, in vergelijking van hetgeen de herbloeiing der schoone kunsten aan den dag zouden gebracht hebben.

Dit doxaal is als eene wonderbare verzameling van bogen en hoeken, op alle wijzen aaneen verbonden; van loofwerk, als door handen van toovergodinnen gemaakt, en welke, kronkelende in verscheidene richtingen de' eene na de andereloopen.... In tegenwoordigheid van zulk een meesterstuk, dat de teekenaar alleen voor het oog kan brengen, moet zich de schrijver onthouden en de pen neerleggen. »

De naam des meesters van dat zoo beroemd kunststuk was sedert eeuwen in de vergetelheid gedompeld, toen in 1873 de heer James Weale, oudheidkundige te Brugge ons op het spoor der ontdekking bracht. Inderdaad, deze heer, bij zijne opzoekingen in de handvesten der stad Dixmude, ontwaarde dat de kunstmeester en bewerker des doxaals zekere Jan Bertet was. Hij leverde er de bewijzen van in « l'Histoire du doyenné de Dixmude » werk, dat in zijne uitgave tot heden onvoltrokken blijft.

De geboorteplaats van Bertet, het jaar en de plaats zijns overlijdens zijn onbekend gebleven. Wat stellig is, is dat hij gedurende eenige jaren, waarschijnlijk gedurende zijne werkzaamheden, in Dixmude gevestigd is geweest, alwaar hij een huis als eigenaar bewoonde, staande in de Zuidstraat nu Woumenstraat. Zelfs zijne vrouw is alhier overleden en begraven.

Gemerkt de belangrijkheid dezer ontdekking voor de geschiedenis, schrijven wij letterlijk neder de extrakten uit de stedelijke handvesten overgenomen en daarop betrekking hebbende :

Actum den IX September XV•XXXVI (9 September 1536) present Pieter Denys ende Pieter Devos, scepenen; meester Jan Bertet, steenhauwere, ende Ysabeau Lenaerts, zyn wyf, beloofden te betaelne wel ende loyallicke Antheunis Quaniet ende Jacob Bolle, alsulcke somme als zii hemlieden moghen schuldic ziin van cope van Scausiine-steen, die dezelve meestre Jan verwrocht heift in den docsael ende de cloturen binnen der kercke van dezer stede van Dixmude, verbiindende daerinne ende in versekerthede van dien huerlieder personen ende al huurlieder goedt, present ende toecommende up al vulwettich etc., ende bii specialen huerlieder huus metten lande, etc., staende etc., in de Zuudstrate, an de oostziide, naest den huuse van Sebastiaen Sacquespee, of noorde, ende thuus van Crispyn Van der Haghe, of zuudt, gelast van te vooren met xii l. p. (12 ponden parisis) 's jaers liifrente, ten leve van , ... religieuse in 't clooster te Merckem ende bovendien met xv s. p. (15 schele parisis) 's jaers ervelyke rente gheldende der kercke in Dixmude ende niet breedere ook up al etc. renuncheerende etc. (1).

Meester Jan Bertet, steenhauwere, was gheconsenteert noch achte dagen contra Pieter ziin cnape, te compareren in persone up condemnatie. Actum den XXX Juli XV^cXXXIX (30 Juli 1539).

Meester Jan Bertet, steenhauwere, was ghelast ende beloofde ooc te commen hier ter stede den laetsten deser maendt, omme 'tsanderdaechs te werken an den docsaal zulc als daertoe dient, up de peyne van ii l. g. (2 p. grooten).

Actum den VIJ Ougst XV^cXXXIX (7 Augustus 1539 (2).

(1) Register van passeeringen van het magistraat van Dixmude.
(2) Sententieboek der stad Dixmude.

Ter presentie van miinheere van Dixmude, Dorpe, burghemeester; Denys, Vos, Joris, scepenen, ende Belchiere, rade, zo vertoochde miin voorseid heere ter presentie van meester Jan Bertet, present ooc de iiij (4) meesters ghenomen ter prisie van den docsele, dat meester Jan Bertet, voornoomd ghecontracteert hadde met den kerckmeesters, te maeken eenen docsael zulc dat in deze ziide sBerchs sgheliicx niet en waere in deze ziide sBerchs voor iiij^c l. lg. (450 pond grooten) daernaer zo bevont de voorseide meester Jan dat dwerc te cort wesen zoude, zoo was hy commen aen den voornoomden heer zegghende dat dwerc wel langher, zegghende up 1 liv. gr. (50 pond grooten) te doen was, waerinne zy accordeerden, soedat meer was contracteerde langhere te maecken ter extimatie van werclieden ter gheliike ofte equipotente weerde van eerste contract dwelc meester Jan consenteerde zo warachtich zynde.

Actum den XII Maerte XV^{c}XXXIX (12 Maart 1539). N. S. 1540.

Meester Jan Bertet compareerde present Dorpe, Volmerbeke, Denys, Vos, Mignoen, Costre, Joris ende Houtin, scepenen, ende kende anderwaert 't voornoemd contract.

Actum den XIIJ Maerte XV^{c}XXXIX (13 Maart 1539). N. S. 1540. (1).

Gillis Cutsaert kende hem borghe voor meester Jan Bertet, ter cause van zulcke penninghen als de cooplieden van Scauchiines den zelven meester Jan weeten te heesschene ter cause van zekeren coope van steenen, beloovende meester Jan Vroman ende ziin huus daerof

(1) Sententieboek der stad Dixmude.

tacquiteerne wel ende deugdelicke van alsulc verbant als de voorseiden cooplieden hebben up 't voorseide huus.

Tusschen meester Jan Bertet, steenhauwer; heesschere ende meester Jan Vroman presbitre (priester) verweerere versouckende den heesschere van den verweerere thebben 't sinen costen eene scepenen kennisse van de reste die hy hem schuldich es van den huuse bii den verweerere iegens hem ghecocht de verweerere sustinerende ter contrarien, dat in de voorwaerde hii niet en staet verbonden een scepenen kennesse te ghevene, zo was ghewesen dat de verweerere schuldich es te passerene een scepenenkennesse ten costen van den heesscheré. Actum den XIIJ Hoymaent XV^{c}XLI (13 Juli 1541) (1).

Actum den XI in Meye XV^{c}XLIJ (11 Mei 1542) present de baillu, beide de burchemeesters ende alle de scepenen praeter (uitgezonderd) Jan Daens.

Jan Meynghen ende Gilles Cutsaert, als kerckmeesters ende uutername van de fabriique van Sinter Nicolauskercke in Dixmude, kenden schuldich ziinde meester Jan Bertet, de somme van xxxvii l. g. (37 p. grooten) als reste wesende van tghuent dat dezelve kercke hem noch schuldich mach wesen van den nieuwen docsael binnen derselve kercke, tcrucifix, den oultaren bii hem ghelevert ende datter ancleift, bii slote van rekeninghe staande up de laetste cedule, daerinne nochtans begrepen de somme van x l. g. (10 p. grooten) hem bii der wet gheaccordeert voor ziinen pot wiins van overwerck ende voor 'ghuent dat hii hem beclouch van der somme van iiij l. g. (4 p.

(1) Sententieboek der stad Dixmude.

grooten) die hii zeyde misrekent ziinde ende dit boven alle overstellinghe ende schulden in de voornoomde kercke over hem belooft heift te betalene in diversche partiien welverstaende indien eenighe andere schulden upcamen breedere dan in de voornoomde rekeninghe begrepen es, dat zal commen ten laste van den voornoomden meester Jan, te betaelne de voorseide somme van xxxvii l. g. (37 p. gr.) bii paiiementen, te wetene xviii l. g. (18 p. gr.) tSinte Martinsmesse XV^{c}XLIII (1543) ende xix l. g. (19 p. gr.) tSinte Martinsmesse XV^{c}XLIIIJ (1544) verbindende daerinne huerlieder naercommers, kerckmeesters ende alle de goedinghen van den voornoomden kercke etc. up al etc.

De voornoomden kerckmeesters wedden ter ontlastinghe van den voorseiden meester Jan te betaelne Pieter Hanneman, als voocht metgaders Gillis Cutsaert zyn medevoocht, van de onbejaerden kinderen van Chaerles Denys of de somme van cxx l. p. (120 p. par.) lopende ten rachapt ghelde naer advenante van den penniinc zestiene te vii l. x s. p. (7 p. 10 schele par.) siaers vallende telken Bamesse daerof meester Jan Bertet betaelt heift tverloop tot Bamesse XV^{c}XLIJ (1542) inclus, ende van daervoort moet de kercke tverloop betalen of de penninghen upleggen verbiindende alsvooren etc. up al etc.

De voornoomde meester Jan kende hem vernoucht mits tghuent die voorseit es van al tghuent dat hy der voornoomder kercke weet te heesschene ofte zoude moghen heesschen ter cause van der voornoomde rekeninghe van den nieuwen docsael, crucifix, oultaren ende datter ancleift, scheldende dezelve kercke daerof quyte ende allen anderen, belovende nemermeer yet te heesschene, renonchierende, etc. (1).

Jacob De Keysere, kopergieter te Brugge, is de leveraar geweest der balusters die het koor afsluiten onder de hoogzaal. Zulks blijkt uit een vonnis, gewezen den 31 Juli 1544, op den eisch van betaling door den voornoemden De Keysere gedaan, jegens Gilles Cutsaert en Benedictus De Pape, kerkmeesters van St Niklaaskerk, eener som van 9 p. grooten *reste van meerdere somme van metale bij hem gelevert om den chooren van dezelve kerck* (2).

Ziehier nu in het kort de geschiedenis van deze hoogzaal :

In de archieven van Dixmude, k. 4, n. 31, wordt er onder ander datum van 1526 van eene hoogzaal melding gemaakt. In dat jaar stichtte de heer Paulus Moenyn, koorkapelaan in St Niklaaskerk, het plaatsen van eene lampe boven voor *den doxaal*, die zal moeten verlichten 's morgens met het opengaan der kerk tot de zeven uren en 's avonds van *den love* tot het sluiten der kerk.

Waarschijnelijk wordt hierin bedoeld die soort van doxaal dat van achter in de kerk zich bevindt.

Buiten die hierboven aangehaalde uittreksclen werd er eerstmaal van een doxaal gesproken in de kerkrekening van Dixmude, ten 1557, toen de kerkmeesters van St Niklaas een steenen gewelf boven het doxaal deden plaatsen.

Een ander bewijsstuk melding makende van ons doxaal vindt men in 's lands handvesten te Brussel.

(1) Register van passeeringen van 't magistraat van Dixmude.
(2) id.

Het is eene bepleiting ten jare 1567 door het magistraat van Dixmude opgesteld, en aan het Staatsbestuur toegezonden om zich te verdedigen tegen de beschuldiging van zich niet verzet te hebben tegen de beeldstormers, die in het vorige jaar binnen de stad gedrongen waren. Onder de beweegredenen welke het bijbrengt om zich te verontschuldigen, zegt het magistraat dat door zijn wijs beleid het doxaal, hetwelk meer dan *twaalf duizend guldens* gekost heeft, geene schade geleden heeft.

In 1568 werd Jan Bottelgier, beeldensnijder en steenhouwer, belast met het nieuwmaken van beelden aan het doxaal, afgebroken en vernield door de beeldstormers. In de jaren 1570 en 1571 werd dezelfde kunstenaar nog eens belast eenige beelden nieuw te maken en andere te herstellen voor het doxaal.

Urbaan Taillebert maakte in 1588 een groot kruisbeeld met de beelden van Maria, S[t] Jan en de twaalf apostelen om op het doxaal geplaatst te worden.

Onder het getal beelden, die het doxaal versieren zijn er vier die een opschrift dragen : het eerste houdt een open boek in de hand, waarop te lezen staat, op de eene bladzijde, in geverfde letters : *In tjaer ons Heren 1600* en op de andere bladzijde : *zoo waren des beelden..* In het open boek van een ander beeld leest men op de eene bladzijde : *F. M.* en op de andere *Pict..* In het boek van een derde beeld staat op de eene bladzijde : *Urban Taillebert* en op de andere : *Snid. Ypre.*

De rekeningen der laatste jaren van de zestiende eeuw bewijzen dat Urbaan Taillebert en Francis

Moenaert, beiden van Ieperen, de eerste als beeldhouwer en de tweede als schilder in de kerk van Dixmude gewerkt hebben. Op een beeld ter oostzijde des doxaals leest men : *Wolt. van Volmerbeke;* volgens de rekening van St Niklaaskerk is deze Wouter van Volmerbeke in Januari 1552 overleden. Hij was burgemeester van schepenen ten jare 1538. Boven op de kroonlijst vindt men eenige familienamen, jaartallen en familieschilden, in steen gesneden en afgekapt door de Franschen. Deze hebben geen betrek met het doxaal.

Tot in het begin der negentiende eeuw waren de twee zijdskoren der kerk, van den transeps afgesloten door eene leuning aan beide zijden des doxaals geplaatst. Deze waren van Ecaussinesteen met balusters van metaal en eene dubbele deur van gebeiteld hout, geheel en al in denzelfden bouwtrant als de nog bestaande leuning onder het gewelf van het doxaal. Deze balustraden, die in verband stonden met het doxaal en schenen eene afhankelijkheid van dit kunstwerk te zijn, werden door het kerkbestuur, in de eerste jaren dezer eeuw, afgebroken onder voorwendsel dat zij den gemakkelijken doorgang der processiën in de kerk verhinderden.

Den 12 Nivôse, jaar XII der Fransche republiek, heeft Thomas Verhelst, inwoner der stad Dixmude, honderd en eenige ponden oud koper gekocht voortkomende van de afsluitdeuren der beide zijkoren des doxaals, in verband staande met die van het middenkoor.

Op het einde der achttiende eeuw, toen de Fransche republiek de meesterstukken en kunstwerken alom roofde om hare museums en openbare verzamelingen te verrijken, werd alhier een bouwkundige van Parijs gezonden om een verslag over den staat des doxaals op te maken en te onderzoeken of er mogelijkheid was dat juweel van onze stad naar Parijs over te brengen.

De bouwmeester Van Caneghem werd in 1811 insgelijks door den prefekt van het departement der Leie gelast een verslag te maken over den toestand van dat kunststuk in de parochiale kerk te Dixmude. Wij vinden er de volgende zinsneden : « Dit doxaal, geplaatst aan den ingang van het koor is gebouwd in steen van Levendre, ter uitzondering van eenige deelen in Brusselschen steen. In het algemeen is het stuk zeer schoon, bijzonderlijk de versierselen in den gotischen bouwtrant, en is in zijn slach zeer aardig en zeldzaam, alsook in zijn geheel zeer wel uitgevoerd. Het zal nog vele jaren in stand blijven ; het vraagt geene onmiddellijke verbeteringswerken, tenzij men begeerde de beschadigde sieraden te herstellen, iets dat noch dringend, noch noodzakelijk is tot het behouden van het kunstwerk. Derhalve eischt het doxaal tegenwoordig geene herstellingen voor zijn behoud in zijne standplaats ; maar zijne verplaatsing zou zeer moeielijk, kostelijk en gevaarlijk zijn, zoowel door den aard van het werk als om de schade welke men eraan zou veroorzaken. »

Sedert de herstellingswerken, die na de beeldstormerij op het einde der zestiende eeuw plaats hadden, werd dat juweel verwaarloosd. Het bewijs daarvan is, dat de rekeningen van de stad en van de kerk gedurende de twee en half vervlogene eeuwen geene de minste uitgave van dien aard vermelden. Het is ten gevolge daarvan dat het doxaal in zulk eenen deerlijken toestand vervallen was, dat het publiek en voornamelijk de kunstminnaars er zich mede bekommerden en de aandacht van het Staatsbestuur erop trokken.

Den 11 Januari 1846, bracht de burgemeester De Breyne-Peellaert, in zitting van den gemeenteraad, de zaak ter tafel en deed het volgende voorstel : « Eene kommissie zal genoemd worden, samengesteld uit drij leden van den gemeenteraad en drij leden van het kerkbestuur, om te onderzoeken welke middelen er behooren in het werk gesteld te worden, ten einde de volkomene herstelling te hebben des doxaals, eene der schoonste en kostbaarste kunstwerken van België. »

Dit voorstel werd met algemeene stemmen toegejuicht en met den besten uitslag bekroond. De kommissie begon onmiddellijk de werkzaamheden en, na verloop van 5 jaren, werd het pronkjuweel, waarop Dixmude met recht zoo fier is, in den besten toestand door den beeldhouwer Joostens hersteld met behulp van den Staat, de provincie, de stad en de kerk. De kosten van herstelling beliepen tot 17,000 franks.

Op het doxaal staat een groot en schoon orgel. Het werd er geplaatst ten jare 1678, zooals blijkt uit een opschrift dat het draagt en dat luidt : « Ter eere en glorie Gods, heeft M[r] P. Van Poorte, licenciaet in beide rechten, tzyner memorie en van zyn vader d'h[r] Jacques, burgemeester dezer stede, gegeven tot dezen orgel 200 ponden grooten. Beide overleden te Brugge en begraven in O. L. V. kerk, 1678 en 1679. »

In 1555 werd er een nieuw orgel (waarschijnelijk het eerste), in de kerk geplaatst. Daarover leest men in de kerkrekening van dat jaar : « Een nieuwen orgel gekocht aan meester Rembout Van der Meulen te Brussel, ten prijze van twaalf honderd ponden parisis.

Twee kerkmeesters, vergezeld van twee *organisters* uit Brugge, werden naar Brussel gezonden om het orgel te onderzoeken. Zij verbleven negen dagen om deze reis te doen. De belooning der experten was voor elk 12 p. p. boven 19 p. p. voor reiskosten. De reiskosten der kerkmeesters beliepen tot 2 p. p. daags voor elk (1).

In 1573 werd dat orgel hersteld en vermeerderd met twee nieuwe registers.

Het laatste nieuw orgel moet ten tijde des bombardements en der plunderingen van Dixmude, gedurende de oorlogen van het einde der zeventiende eeuw, erg beschadigd geweest zijn.

In de kerkrekening van 1697 leest men : « Het gestoelte, alsook het orgel in St Niklaaskerk, gedurende het laatste bombardement der stad zeer beschadigd zijnde worden hersteld door Adriaan Schrynvent en Joos Van Nieuwenhuyze (2).

Het thans bestaande orgel komt uit St Niklaaskerk te Gent, aangekocht en alhier geplaatst in 1855.

Het tabernakel is zeer belangrijk. Het is een echt gedenkteeken waardig op eene der beste plaatsen onzer kunstmuseums te prijken. Van onder is het nog al breed en gaat spichtig op. Het is van marmer en albast gemaakt, op zijne geheele grootte met beelden en ander beitelwerk versierd en bekroond met het afbeeldsel van eenen pelikaan. Het werd gemaakt in 1614 door zekeren Hieronimus Stalpaert. Ziehier wat wij hierover lezen : .

(1) Rek. kerk, Dixm.
(2) id.

« De schepene Valcke met den pensionnaris Moenyn reizen naar Veurne, Hondschoote, S' Winoxbergen, Duinkerke en Nieuwpoort, ten einde de sacramentshuizen in deze steden te bezichtigen en zich te onderrichten over hunne waarde, om het magistraat alhier de noodige inlichtingen te geven voor het nieuw te maken sacramentshuis in S' Niklaaskerk. Meester Hyronimus Stalpaert, steenhouwer te Brugge, door het magistraat daartoe gelast, komt naar Dixmude om by figure af te teeckene een sacramentshuus tot de kercke van S' Nicolaus en overeen te komen voor den prys (1).

Jacques Van der Plancke, die secretelyk vercreghen heeft tsynen huuse de uppercnape van den selven Stalpaert, ende naer ostensie (vertoog) van het patroon, heeft betooght datter niet en resteerde dan de beelden met eenigh ander albaesterwerck mitsgaeders den pellicaen en eenen blawsteen tot de laetste stagie, alles ter presensie van Boudewyn Van der Plancke, kerckmeester dat 's anderendaechs by oculaire jnspectie alsoo bevonden was. Ende savondts alle deselve persoonen ghetracteert ende daervooren betaelt acht guldens en half, en voor deffroy van mynheer den pastoor, gaenskeerens met de waeghenhuur elf guldens comt te te zamen in ponden parisis lxiij l. p. (63 p. p.) (2).

Daarna volgen verscheidene rekeningen aangaande het werk van genoemden steenhouwer, waarvan het bedrag beloopt tot de som van 2243 p. 16-0 parisis.

Een niet minder prachtig werk is de dischbank, kunstig in hout gesneden en begonnen ten jare 1542.

(1) Dixm. rek. 1611-1612.
(2) Rek. Dixm. 1613-1614.

Hij bestaat uit eene groote langwerpige tafel boven eene verhevene kist met eene bank, verdeeld in vijf zitplaatsen, alles overdekt. Op de west- en noordzijde bevinden zich elf paneeltjes, waarvan zeven binnen het beluik van de zitbank en vier daarnevens.

Op het eerste leest men : « Salich is hy die verstaet over den behoeftighen en de armen. »

Op het tweede : « In den quadendach sal hem de Heer verlossen. (Psalm XL).

Het derde verbeeldt eenen persoon eene uitdeeling van brood aan de armen doende. Onder den bovenrand leest men : « d'h[r] Carolus Peellaert f[s] Joes, » en aan den voet : « overl. 13 Maert 1664, 39 jaeren oudt. »

Eenige jaren geleden, voor dat men deze schilderijtjes aan eene betreurenswaardige herstelling toevertrouwde, las men daarenboven de volgende latijnsche woorden : « Immature nimis suis œreptus. » In den bovenhoek van het paneel is een wapenschild met de volgende spreuk : « Pelle arte. »

Het vierde verbeeldt *de dorstigen laven*. Een persoon schenkt drank in eenen schotel, door eenen armen grijsaard, vergezeld door andere behoeftigen, aangeboden. Onder den bovenrand leest men : « Dheer Ant. Elyas, » op de onderzijde : « obiit 15 Febr. 1681. » boven in den hoek is een wapenschild met de spreuk : « Elyas sal comen. »

In de plaats van het vijfde paneel bestaat eene gebeeldhouwde groep, verbeeldende de heilige Drievuldigheid, waaronder het jaartal 1542.

Het zesde paneel verbeeldt *de naakten kleeden*. Op den bovenrand leest men : « Dheer Mathys Erreboot, »

en aan den voet : « overl. 13 Oct. 1668, oudt 64 jaren. »
In een hoek een wapenschild een varende boot verbeeldende, met de spreuk : « vaertwel boot 1663. »

Het zevende verbeeldt *de vreemdelingen herbergen*. Drij pelgrims worden in een woonhuis, door den eigenaar met vriendschap onthaald. Op den bovenrand leest men : « Dheer Jan De Bats » en op het onderste : « overl. 7 April 1666. » In den bovenhoek, een wapenschild met het jaartal 1663.

Het achtste verbeeldt *de gevangenen verlossen*. Een cipier brengt uit het gevang drij personen, aan armen en beenen geketend; hij levert dezelve over aan eenen menschenvriend, die hun losgeld betaalt. Boven op staat : Dheer Jan De Man, » en beneden : « Burchm. voor de tiende keer. »

Bij de laatste herstelling heeft de schilder achtergelaten hetgeen volgt : « hy vraegt een yder zyn gebeden opdat zyn ziele rust by den Heer. » Aan den voet der schilderij : « overl. 12 Juni 1676. » In den hoek, een wapenschild met de spreuk : « Liefde verwint de man. »

Het negende verbeeldt *de zieken bezoeken*. Een geneesheer voelt den pols van eenen bejaarden zieke, die te bed ligt, terwijl eene ziekenverzorgster (eene non) den geneesheer en den zieke met belangstelling gadeslaat. Aan het hoofd leest men : « Dheer P. Mannaert, doctoor in medicine, » beneden : « overleden den 5 Febri 1689, » op den hoek, een wapenschild met de spreuk : « Viriliteraje. »

Het tiende paneel verbeeldt *de dooden begraven*. Een priester leest de laatste gebeden der dooden, terwijl de grafmaker de doodkist in het graf laat zinken. Het bovenste opschrift is : « R. A. D. Jac.

Codde, pastor et decamus, » en het onderste : « obiit 5 Aprilis 1662 æt. 75 ann. » Voorts op den hoek, een wapenschild met de woorden : « Vigilantes serio sine Coddis. »

Het elfde en laatste paneel verbeeldt het *laatste oordeel* of de verrijzenis der dooden. Het opperste opschrift luidt als volgt : « Dheer Jan Dobbelier, burchmeester, » en van onder : « overleet 6 April 1680. » Op een hoek een wapenschild met de spreuk : « van danghier bevryt Dobbelier. » Rondom de dischtafel, onder de bovenplaat, leest men in het hout gesneden : « Vrucht wilt vroulic gheven. fyn. soo. en. sal. u. God. met. den. rycken. vrecken. versteken. niet. want. Gods. arme. ledekens. men. hier. ghedenken siet. » Boven in de kroonlijst : Geeft. hier. u. aelmoesen. alle. dat. leven. diin. want. de. sulcke. den. Heere. nooiit. in ghebreken. liet. so sullen u. ghebeden. voor. God. verheven. siin. » In het hoofd of kroonwerk is een geschilderd paneeltje geplaatst, verbeeldende den H. Geest, en daarboven leest men : « Lof God van al. »

Aan beide zijden in het middenkoor tusschen het doxaal en het hoogaltaar zijn de zittens of het gestoelte, voor de geestelijkheid en stadsoverheden bestemd. Deze gestoelten zijn ook kunstig afgewerkt en zeer kostbaar. Het is wel te denken dat, vóór den grooten brand waarvan hooger gesproken wordt, er ook dergelijke gestoelten zullen geweest zijn, doch de eerste waarvan er in de kerkrekeningen spraak is, werden er geplaatst in 1573. Dan werd het gestoelte voor diaken en subdiaken gemaakt door Jan Bottelgier; het kostte 528 p. p. (1)

(1) Rek. kerk. Dixm. 1573.

In 1589 deed het schepenkollegie voor zijn gebruik een nieuw gestoelte maken in St Niklaaskerke, door den schrijnwerker Andries Hals, ten prijze van 585 p. p. (1).

In 1622 werd het gestoelte of de zitbanken in het hoogkoor van St Niklaaskerke door de gebroeders Jan en Laurens Van de Velde, schrijnwerkers te Ieperen, gemaakt voor de som van 1144 p. p. (2).

In de stadsrekening 1621-1622 vindt men letterlijk, betrekkelijk dit gestoelte.

An d'heer Jooris Elias burchmre, Mre Heindric Moenyn, neffens mynheer den pastor, over ghevoyagiert thebben den tyt van zes daeghen naer Ypre omme thebben tot profyte van kercke van St Nicolas de boete van vier hondert vichtich guld^s. daerinne zekere ghevanghene van heresye, genaempt Guill. Van Boomgaert, ghecondempneert was geweest, by de wet alhier daeromme gheapprehendeert, daervan tot het ghestoelte derzelve kercke zyn eerw^t. van Ypre ghejont heeft veertich pon. grooten (240 guld.) ende voorts gevoyagiert thebben, enz.

Het prachtig hoogaltaar werd in 1645 gemaakt door Jacob De Cocx, steenhouwer te Gent. Zooals blijkt uit het afschrift van het resolutieboek van dat jaar, luidende als volgt : « Deze altaar is gemaakt geweest door meester Jacques De Cocx, steenhouwer te Gent en heeft gekost 2850 p. p.

Een geschil tusschen partijen opgerezen zijnde, werd in kamer, den 19 October 1644, in tegenwoordigheid der burgemeesters, al de schepenen en

(1) Rek. Dixm.
(2) Kerkrek. Dixm.

zeven raden, beslist het altaar te doen prijzen van *St Niclaeskerke ghemaeckt by Jacques Cocx* (1) *met mannen van wedersyden te kiesen alles volghens den accorde by schepen en raeden gemaeckt.*

De prijzers waren Hyronimus Stalpaert en Jacques Van der Plancke (2).

Zooals boven gezegd is geweest prijkt dat altaar met eene kostbare schilderij van den Antwerpschen meester Jordaens. In de kerkrekening van Dixmude van het dienstjaar 1643-1644 leest men : « Betaelt Tobias Ryckaerts, schilder, over Jourdaens, schilder tot Antwerpen, over de leveringhe van schilderye an den hoogen oultaer 1800 p. p.

Item, betaelt denzelven over zyne moeyenisse over tprocureeren dezelve schilderye 144 p. p.

En aan Galle, timmerman, over het raam en de bespanning 36 p. p.

In 1736 werd deze schilderij gewasschen en hersteld door den genaamden Hendrik Pieters (3).

Deze schilderij werd in September 1794 door de Fransche Republiek, onze kerk ontroofd en naar Parijs vervoerd, alwaar zij verbleven is tot dat zij, op 30 Maart 1816, door de zorg van het Hollandsch Staatsbestuur, hare plaats boven het hoogaltaar herkregen heeft. De Fransche schrijver Descamp zegt in de beschrijving zijner kunstreis in België : « Deze schilderij, verbeeldende de Aanbidding der Drij Koningen, is zeer schoon van kleur, zij bezit vele meesterlijke trekken en eenige hoofden zijn schoon en wel afgemaald, doch het geheel schijnt een weinig verward. »

(1) Verkorting van De Cocx.
(2) Resolutieboek Dixm.
(3) Kerkrek. Dixm.

Meermalen hebben de dagbladen de aandacht geroepen op den hoogst treurigen toestand dier schilderij en hunne bekommering uitgedrukt, een meesterstuk te zien te niet gaan, dat een der schitterendste voortbrengsels is van de Vlaamsche schilderkunst, die zooveel roem verwierf in de zestiende en de zeventiende eeuw.

Over eenigen tijd sprak men van de schilderij te herstellen, maar men moest eerst langs den langen bestuurlijken weg gaan en ten tweeden, eenen kunstenaar vinden aan wien men de herstelling kon toevertrouwen, een des te moeilijker werk, daar er enkel weinige verspreide zichtbare beelden overbleven; eenige leiddraad voor de herschetsing van het onderwerp en het teruggeven van het schitterend koloriet, die de werken van Jordaens kenteekenen. De heer Maillard, hersteller van schilderijen der koninklijke akademie van schilderkunst van Antwerpen heeft in drij maanden tijd dat gewrocht hersteld en nu kan men het bewonderen zooals het uit de handen van den meester moet gegaan zijn in de zeventiende eeuw (I).

Daarover leest men nog in de « Gazette van Dixmude » :

Dat uitgestrekt doek is 3 meters 52 c. hoog en 2 meters 62 c. breed. Het bevat een en twintig verschillige menschenwezens, te beginnen met het kindje Jesus, O. L. V. en de Drij Koningen, tot den nederigen, onbeschaafden mensch, die als verstomd staat bij het grootsch, indrukwekkend schouwspel, waarvan hij getuige is. Het bevat daaromtrent zeven figuren van dieren, te weten · eenen prachtigen, neerliggenden os, eenen ezel, eenen papegaai, twee paarden en twee

(1) Dixmudenaar, 26 October 1884.

kemels, allen kunstiglijk door elkander gewerkt en bekroond met de ster, die gediend heeft om aan de vreemde vorsten de geboorteplaats aan te toonen van den Zoon Gods, den lang verwachten Verlosser van het menschdom.

De zamenvatting van geheel het onderwerp is prachtig. De manhaftige gelaatstrekken der koningen, de grootsch geplooide draperijen hunner mantels, de glans der gouden wierookvaten springen den verbaasden aanschouwer in het oog; alles toont aan dat Jordaens, zoowel als zijn meester, de vermaarde Rubens, de kunst bezat, een groot getal figuren zonder verwarring op het doek te brengen en aan elk zijner scheppingen, zijn eigenaardig karakter te geven (1).

Benevens het hoogaltaar zijn er nog twee schoone zijaltaren : een links en een rechts. Het eerste is toegewijd aan O. L. V. en het tweede aan de H. Drijvuldigheid.

De gilde van den H. Rozenkrans belastte in 1651 den steenhouwer Jacob Cocx, reeds gemeld, een nieuw marmeren altaar te maken en te plaatsen in het O. L. V. koor.

Het volgende jaar, bevond men bij het plaatsen dat het kunstwerk te klein was en geenszins in verband met de grootte van het koor. Didaens Nollet, Recollettenbroeder te Ieperen, werd ontboden om zijnen raad te geven over den staat van zaken. Het altaar werd vergroot en het algemeen bedrag der kosten beliep tot de som van 1,962 p. 19 s. p. (2).

Het tweede is uiterst prachtig en in 1666 gemaakt

(1) Gazette van Dixmude, 1 November 1884.
(2) Rek. Rozenkrans.

van wit marmer, door Gery Pyck, steenhouwer te Gent, op last van het broederschap van de H. Drijvuldigheid voor de som van 4,600 p. p. Later kreeg die kunstenaar op zijne aanvraag nog 400 p. p. Boven dat altaar prijken in levensgrootte de beelden die het mysterie der H. Drijvuldigheid voorstellen.

Het linker zijaltaartje onder het doxaal wordt door de burgers genoemd : « Het altaar der zeven weeën of weedommen, » doch zijn ware naam is « Het altaar der H. H. apostelen Petrus en Paulus. »

Z. H. Urbanus VIII, paus van Romen, vergunde in 1640 eene bulle, bij welke hij toestemde dat het broederschap der zeven weedommen van O. L. V. ingesteld werd aan het altaar der H. H. Petrus en Paulus. (1).

Van daar waarschijnelijk de naam dien de bevolking er aan geeft.

Het andere heeten de geloovigen « Het zielkensaltaar. » Daarboven, onder een der gewelven des doxaals leest men het volgende opschrift in de latijnsche taal : Ter eere van God almogende en van den H. Petrus, de h^r Joseph Huughe licentiaat in beide rechten, pensionnaris greffier dezer stad, en de edele vrouw Anna Petronella Losschaert, zijne huisvrouw. D. C. Q. Karel Huughe, ter zaliger gedachtenis zijner ouders en van Joanna-Anna Vernimmen, zijne huisvrouw, heeft dit altaar hersteld 1756. »

Boven dat altaartje prijkt eene schilderij, het Vagevuur verbeeldende en gemaakt door zekeren Anthone, schilder te Antwerpen.

Eene plaats, waar de geloovigen bij voorkeur hun

(1) Arch. Dixm.

lijden en droefheid gaan uitstorten, is eene soort van kapel van achter in de kerk. Die plaats stemt het christelijk gemoed tot nadenken en droevig mijmeren. Rechts verheft zich de kalvarieberg ter hoogte van ruim twee meters. Daarop staat het kruis met het beeld van den Zaligmaker erop gehecht; aan de zijden de beelden van O. L. V. en van den H. Joannes. Door eene opening met ijzeren traliewerk bezet, kan men binnen in die verhevenheid den Christus aanschouwen liggende op den schoot zijner moeder, nadat hij van het kruis is afgenomen.

In die kapel kan de nieuwsgierige bezoeker de prachtige doopvont bewonderen. Deze is een geschenk in 1626 gegeven door den heer Jan Van der Carre, burgemeester en kerkmeester, door mevrouw Maria d'Angeli, zijne huisvrouw en hunne kinders.

De voet, nu van zwart marmer, werd op ellendige wijze vernieuwd bij de herplaveïing der kerk. Het staande stuk, waarop de kuip rust, is van albast en verbeeldt drij vrouwen of cariatiden. De kuip is in rood gevlamd marmer; het deksel is een verheven halfrond in gegoten metaal, bekroond met een vierkantig metalen tempeltje, waarin zich een beeldeken bevindt, insgelijks van gegoten metaal. Dit zwaar deksel wordt op eene gemakkelijke en eenvoudige wijze door een werktuigkundig toestel van geslagen ijzer verplaatst. Boven het deksel leest men : « Ghegheven by d'heer Jan Van der Carre, in zyn leven kerckmeester ende burchmeester van Dixmude, ende met joncfrow Mariæ d'Angeli, zyne huysvrow ende kynderen. Anno 1626. »

Ten tijde der Fransche omwenteling, toen men de kerkgoederen verkocht, werd bij uitzondering, de vont behouden, als een familiestuk, wedergeeischt door den heer Pieter Van Vossem, een der afstammelingen van den heer Jan Van der Carre (I).

Recht over den kalvarieberg, hangt eene schilderij, den gekruisten Jesus verbeeldende. Zij werd in 1660 geplaatst ter gedachtenis van den heer Joos Gallant, overleden den 19 Sprokkelmaand (Februari) 1660. Boven de schilderij leest men : « Scherpdeur » en op den onderboord : « Jooris Liebaert fecit et invenit 1660. »

In genoemde kapel bevindt zich nog een altaartje, toegewijd aan de H. Anna en waarschijnelijk daar gemaakt op last van het broederschap van dien naam. Boven dit altaartje hangt eene schilderij, in 1785 aan gemeld broederschap geschonken door den heer Pieter Bortier, ruwaard der stad Dixmude en vrouw Constantia Millevert, zijne huisvrouw. Deze schilderij verbeeldt de H. Moeder Anna, Jesus, Maria en Jozef ontmoetende die wederkeerden van Egijpten ; zij is gemaakt door N. Valcke, kunstschilder te Gent en moet ingeval van eene ontbinding van het broederschap tot de erfgenamen der begiftigers wederkeeren (2).

Een opschrift aan den voet der schilderij luidt :
« Me van Mr P. A. Bortier, ruwaerd dezer stede van Dixmude en negociant aldaer ende van jof.w Joanna Lefevere, syne eerste huysvr. overl. 9 January 1783. Mitsgrs. jouf. Constantia Millevert, syne tweede huysvr. ende de kinderen van syn eerste houwelick : Maria Joanna, Pieter Louis, Antonius, Henrica, Barbara, Ludovicus en Josephus. »

In de handvesten der stad wordt onder datum 1523

(1) Handschrift.
(2) JAMES WEALE, Hist. Dixm.

nog melding gemaakt van een St Andriesaltaar. Zoo het schijnt waren er in de jaren 1500 langs de zijden der kerk altaren van de verschillende ambachten en gilden. Waar dat altaar zich bevond, weet men thans niet meer.

De communiebank, die ook ruim de aandacht der bezoekers verdient, werd gemaakt in 1768 door Koenraad Swagers van Ieperen. Met al de toebehoorten kostte zij 961.18 p. p. (1).

Tusschen het hoogkoor en het rechter zijkoor bemerkt men het praalgraf van Antonius de Sacquespée, reeds in de aanhalingen der kastelnij besproken. Dat praalgraf is versierd met zestien wapens, verbeeldende de edele familien de Sacquespée, Jonglet, Recourt, Morbecque, Haveskerke, St Amand, Stavele, Hôdercoutre, Lens, Rubenpré, Fay-Hullet, Droncham, Dixmude, Sains, Lavieville en Wissocq. Het opschrift luidt : Cy gist noble home Messire Anthoine de Sacquespée, chevalier de Dixmude, Watou, Escout, Baudemont, et à son trépas gouverneur et capitaine de la ville de Duynkercke pour le roy des Espagnes Philippe II, lequel Seigneur fust le dernier home portant le nom et armes de Sacquespée, qui trépassa le onsiesme jour de Novembre l'an quinze cents soixante huit.

Cy gist noble dame, madame Jacqueline de Recourt, dame de petyt Wiljerval, femme et épouse du dict Seygneur de Dixmude, fille du noble Seygneur Franchois Recourt laquelle trépassa l'an quinze cents. Priez pour les âmes (2).

(1) Rek. kerk, Dixm.
(2) AD. Gedenkzuilen. Kerke Dixm.

In het O. L. V. koor, dicht bij de communiebank bevindt zich een kostbaar gedenkteeken opgericht ter eere van Mevrouw Maria de San Ivan, dochter van Pedro de San Ivan, ridder der St Jacobsorde, geheimschrijver van hunne Majesteiten en van hunne doorluchtige Hoogheden Albert en Isabella, echtgenoote van Don Balthazar Mercades, lid van den raad van oorlog van Z. M., kampmeester en gouverneur van Dixmude. Deze vrouw werd begraven in de kerk der paters Recolletten. Door de zorgen van den Schepenenraad, werd het in de eerste helft dezer eeuw tijdens het burgemeesterschap van den heer De Breyne-Peellaert, overgebracht uit de kerk der Recolletten, naar de plaats waar de aanschouwer het nu kan bewonderen.

In het H. Drijvuldigheidkoor op den achtergrond der kerk, hangt eene schilderij van eenen der beroemdste schilders van Frankrijk. Zij verbeeldt de verheffing van het kruis en is geteekend J. Jouvenet 1706. Volgens den reeds genoemden Maillard is deze schilderij van geene bijzondere groote waarde. De inbezitstelling van dat schoon tafereel is eene merkwaardige geschiedkundige daadzaak voor Dixmude.

Napoleon, eerste consul zijnde en eene omreis doende in de aangehechte landen van het Fransch Gemeenebest, kwam te Dixmude en verbleef er slechts den tijd om van paarden te verwisselen. De bevoegde overheden, zoo wereldlijke als geestelijke, namen deze gelegenheid te baat om hem hunne gelukwenschingen aan te bieden. Gedurende het gesprek hoorde Napoleon, die zijn rijtuig niet verlaten had, den beiaard spelen en de klokken luiden. Hij zegde aan den heer pastoor, J. B. Demaziere, dat hij hem geluk wenschte over het behoud van het klokkenspel; daar dat van vele andere plaatsen door de omwentelingsgezinden verbrijzeld was geweest. De heer pastoor antwoordde behendiglijk: « Het is waar, heer Consul, wij hebben dat geluk; niettemin wij betreuren het verlies van een tafereel, dat men ons ontnomen heeft om het naar Parijs te voeren. Mochten wij hopen, door uwe machtige tusschenkomst, dat kunststuk weder te krijgen! » Napoleon beval aan zijnen geheimschrijver, H. B. Maret, dat verzoek aan te teekenen. Eenige maanden nadien berichtte men uit Parijs dat het tafereel van Jordaens in het museum niet bestond, maar dat men in ruiling eene andere schilderij zou gezonden hebben. De schilderij van Jouvenet werd bij hare aankomst op het hoogaltaar geplaatst en is er gebleven tot de teruggave van het tafereel van Jordaens in 1816. Deze schilderij die vóór de Fransche omwenteling aan het klooster « Les filles de la Croix » behoorde, is waarschijnlijk in België het eenige kunstwerk van den beroemden Franschen schilder.

In de kerk zijn aan de muren groote tafereelen vast, gebeeldhouwd of wel in plaaster gegoten. Zij verbeelden de Zeven Weedommen van O. L. V. Deze tafereelen werden op verschillige tijdstippen gegeven door bijzondere leden van het broederschap der Zeven Weedommen, gesticht door den heer Joannes Zwyngendouw, die na 24 jaar de plaats van pastoor te Dixmude bekleed te hebben, in 1600 stierf.

In het jaar 1673 werd de vierde statie der weedomgegeven door zekere juffrouw Joanna Maria, dochter van den heer Bevaert, geschonken.

De zevende werd in 1673 gegund door den heer en

M^ter Adriaan Hitfoort, licenciaat in de beide rechten, eersten raadspensionaris der stad, overleden den 17 November 1673 (1).

De vijfde statie werd in 1676 geschonken door de juffrouwen Anna Magdalena Van Hove en Maria Elyas. Zoo werd op verschillige tijdstippen de kerk met al de statiën der Zeven Weedommen verrijkt. Deze sieraden maken een eigenaardig uitwerksel.

De kerk, zoo rijk aan kunststukken, die haar dagelijks versieren, bezit ook kostbare sieraden, die zij maar in bijzondere plechtigheden uitstalt. Onder deze is er een, dat bij uitstek de genegenheid der kinderen heeft : het is het beeld van St Niklaas, patroon der kerk.

Algemeen is in Vlaanderen die Heilige gevierd, maar op weinige plaatsen door de kinderen zoo innig als te Dixmude. Het is schoon om zien hoe de kleinen, daags voor den 6 December, het beeld gaan bezoeken, dat in het middenkoor dan ten toon gesteld is, en daar met zoo schoone kinderlijke godsvrucht het *rokje gaan kussen* van den heiligen.

Dat beeld, gansch in koper, is in 1700 gemaakt geweest door Louis Ramout en kost met het kasken, waar de heilige overblijfselen in bewaard worden, omtrent 180 p. p. In dat jaar werden deze relikwiën door Louis Donche uit Gent overgebracht.

Voor het laatste dient er melding gemaakt te worden van een zilveren O. L. V. beeld, dat in 1735 gekocht werd door het broederschap van O. L. V. van den Rozenkrans, ter waarde van 100 p. 13 schellingen en 7 grooten wisselgeld (2).

(1) R. J. K. D.
(2) J. Weale, H. d. D.

HET STADHUIS.

De vreemde bezoekers, die te Dixmude op de Groote Markt komen, aanschouwen ook met belangstelling het onlangs nieuwgebouwde stadhuis, in gotischen stijl gemaakt en van een torentje voorzien. Het mag waarlijk een kunststuk genoemd worden en is het werk van den Brugschen bouwkundige De la Censerie. Bij het inkomen bemerkt men eene ruime voorplaats of vestibule. Rechts ziet men het kabinet van den griffier van het vredegerecht en het kabinet van den vrederechter; links het kabinet van den heer burgemeester en het sekretariaat. Voor zich heeft men de trapzaal. De trappen zijn van witten steen en de steiger is even in witten steen gebeeldhouwd. Twee schoone geschilderde vensters, geschenken van den heer burgemeester Dautricourt, brengen het licht van buiten.

Boven zijn : links de trouwzaal, rechts de raadzaal. Tusschen beide is de feestzaal, ruim 200 vierkante meters groot met kunstrijk beeldhouwwerk versierd, eene zeer ruime en prachtige plaats waar de officieele feesten en plichtplegingen plaats grijpen. Drij kandelabers en dertien kandelaars, in eikenhout gesneden, versieren ze in afwachting dat er metalen gemaakt worden. De zoldering is versierd met beelden en wapenen. In de raadzaal hangt een schilderijstuk, de proclamatie der Grondwet verbeeldende, dat evenwel geene groote waarde heeft. In de trouwzaal bemerkt men het marmeren borstbeeld van P. Bortier, in 1879 overleden, eene schilderij « *La Monténégrine,* door Cermak, de portretten van Montanus en Van Poucke en een marmeren beeld van Van Poucke ; «*La jeune fille endormie* » geschonken door den heer De Breyne-Peellaert.

Dit beeld is een echt meesterstuk en het vereert grootelijks den beroemden Dixmudschen kunstenaar. De heer G. De Breyne zegt er van in zijne Levensgeschiedenis van P. Bortier : « Het is een echt kunststuk met buitengewoon sierlijke vormen, zeer fijne afrondingen en volmaekt boetseerwerk. »

Op den zolder kan men onder andere oudheden eenen hoop steenen *busseballen* zien, voortkomende van de jaren 1400 en in 1875 uitgedolven bij het maken van stads grooten regenbak, onder het nieuw stadhuis.

In het kabinet van den heer burgemeester bevinden zich de plans van de stad in 1540 en in 1716 opgemaakt; het laatste geschilderd door zekeren Hacke van Ieperen ; ook nog eene schilderij, verbeeldende het laatste oordeel door Cornelius Tack van Dixmude en het portret van den heer P. Feys, die in 1833, in den ouderdom van 102 jaren gestorven is.

Eene schilderij door F. Blomme, Dixmudenaar, gemaakt verbeeldende het oud afgebroken stadhuis met den nog bestaanden zijvleugel in 1731 gebouwd en het gevangenhuis in 1634 gesticht kan men er insgelijks bewonderen.

In hetzelfde kabinet bevindt zich nog eene schilderij op hout geschilderd, waarvan de rekening van stad van 1436-1437, zegt :

It. besteid Jan den Morr, schilder, upte nieuwe caemer in 't berec boven, dAnunciaere van Onzer Vrauwen en t S¹ Xpotels (Christopha) beelde in tasse xii p. p.

Het S¹ Christoffelsbeeld is verdwenen; de schilderij, de Boodschap van Maria voorstellende, lag uiteen op den zolder van het stadhuis. De heer burgemeester De Breyne-Peellaert zulks ontdekkende, deed de paneelen te zamen brengen en door den schrijnwerker Rabaut en den schilder Blomme herstellen in den toestand zoo als het stuk thans bestaat.

Het eerste stadhuis, genoemd *het nieuw huis ten berecke* werd in 1428 gebouwd op dezelfde plaats, waar het huidige staat, ter noordzijde van de groote markt, tegen het voormalige kerkhof. De eerste betalingen voor het maken van *het nieuw huis ten berecke* zijn in de stadsrekening 1428-1429 gebracht. De opzichter van het werk was Benoît Pillicie, de metsers waren Jacob Van der Gothe en Roeland Reifin; de timmerman was Willem Aloud, de loodgieter, Nicolaas De Gronckele, de smid, Gregoir Osten (1).

In de stadsrekening van 1447 wordt er nog gesproken over de werkingen aan *het nieuw huis ten berecke*.

Het stadhuis, dat in 1875 afgebroken is geweest werd gemaakt in 1567. Het was op verre na zoo prachtig niet als het tegenwoordige, hoewel het zeer groot was.

In 1568 bestond er tusschen het oude en het toenmalige nieuwe stadhuis een waterloop, de Kerkgracht genaamd. Hij werd in genoemd jaar op die plaats overwelfd (2).

(1) Rek. Dixm. 1428-1429.
(2) Al stads waterloopen werden kerkbeken genoemd.

Vóór dat stadhuis werd in 1576 een zoncompas of zonnewijzer geplaatst. Het kostte 9 p. p. 16 s. voor den steen en 30 s. parisis voor het schilderen.

In 1728 werd in het thans afgebroken stadhuis eene kapel gemaakt, boven het eerste verdiep buiten den noordmuur der vertrekkamer. Zij had den vorm van een uitspringend halfrond, was met fraai beeldhouwwerk versierd en kostte ruim 900 p. parisis. Reeds in 1723 waren er groote veranderingen aan het stadhuis gedaan geweest.

In de rekening van 1732-1733 vinden wij :

Betaelt aen s^r Joannes Garemyn, schilder te Brugge, over twee schilderyen. Eene in de schouwe en d'andere boven de deure van den collegiecaemer 132 p. p.

De schilderij boven de deur is verdwenen, de andere « het oordeel van Salomon, » verbeeldende bestaat nog en hangt in de zaal van het vredegerecht.

HET HOSPITAAL.

Een ander gebouw, dat om zijne grootte en sierlijkheid de aandacht trekt, is het hospitaal, ook sedert eenige jaren op nieuw gebouwd. Groot, ruim en luchtig mag het genoemd worden en onder het opzicht van gezondheidsleer moet het voor de gasthuizen der grootste steden niet onderdoen. Alles wat den zieken voordeelig kan zijn : ruime lokalen, schoone hof en wel ingerichte gezondheidsdienst spreken luid om den lof te melden van het bestuur der godshuizen door het stadsbestuur ondersteund. Er bestaat ook eene verblijfplaats voor oude mannen en vrouwen, waar deze personen uitermate goed verzorgd worden en kommerloos en vreedzaam hunne laatste levensdagen kunnen slijten.

In 1288 werden buiten de Zuidpoort op het grondgebied van Eessen, ter plaats waar nu het *Pluimstraatje* is, een gesticht gemaakt dat den naam droeg van : *Het huis van de Lazerij*, toegewijd aan de H. Maria Magdalena, daarom ook nog genoemd : het Magdaleenhof.

Daartoe werd er bij acte, gepasseerd 's maandags voor halfvasten, voor schepenen van den Vrije, ten getalle van zeven, wier zegels aangehecht waren, door Wouter Van der Hove van Woumen en jonckvrouwe *Margueriet zijn wijf*, aan Van Pinckene, poorter in Dixmude in behoeve van het *huis van de Lazerij* der gemelde stad, *tien gemeten land* gegeven liggende in de gemeente Woumen (1).

Op het einde der dertiende eeuw werd een inventaris gemaakt van de juweelen toebehoorende aan de kapel van het *Magdaleenhof*, gezeid *ter Zickerlieden* bij Dixmude, welk stuk thans in de handvesten der godshuizen berust.

In 1356 bestond ook te Dixmude een hospitaal van den H. Geest, waarin eene kapel was, in dewelke, bij vergunning van verscheidene bisschoppen, op zekere dagen van het jaar aflaten konden verdiend worden, mits deze kapel te bezoeken of eenige goede werken ten voordeele van genoemd gesticht te doen (2).

(1) Arch. Dixm.
(2) D. A. H.

In 1409 werd ook, een godshuis St Andries genaamd vermeld, aan hetwelk de heer Willem van Volmerbeke eene partij land gaf van twee gemeten, gelegen dicht bij het Galiléestraatje te Beerst (1).

In de handvesten van St Sebastiaansgilde, anno 1538, wordt er voor het eerst melding gemaakt van het St Janshospitaal (2).

Bij het afbreken van het altaar in de kapel van St Janshospitaal, heeft men onder de tafel of altaarsteen gevonden een bewijs, bij hetwelk verklaard wordt dat dit altaar in den loop van 1538 gewijd werd.

In 1544 werden er besparingen gedaan op de maaltijden in de volgende gestichten: S[t] Janshuis, het Ziekenhuis (Magdaleenhof), de Kerk, het H. Geesthuis en de Zuidkapel. Er bestonden dus twee hospitalen in dat jaar.

In het S[t] Janshospitaal was eene halle, waar in 1673 een regiment Hollanders geherbergd werd. Dat blijkt uit de rekening van Dixmude van dat jaar, in dewelke eene som van 8 p. p. aangehaald wordt voor het schoonmaken van deze halle, tot het herbergen van genoemde soldaten.

Die halle diende in 1688 tot standplaats der kramen, die gewoon waren in stadshalle te staan op de marktdagen en gedurende de foor. Het kollegie beslistte dat de ontvangst voortkomende van het standgeld der kramen zou, elk voor de helft, genoten worden door de kerk en het hospitaal (3).

(1) Terr. Vladsloo-Ambacht.
(2) Arch. S[t] Sebastiaan.
(3) Kerkrek. Dixm.

Tot over eenige jaren, wanneer het nieuw ouderlingenhuis gebouwd werd, hebben de foorkramen daar gestaan.

In het jaar 1693 werden doode lichamen achter het gasthuis begraven. Dat blijkt uit eene rekening, dienaangaande in het jaar 1693 aangeteekend (1).

Ten jare 1766 was het S[t] Janshospitaal in slechten staat. De heeren voogden van S[t] Janshuis, vertoond hebbende *de ruyneuse gestaethede* van het bijzonderste gedeelte van het gebouw en daarop hebbende doen maken een plan voor de noodige herstellingen door meester Madere, timmerman te Brugge, beslist het schepenencollegie hen te bemachtigen tot het doen der aanbesteding der noodige werken, publiek, den minstbiedende de naaste, zoo van ijzer, balken, houtwerk en metselwerk (2).

HET BEGGIJNHOF.

Men moet de Appelmarktbrug overtrekken en door een afgelegen straatje gaan om het oudste gebouw van Dixmude te vinden. Daar staat, om zoo te zeggen van de stad afgezonderd, dat gesticht, eerbiedwaardig door zijne oudheid en om de zachte rust en den vrede, die de bewoners daar genieten. Wie de poort intrekt, bemerkt er een groot grasplein, waarrond eenige woningen staan in dewelke vreedzame burgersvrouwen

(1) Rek. Dixm. 1693-1694.
(2) Resolutieboek Dixm.

wonen. Recht voor den toeschouwer staat het klooster der beggijntjes en aan den rechterkant de grijze kapel met haar torentje.

De stichting van het Beggijnhof dagteekent van de oudste tijden.

Ziehier wat ik daarover zooal in de geloofwaardigste bewijsstukken vind :

Thomas Becket, aartsbisschop van Cantelberg, uit Engeland gevlucht zijnde, werd in Vlaanderen met veel eerbied en achting onthaald. Hij bezocht vele steden, bijzonderlijk op de zeekust, aldaar de goddelijke diensten doende en de kerken met zijne giften vereerende. Onze Nederlandsche kronijkschrijvers beweren stellig dat de aartsbisschop van Cantelberg eenigen tijd te Dixmude zijn verblijf gehouden heeft en aan de kerk dezer stad eene kazuifel en eenen kelk als geheugenis zoude gegeven hebben (1).

Het verblijf te Dixmude van Thomas van Cantelberg is niet alleenlijk bij overlevering in het geheugen der huisgezinnen dezer stad levendig overgebleven, maar men bewaart in het Beggijnhof met veel zorg en eerbied den kazuivel en de kelk, die men beweert overblijfsels van den H. Thomas te zijn. Voegen wij erbij dat er alhier, op den hoek van den Kleinen Huidevettersdijk en het Beggijnestraatje een woonhuis den naam van Thomas van Cantelberg draagt; in welk — men houdt het staan — de aartsbisschop zou gehuisvest geweest zijn. Wat deze kazuifel betreft, daarover laat ik het gedacht volgen van den heer J. Weale : « Deze kazuifel is niet meer in hare oorspronkelijke gedaante ; zij is afgekort en veranderd

(1) DESPARS en MEYERE, Kronijk.

naar den hedendaagschen smaak, zoodat er alleen het middenste gedeelte der vóór en achterzijde overblijft.

De stoffe ervan is een zeldzaam gewrocht; de grond van het weefsel is van goud en gemengd met groene en roode kleuren, welke tegenwoordig zeer veranderd zijn. Dat is waarschijnelijk het werk van eenen Italiaan, dewijl zulkdanige stoffen in de stad Lucca in de vorige eeuwen vervaardigd werden. Het dubbel kruis van deze kazuifel is een borduursel van Vlaamschen stijl, behoorende aan de vijftiende eeuw. Men ziet er de beelden van O. L. V. en van de verscheidene heiligen, zooals de HH. Catharina, Barbara en Sint Jan den Evangelist, omringd door eenen krans van rozen. De armstool is gemaakt van de gouden boordsels der kasuifel. »

In 1273 gaf Margariete Godscalc, beggijn te Dixmude 1º aan haren neef Coppen, drij en half gemeten land, 2º aan de Zusters der H. Clara te Ieperen drij gemeten en half land en 3º aan de ziekenzaal van het Beggijnhof twee gemeten land. De gravin Margareta bevestigt deze giften en verklaart dat zij zullen goed en vastblijven, niettegenstaande de geestelijke geefster niet uit een wettelijk huwelijk gesproten is (1).

De paus Niklaas V verleende in 1329 verscheidene aflaten aan het Beggijnhof te Dixmude (2).

Bij beschutbrief van den 23 Mei 1522, gegeven door keizer Karel V werden de Beggijnen te Dixmude vrijgesteld van het huisvesten der soldaten en van alle lasten daaruit voortkomende (3).

(1) Dieg., Inv. Ypres, t. 7.
(2) Arch. Beggijnhof.
(3) id.

In 1643 werd in het Beggijnhof het moederhuis of groot *couvent* gebouwd (1).

In 1657 werd in de kerk van gemeld gesticht het broederschap van de H. Godelieve opgericht door juffrouw Martine Ghys, overste van het hof. Op haren grafzerk las men : « Naer het Paradys is jouffrouw Ghys (2).

Actum 13 October 1693. Er is beslist dat men de *beghynkens* maar in taksatie brengen zal wanneer men hoofd- en huisgeld zal vragen en dat men dezelve in geene andere taksatie zal takseeren om *dat zy volghens hunne constitutie gheen neirynghe moghen doen* (3).

Het schijnt dat toch eens een onweerswolkje in den vreedzamen hemel van het Beggijnhof heeft gezweefd. (Het is immers zoo stil waar 't nimmer waait). In de handvesten van genoemd gesticht vindt men daarover eenige regelen onder het jaartal 1696.

De tweedracht heerschte sedert eenige jaren in het Beggijnhof. De wereldlijke en geestelijke overheden spanden zekere maatregels in om dezen staat van zaken te doen eindigen. De graaf De ten Bergh, heer van Dixmude, *confirmeerde de oude statuten en ordonnantien* van het Beggijnhof met weinige veranderingen, in het vertrouwen dat de *oneenigheid* zou kunnen verdwijnen (4).

Weinige veranderingen werden in de laatste tijden aan het Beggijnhof gebracht, alleen het torentje, in 1784 zeer bouwvallig zijnde, werd herbouwd (5).

(1) Arch. Beggijnhof.
(2) Id.
(3) Resolutieboek Dixm.
(4) Arch. Beggijnhof.
(5) Id.

DE ARMSCHOLEN OF WEEZENGESTICHTEN.

Ziet gij, Dixmudenaars, niet met fierheid, des Zondags die jongelingen en jonge meisjes, deftig en zedig opgekleed uit *hun* huis komen en zich naar de Hoogmis begeven ? De vreugde, de levenslust staat op hun aangezicht geschreven. Hebben zij den huiselijken haard verlaten omdat droefheid en ellende daar heerschten, zij hebben eene gezamentlijke woonst gevonden in die twee prachtige gebouwen met ruime zalen en wel verlichte plaatsen, waar een brave en oppassende vader, den jongens; en uitstekende liefdezusters aan de meisjes het noodige lichamelijk en geestelijk voedsel verschaffen, ze voorbereiden om later als eerlijke huisvaders en huismoeders eene plaats in de samenleving te bekleeden en door hun goed gedrag den lof te melden der stedelijke overheid en der godshuisvaders, die het lot der armen zoo zeer ter harte nemen. Mij dunkt dat menige Dixmudenaar met eerbied die twee schoone weezenhuizen, in de Woumenstraat aanschouwen moet, wanneer hij daar voorbijgaat.

Eenige woorden over deze gestichten zullen misschien welkom zijn.

In 1622 schonk de heer P. Wyts, kanunnik in St Maartenskerk te Ieperen aan den gemeenen armen van Dixmude eene rent van negentig ponden parisis 's jaars, ter bevordering van het gebouw der knechtjesweezenschool, met last van op des *Fondateurs hoirs presentatie te aanvaarden en op te voeden twee kinders* ter goedkeuring van het schepenenkollegie en van den heer pastoor van Dixmude, zonder onderscheid van geboorteplaats (1).

De heer Dierik Bricx en vrouwe Catharina Vertegonis, zijne huisvrouw, mejuffers Juliana en Magdalena Bricx, zijne zusters, jonge dochters gaven in 1622 aan den gemeenen armen, drie deelen van vier in een huis genaamd *Spreeuwenburg* te Dixmude, om aldaar de knechtjesarmenschool te stichten. (Op dezelve plaats waar thans de nieuwe staat) (2).

Bij deze school bestond in 1632 eene beek de *Keibeke* geheeten.

Daaromtrent bestond ook de meisjes weezenschool zooals blijkt uit de volgende opgave :

« Men zal van wegen Burgemeesters en Schepenen, publiekelijk te koop stellen, met besloten billietten, de meestbiedende de naaste, in eeuwigen *cheinze,* zekere erve zijnde *maniere van een straetken*, loopende van de Zuidstrate (Woumenstraat) naar de stadsvesten tusschen het huis en de erve van het klooster van *'s Hemelsdaele,* ter zuidzijde, en d'erve van de *arme meisjenschole* met eenige huizekens van St Janshuis (hospitaal) aan de noordzijde ; daarin tegenwoordig de Keybeke doorloopt ende dit rechtstreeks van 't huis van het voornoemde klooster van *'s Hemelsdaele,* daarnevens staande, tot zekeren valput, komende aan den molenwal daar een ziekelieden (hospitaal) molen opgestaan heeft.

(1) A. A. D.
(2) Id.

Onder voorwaarde dat deze erve zal moeten bebouwd wezen *onthier ende derthien maenden* ende, dat langs de voornoemde erve en huizeken van St Janshuis zal moeten blijven een gank of straatken van zeven maat-voeten breed, van de Zuidstraat tot de stadsvesten, verder dat aldaar zal moeten blijven loopen de voormelde Keibeke zonder dat de kooper of *cheinsnemer* die eenigzins zal mogen stremmen of laten vervuilen; doch zal daarop mogen bouwen naar zijn goeddunken, voor zooveel hij geen nadeel aan den waterloop bijbrengt. Zijnde ook besproken dat de kooper van 't *voorenste* der strate zal mogen bouwen, boven het voornoemde straatken en op den muur van de armeschole, onder voorwaarde dat de armen hiernamaals zal mogen komen timmeren in den muur ofte gevel die de kooper aldaar zoude maken. Kooper Adr. Luwettere (1).

Dat straatje en de Keibeke zijn daar gedempt. Misschien is de beek en de nabijgelegen put, in de Heernisse, dicht aan den molenwal van de weduwe Jansseune daar nog een overblijfsel van.

In 1636 stelde de stadsraad van Dixmude een reglement op van inwendig beheer der meisjesweezenschool (2).

Ten jare 1638 werd er door burgemeesters, schepenen en raden beslist, dat van danaf de nieuwe armenmeisjesschool de wijngelden der verpachtingen van stad zal genieten in plaats van de kerk van St Niklaas (3).

(1) Resolutieboek Dixm.
(2) A. A. D.
(3) Resolutieboek Dixm.

De weldoenster, om zoo te zeggen de stichtster der armenscholen, vooral der meisjesarmenschool was Catharina De Costere, oude jonge dochter en *benificiante* van de kostelooze meisjesschool. Later meld ik hare geschiedenis.

In 1639 gaf juffer *Jeanneken Van Steenkiste*, huisvrouwe van Pieter De Hoorne, aan de meisjesschool, genoemd *O. L. V. Boomgaard* drie renten van zamen tien ponden gr. 's jaars (1).

Nog menige giften werden in den loop der tijden ten voordeele van den gemeenen arme en de weezengestichten gedaan. Dat toont de menschenliefde, die een schoone karaktertrek der Dixmudenaars is.

De twee weezenhuizen hieten vroeger « de Groote H. Geest. » Zij worden heden nog onder dezen titel in de rekeningen vermeld.

HET ZWARTE-ZUSTERSKERKJE.

Dit kerkje en het gesticht der Zwartezusters beslaan een gedeelte van de oostzijde der Appelmarkt. Het werd in 1842 uit den grond nieuw gebouwd door de kloosterlingen van dien naam.

Deze personen maken zich verdienstelijk door het verplegen der zieken in de huizen waar men hare hulp vraagt. Hare verdiensten werden meermalen van hooger hand erkend. Dat blijkt uit het volgende

(1) A. A. D.

Burgemeester en schepenen der stad Dixmude enz.

Gezien het rekwest Z. M. den koning aangeboden door de religieusen Zwartezusters dezer stad, strekkende om de bemachtiging te bekomen alhier twee huizen voor hare gemeenzaamheid te koopen.

Gezien den brief van den gouverneur der provincie enz.

Overwegende dat, volgens bovengezegd rekwest het aan Zijne Majesteit behaagd heeft, de statuten van genoemde religieusen goed te keuren, hetwelk haar het wettiglijk bestaan geeft.

In aandacht nemende het nut dier gemeenzaamheid, door de zorgen die hare leden, tegen een gering loon verleenen in alle slach van ziekten, zelfs smettende en verpestende.

Overwegende ten anderen dat door den aankoop eener woonst, deze gemeenzaamheid zooveel te meer de voortzetting harer zorgen voor de ingezetenen zal verzekeren.

Zijn van gevoelen.

Dat indien Z. M. zich gewaardigt aan bovengenoemde geestelijke Zwartezusters hare vraag toe te staan om de twee huizen te koopen waarvan gewag is gemaakt; dat deze aankoop niemand kan benadeeligen, maar integendeel strekken zoude tot voordeel der inwoners van de stad om de redens hiervoren aangehaald.

Get. A.-J. Wyllie, J. Van Woumen, J. Mergaert, T. Peellaert, P. Delaey en B.-L. Janseune, sekretaris. (Er waren dan vier schepenen) (1).

Daarop is de koninglijke bemachtiging gekomen om het groot huis op de Appelmarkt en een klein huisje in de Kwadestraat te koopen.

(1) Arch. Dixm.

uittreksel der beslissingen van het schepencollege, zitting van 16 Februari 1822.

Vroeger stond het Zwarte-Zustersklooster met het kerkje daar, waar wijlen de heer notaris Steverlinck zijn huis met hof heeft laten maken; dat is op den hoek van de Paaphoekstraat en de Zwartezusterstraat (vroeger Merriemarkt genoemd). Dit was voortijds het gesticht genoemd St Andrieshuis hetwelk van wege het magistraat van Dixmude, ter beschikking der Zwartezusters gesteld werd.

In 1682 bouwde men het opnieuw en tijdens de Fransche omwenteling werd het in beslag genomen en als domaniaal goed verkocht aan Jacobus Weyne. Over eenige jaren kocht bovengemelde heer Steverlinck hetzelve en deed het ten gronde afbreken.

Eene melding verdient het volgende :

« Actum in caemer, den 17 October 1775, den heere en de wet dezer stede, geinformeert dat er sedert eenigen tijd van hier, zijn gevonden geweest en aan het officie overgebracht, verscheidene opvolgende briefjes, vragende geld, met *abominabelyke dreigementen van moort en brand*, de eene aan het adres van de overste en religieusen Zwartezusters en de andere aan die van het Beggijnhof; liggende aan de poorten van elk couvent en nog onlangs den 11 October 1775 aan de poort van het Beggijnhof; beloven mits deze eene belooning van 20 patacons wisselgeld aan degenen die de daders van dien, of van eenige derzelve zal kunnen aanbrengen aan het *officie crimineel* dusdaniglijk, dat zij overtuigd zijn van de zaak. De naam van den aanbrenger zal tot vergemakkelijkheid der ontdekking, geheim gehouden worden. Het onderzoek en vergelijking van het handschrift dezer briefkens is toegelaten bij den griffier dezer stad, onder wiens bewaring zij vertrouwd zijn. » Get. J. J. Mergaert (1).

Deze bedreigingen bleven echter zonder gevolg.

Op den hoek der Merriemarkt ziet men een oud versleten gebouw staan en tegenaan een gesticht dat nog heden den naam draagt van H. Geesthuis. Het eerste is de kapel en het tweede het oude klooster. Zij behooren thans aan de godshuizen en gansch het gesticht is bewoond door oude vrouwen, die daar kosteloos gehuisvest zijn. In de stadsrekening wordt van dat klooster melding gemaakt onder dagteekening van 1415. De kapel is gansch buiten gebruik gevallen en behoudt alleen nog haar torentje met de klok en de binnenste ornamenten. De koer van achter is groot en diende lang tot bleekhof ten voordeele der bewoonsters. Rondom den hof zijn schoone en ruime woonplaatsen, die door hun gerief en het gemak dat zij opleveren zeer veel goedkeuring verdienen.

In eene beschrijving van grondrenten wordt onder zelfde dagteekening 1368 melding gemaakt van de *Zuidkapelle*. Deze was geplaatst buiten de Zuidpoort (Woumenkalsijde) waar nu de herberg « het Klein Parijs » staat ofwel aan de overzijde van den steenweg.

Al deze gestichten kregen vele giften en bezettingen die het overbodig zou zijn hier aan te stippen.

Aan de Zuidkapelle was een kerkhof, dat door de geestelijkheid van Therenburch in 1449 in den ban geslagen werd omdat men er eens in den nacht een *verwaten man* begraven had. De Zuidkapelle kreeg van de stad 18 p. p. voor de herstelling van dat kerkhof (2).

(1) Resolutieboek, Dixm.
(2) Rek. Dixm. 1449-1450.

DE KERK DER PATERS RECOLLETTEN OF PATERSKERK.

Iedereen in Dixmude kent de Paterskerk. Welke straatjongen zou er niet eens zijne kracht beproefd hebben om steenen op het hooge dak te werpen, of zijne behendigheid om het eene of ander nog overgebleven ruitje in de groote vensters uit te gooien? Ja, ja, elke Dixmudenaar kent dat groot gebouw in de Maria Doolaeghestraat, dat heden door de zorgen van het waakzaam gemeentebestuur in eene schoone stadshalle herschapen is, waar gedurende de foor de pandkramen staan en waar de burgers reeds zoo menigmalen op een puik muziekfeestje uitgenoodigd werden.

Zij behoorde vóór de Fransche omwenteling aan de Recollettenorde, die voor de tweede maal eenen anderen naam gekregen had.

Vóór 1483 waren deze paters broeders Alexianen, maar deze hadden hunnen regel verwaarloosd en kregen voor hunne straf den naam van Broeders van Penitentie of Grauwebroeders (1).

Het klooster der Grauwebroeders moet gestaan hebben niet ver van het Drooghof, waar het huis van wijlen Pieter, thans Edmond De Keirel staat. De straat, die langs dat huis loopt en naar den Leegenweg leidt, oostwaarts de stad, heet nog Grauwebroedersstraat.

(1) BLAERE, Nov. Th. Bd.

De Grauwebroeders hadden een poortje genoemd het Grauwebroeders voetpoortje.

Eene boldersmaatschappij heeft ook den naam van Grauwebroeders aangenomen. Misschien zal het aan de brave werklieden, leden dezer maatschappij, genoegen doen, den oorsprong van hunnen gildenaam te kennen. Ik wensch het van harte.

Dat klooster was gesticht in 1440 (1); het werd in 1567 door landloopers en vrijbuiters verwoest en in 1578 afgebroken. De kosten van afbraak beliepen tot 1735 p. p.

Ten jare 1584 plaatste men het binnen de palen der stad en veranderde het in een klooster van Recolletten.

In 1611 werden door de stad nog 603 p. 18 sch. p. betaald voor metselwerk aan het *nieuw edificie van de Recolletten* (2).

Dat nieuw gesticht en de gewezene latijnsche scholen der paters Recolletten bevonden zich, waar nu het huis en hof van den heer Van Hille bestaan.

De paters kregen in 1722 van de stad eene gift van 48 p. p. tot het helpen herstellen van hunne kerk (3).

Ziehier eene zoo nauwkeurig mogelijke beschrijving van bovengemeld gebouw alsmede de geschiedenis ervan.

In 1751 werd de bouwing van de kerk der paters Recolletten voltrokken. Dat gebouw, nu Stadshalle, groot, kloek en met allerbeste bouwstoffen gemaakt, heeft eene lengte van 36 meters 12 centimeters voor de kerk

(1) Arch. Dixm.
(2) Rek. Dixm. 1611-1612.
(3) Id. 1721-1722.

en 9 meters 78 centimeters voor de sacristij, op eene breedte van 10 meters, alles binnen de muren. Het heeft een gemetseld gewelf, daarboven een schaliëndak en is voorzien van een hoog en spits torentje. Vóór het aanvangen der herbouwing hunner kerk namen de paters hunnen toevlucht tot den bedelzak en stelden zich niet te vreden met de liefdadigheid hunner stadsgenooten en naburige dorpelingen af te smeeken, maar zij doorkruisten ook bijna gansch Vlaanderen, zich bijzonderlijk wendende tot de eigenaars van grondgoederen in het kwartier van Dixmude gelegen.

Deze onderneming gelukte hun opperbest; de verzameling van alle slach van bouwstoffen werd zoo groot en overvloedig dat de paters, na het opbouwen der kerk een tweede zulkdanige stichting hadden kunnen daarstellen.

Tot bevestiging van deze aanhaling zal ik de volgende schets mededeelen.

De Recolletten bieden zich aan bij mevrouw de gravin Van Leeuwergem te Gent; zij bidden haar, hun te willen een aalmoes geven tot het herbouwen der kerk van hun klooster en drukken tevens den wensch uit vier boompjes te mogen hebben, staande op haren eigendom in de omstreek van Dixmude. De paters worden door de gravin op de vriendelijkste wijze onthaald en de gastvrijheid aangeboden. Bij hun vertrek wordt hun een brief ter hand gesteld, bij welken de gravin haren bestuurder, den heer Pieter Beghin, notaris te Dixmude, verzoekt, den wensch der paters te vervullen. Na deze zaak ter plaats onderzocht te hebben, geeft de heer Beghin, mevrouw van Leeuwergem te kennen dat de vraag der paters niet bestond in vier *boompjes* maar wel in vier der grootste, schoonste en kostbaarste boomen van hare uitgestrekte landgoederen in deze omstreken gelegen. De gravin antwoordt: « Ik behoud mijne boomen, doch geef den paters eene aalmoes van 100 gulden courantgeld » (1).

Ik geloof hier te mogen mededeelen dat na de Fransche omwenteling de paterskerk verkocht werd door het Staatsbestuur, en het eigendom werd van den heer Antoon Bortier, geboren Dixmudenaar, die in 1817 de stad met der woonst verliet en in 1843 bij zijn testament, dezelfde kerk aan de parochiale kerk der stad Dixmude in eigendom schonk, onder voorwaarde dat er ten eeuwigen dage door de kerkfabriek een jaargetijde van eerste klas ter gedachtenis zijner familie zou plaats hebben.

De heer P. Bortier, zoon van bovengenmelden heer Antoon Bortier, wenschende eene gunst aan zijne geboortestad te doen, verklaarde aan het kollegie van burgemeester en schepenen der stad Dixmude, dat hij genegen was eene gift van 5500 franks te schenken, indien het de genoemde kerk, alsdan dienende tot magazijn, kon koopen om haar ter beschikking van de stad te stellen. Dat voorstel werd met groote dankbaarheid aangenomen en onmiddellijk werd de heer burgemeester, De Breyne-Peellaert gelast met het kerkbestuur in onderhandeling te treden ten einde het voorgestelde doel te bereiken. Hij gelukte in zijne pogingen. Na de noodzakelijke formaliteiten werd eindelijk den 27 Mei 1844 eene notariale akte gepasseerd, waarbij de stad Dixmude eigenares werd van de gewezene paterskerk, mits de heer Bortier de 5,000 fr. voor koopsom en

(1) Handschrift P. J. Beghin.

500 fr. voor kosten betaalde en dat het gebouw bezwaard bleef met eene jaarlijksche rent van 40 fr. voor het doen van het jaargetijde der familie Bortier.

Ik heb hier nog op te merken dat de heer Pieter Bortier in de beroepen akte eene voorwaarde heeft doen stellen, waarbij het aan het plaatselijk bestuur van Dixmude verboden wordt *ooit dit gebouw ten dienste van een geestelijk gesticht te laten gebruiken* (1).

De gewezen kerk, stads eigendom geworden, bleef toch gedurende eene lange reeks van jaren in eenen verwaarloosden toestand. In 1871 nam het stadsbestuur de beslissing, aan den gemeenteraad voorgesteld en door hem goedgekeurd dit gebouw behoorlijk te doen herstellen. Eene som van ongeveer 1,800 fr. werd daaraan besteed en thans dient het tijdens het jaarfeest, tot stadshalle, tot kieszaal in de kiezingen en tot alle feesten, die eene groote zaal eischen.

DE GRAUWEZUSTERS.

Op het hoekje der Eesenstraat en van den Eesenweg, dicht tegen het park Bortier staat een oud en vervallen kerkje, dat thans tot magazijn dient. Dat is een overblijfsel van het klooster der Grauwezusters, ook Penitenten genoemd. Het werd gesticht in 1432 volgens den heer Vandeputte. De hof Bortier is ook nog een overschot van dat klooster (2).

(1) Notariale acte voor notaris Holvoet, 27 Mei 1844.
(2) Hist. de Dixm.

Nochtans maakt Sanderus gewag van eene bemachtiging van paus Joannes XXIII waarbij in 1320 zes kloosters in West-Vlaanderen mochten gesticht worden, namelijk te St Winoxbergen te Veurne, te Nieuwpoort, te Dixmude, te Ieperen en te Poperinge (1).

HET GEVANG.

Dat huis, in Dixmude « het kot » genoemd is wel het meest geschuwde van heel de stad. Het heeft toch ook zijne geschiedenis, die wel is waar maar kort, maar zeer wetenswaardig is.

Wie zou denken dat de eerste gevangenen waarvan de geschiedenis onzer stad, melding maakt, de wethouders zelven geweest zijn? Dat blijkt nogtans uit de volgende aanhaling van de stadsrekening 1422-1423.

« Item ute dien dat, metten incomende goede van der stede men niet goelyx en mochte verleeghen te betaelne de twee eerste paiementen van beede de subvencien, daerome dat dontfangher van Vlaenderen dede vanghen bin der stede van Dixmude en leeghen up der stedenhuus jn vanghenissen de goede lieden van der wet, so waren by avise van de wet en van de poorters, daerup vergadert zynde, ghesent an onser geduchten vrauwe te Ghend, Pieter Dehase, burchmeester ende met hem Johannes Scelewaerde der stedeclerc daerome te vercrighene letteren van octroye lyfrente te vercopene up der stede. etc.

(1) Sand., Fl. iii.

Dit was dan in die tijden zooals ik reeds vroeger gezegd heb, dat men de stadsoverheden gevangen nam voor de schulden, die zij door den drang der omstandigheden verplicht waren te maken of welke door anderen opgelegd werden.

In 1528 stond het gevang op den hoek der Weststraat, waar nu de herberg de Concorde is.

In 1634 verkocht de heer Fred. Van den Bergh dat gevang aan zekeren heer Bisschop en stichtte er een nieuw ter noordzijde der Markt. Dit gebouw heeft tot op heden nog dezelfde bestemming.

Men ziet daaruit dat het gevang het eigendom en ten laste was van den heer.

DE HALLE.

Ik heb nu reeds zooveel gezegd over de gebouwen van Dixmude, die nog geheel bestaan of waarvan men nog slechts overblijfsels aantreft. Er waren er in den ouden tijd in onze geboortestad nogal eenige, van welke het nu bijna onmogelijk zou zijn zelfs de standplaats aan te wijzen. Onder deze dien ik in eerste plaats de Halle te noemen.

Dat gebouw moet buitengewoon groot geweest zijn. Het besloeg de gansche ruimte vervat tusschen de Graanmarkt en de Oostvesten. Heden staan bijzondere huizen op deze plaats.

De Halle heeft eene geschiedkundige vermaardheid gehad. Zij bestond reeds in 1271 en diende niet alleen tot verkoopzaal der ambachten maar tot vergaderzaal van de wethouders der stad. Daar was het dat menige vorst den eed van getrouwheid aan de keuren der stad aflegde.

Zoo leest men onder de betalingen in 1380-1381 opzichtens de Halle gedaan : Betaling *up den Sondach als mynheere van Vlaenderen* (Lodew. Van Male) *incam te Dixmude, so was de wet al den dach te gadre.* (26 Aug. 1380).

Id. *als myn vrouwe van Bourg^{ne}* (Bourgonje) *was te Dixm^{de}, so waren scepen naventlic vergadert.*

Stadsrekening 1405-1406. Betaald voor present-wijnen, als mijnheer van *Bourgonien hier in de stede quam en up de Halle trac zine eed doen, aldaer up de Halle ghedreghen vi* (6) *kannen Rynswyn te vi* (6) *s. den stoop Liiij s. Item Robrecht van Vlaenderen vi kannen, minen heere Van Spiere 2 k. en minen heere van Croy 2 kannen* (1).

Bovenstaande en meer dergelijke aanhalingen, te lang om te melden zijn door hunnen officieelen aard belangrijk genoeg en doen zien dat de Halle van Dixmude om zoo te zeggen het voornaamste gebouw der stad was.

Zij bezat eene klok welke diende om de groote openbare plechtigheden aan te kondigen. Deze klok was in 1413 geborsten en er werd tusschen de wet van Dixmude en meester Michiel, klokgieter te Harelbeke eene overeenkomst gesloten. Meester Michiel leverde eene nieuwe klok, wegende 271 ponden, aan 4 grooten het pond, en nam de oude terug, die 254 ponden woog aan 3 grooten het pond (2).

(1) Stadsrekeningen.
(2) Rek. Dixm.

De Halle diende tot het houden van feesten en openbare plechtigheden. Het was ook daar dat de lakens der lakenwevers wettiglijk gemeten werden en dat de waren der vreemde kooplieden gedurende de vrije jaarmarkt (het Magdalenafeest, in Juli) werden uitgestald.

In 1428 ontstond daarin eene verandering, door het stichten, ter noordzijde der Groote Markt, van een gebouw dat men in de rekening van dat jaar den naam gaf van Nieuw Huus of ook Nieuw Huus ten Berecke. Van dien tijd af werden de bestuurlijke zaken gedurende een zestigtal jaren in de twee lokalen : de Halle en het Nieuw Huus ten Berecke, later Stedehuus genoemd, verhandeld.

Het Hallehof diende bijzonderlijk tot bergplaats van oorlogstuig en allerhande voorwerpen aan de stad behoorende (1).

In de jaren 1500 was in de Halle eene kapel, waar men de kerkelijke diensten deed. Daarover leest men in de stadsrekening van 1500 dat 20 pond parisis dat jaar betaald werden voor twee missen, die wekelijks den Dinsdag en Woensdag *op de Halle gecelebreerd werden door den kapelaan van de wet* (2).

In 1513 brandde een groot gedeelte der stad alsmede de Halle af. Deze laatste werd nadien hersteld, zooals blijkt uit de stadsrekening van 1554-1555 waarin vermeld staat dat de stad aan M[r] Gillis van Westbusch eene hulpsom van 12 p. parisis gaf voor *herstellinge* van den muur staande tusschen zijne erve en het Hallehof; herstelling die zeer noodzakelijk was om de *ramen van de Drapiers* te bevrijden (3).

(1) Rek. Dixm.
(2) Id.
(3) Id.

Tot in 1426 had de Halle gediend tot stadhuis.

In 1578 bestond zij niet meer in haar geheel, want de stadsrekening van dat jaar haalt eene som van 12 p. parisis, 24 p. p. en 21 p. p., aan, voortkomende van het *cynsrecht* van drie huizen, staande waar voordezen de Hallepoort stond en het Hallehof was.

In 1676 werden de overgebleven gedeelten der Halle verpacht aan M[r] Jan Dierycx en de weduwe Cornelis Van Troyen (1).

Ten jare 1689 bestonden er nog overblijfsels van en in 1696 werd alles wat nog van de Halle overbleef afgebroken.

Benevens de groote Halle bestonden er nog twee andere :

1º De vleeschhalle of het vleeschhuis, dat in 1654 veranderd werd in eene wacht (corps de garde) en paardenstal voor de verblijvende garnizoenen.

2º De lederhalle, welke men ook voor het huisvesten van soldaten inrichtte.

Deze twee gebouwen hebben gestaan waar nu de blok huizen is ter oostzijde der Kiekenstraat, tusschen de Groote Markt en de lijkdeur der kerk van S[t] Niklaas.

HET MAGDALEENHOF.

Zooals ik vroeger zegde, bestond het Magdaleenhof waar nu het Pluimstraatje is langs de Woumenkalsijde, op het grondgebied van Eesen.

(1) Stadsr. Dixm. 1676.

Een eerste bestaanbewijs van dat gesticht is het volgende :

« Roeland, heere van Dixmude en van Bavelinghem, raad- en kamerheer van den hertog van Bourgondiën, bevestigt, mits eenige wijzigingen, de constitutie van 1434 door burgemeesters en schepenen verleend aan het Magdaleenhof (1).

In stadsrekeningen van 1544 wordt melding gemaakt van besparingen, gedaan in het Magdaleenhof en andere gestichten (2).

In 1591 werd gedurende den oorlog het Magdaleenhof verwoest met de hofstede en de kapel staande buiten de Zuidpoort. De schade beliep tot de som van 2000 p. grooten (3).

Het werd herbouwd in 1610, en in 1646 door soldaten gansch verbrand. Sinds dien werd het niet meer heropgebouwd (4).

DE ZUIDKAPEL.

Vóór 1727 en in 1754 bestond buiten de Zuidpoort aan de Woumenkalsijde eene kapel met een kerkhof. Hierover schrijf ik het volgende neer :

De heer Amerlinck, prior van Ste Cecilia en directeur van de Zuidkapelle, gaf in cheins voor dertig jaar aan Jacob Millecam, voor den prijs van 24 ponden

(1) A. H. Dixm.
(2) Rek. Dixm. 1544.
(3) A. Dixm. kohier 37.
(4) Arch. Dixm., kohier 27, 1.

parisis 's jaars, eene lijn veertig roeden land buiten de Zuidpoorte, waar voortijds het kerkhof der Zuidkapelle was (1).

Reeds in 1399 vindt men in de handvesten van de stad voor de eerste maal melding van de kapel, gestaan hebbende buiten de Zuidpoort. Een handschrift, zeer schoon, leesbaar en wel bewaard, draagt het volgende opschrift :

« Dit es de ervelyke rente, die toebehoort den Capelle van den heiligen Cruce Suuthuut ende was gheschreven in 't jaer MCCCXCIX (2).

In 1470 deden de bezorgers dezer kapel, Jan De Keizer en Pieter Moenyn, een nieuw boek maken der grondrenten derzelve (3).

DE KRUISKAPEL.

Deze kapel diende voor bidplaats en stond in eene weide palende aan den Handzamevaart, tusschen de gewezene Halve Maan der Westpoort en het Kasteel. Van dat alles is niets dan de grond overgebleven.

In 1658 bestond die kapel nog. Daarover vind ik dat in dat jaar door de stad eene som van 156 p. betaald werd aan den voorzitter van de heeren Norbertijnen voor het houden van de zondagschool, daar de Zuidkapel geen inkomen heeft. Eene gelijke som werd betaald voor dezelfde zaak aan de heeren der Kruiskapel (4).

(1) Arch. Dixm., kohier 38.
(2) Id.
(3) id., kohier 2, N. 18.
(4) Dixm. rek. 1658-1659.

DE ABDIJ VAN 'S HEMELSDAAL.

Op het einde der Woumenstraat, daar waar de ijzerenweg van Dixmude op Veurne ligt, stond vóór 1671 aan den rechter kant een groot en schoon gesticht met een koepelvormig torentje. Dat was de abdij van 's Hemelsdaal. Zij werd eerst in 1237 te Wercken (twee uren van Dixmude) gesticht door zekere edele vrouw Elisabeth, weduwe van Baldwijn, heer van Steenvoorde en hare twee dochters, die al haar goed gaven aan de abdij van Marquette, om een nieuw klooster van dezelfde orde te maken (1).

De pastoor der parochie van Eesen verzette zich in 1242 tegen de bouwing van eene nieuwe kerk door het klooster van 's Hemelsdaal; doch de twist werd gemiddeld op voorwaarde dat men geene begravingen zou gedaan hebben in de nieuwe kerk, tenzij dat het lichaam voorafgaandelijk in de parochiekerk zou aangeboden geweest zijn, dat de offeranden en begravingskosten aan den pastoor zouden blijven en dat de zusters hem jaarlijks 40 schellingen Vlaamsche munt zouden betalen (2).

Deze abdij werd in 1578 door de Geuzen geplunderd en gansch verwoest (3), in 1611 werd zij op de hierboven aangeduide plaats heringericht (4), in 1622 stichtte men er de kerk.

(1) Hist. diocèse Bruges.
(2) Id.
(3) H. D. B.
(4) Rek. Dixm. 1611-1612.

Eindelijk toen op bevel van den koning van Spanje de vestingen in 1671 vermeerderd werden en wijder uitgezet, moest die abdij verdwijnen omdat zij binnen den kring der werken stond. Het bevel moest onmiddelijk uitgevoerd worden De nonnekens der abdij gingen zich te Brugge vestigen.

In de stadsrekening van 1676-1677 vindt men het volgende :

Betaelt aen de eerw. Abdesse van Hemelsdaele alsnu van deze stadt gheretireert binnen Brugghe ter causen van het afbreken van hun abdie in deze stadt, ten dienste van Zijne Maj^t, over een nieuwen ghejonden glasvenster an de kercke van hun gebouw binnen Brugghe, 200 p. p.

HET KASTEEL.

Van het kasteel of de verblijfplaats des kasteleins van Dixmude blijft ook niets meer over dan de naam, aan eene straat gegeven, die van de Weststraat, evenwijdig met de Kaai aan den IJzer naar eene weide loopt. Op die weide, juist aan den samenloop van de Handzamevaart en den IJzer, stond 's heeren kasteel. In 1405 verleende de stad eene hulpsom tot deszelfs opbouwing (1).

In 1488 werden verbeteringswerken aan de valbrug dezes kasteels gedaan (2).

In 1492, toen de Gentenaars zich van Dixmude

(1) Zie bladz. 52.
(2) H. D. B., 157, kohier 5.

meester maakten, diende het tot schuilplaats aan de stedelijke bezetting en in 1678 werd het sedert lang verlaten kasteel geheel afgebroken. Het steen voortkomende van de afbraak, werd gebruikt tot het maken van *eenichte baracken* voor het logeeren der soldaten (1).

HET FORT.

Gedurende den oorlog die ons vaderland in de laatste helft der 16[de] eeuw teisterde, deed het magistraat van het Veurne-Ambacht zes en twintig kleine sterkten en verschansingen maken, om het grondgebied te bevrijden voor eenen aanslag der Engelschen en der Hollanders, die de zeekusten onveilig maakten. Het was op bevel van hetzelfde magistraat dat men in 1590 eene sterkte maakte recht over de Hooge Brug om van deze zijde de stad te dekken. Inweerwil van zijne ligging op het grondgebied van Kaaskerke heeft dat fort altijd deel gemaakt van de vestingen van Dixmude. Het was nauwelijks opgemaakt, wanneer men er eene bezetting zond van 150 mannen om het te bevrijden tegen de Engelschen, die zich van Oostende hadden meester gemaakt. Ten tijde van de slechting der vestingen van Dixmude, werd het fort bewaard als gelegen zijnde op het grondgebied van een ander bestuur (Dixmude maakte deel van het Brugsche Vrije en het fort lag in Veurne-Ambacht). Het werd nochtans in 1708 genomen. Wanneer de bondgenooten Rijsel

(1) Rek. Dixm. 1678-1679.

belegerden was de generaal Cadogan, die eene afdeeling bondgenooten aanvoerde, te Koekelare en in de omstreken aangekomen om er levensmiddelen te nemen voor het leger van Marlbourough. Den 9 October vertoonde zich Cadogan voor het Fort te Dixmude dat zich maar na een hardnekkig gevecht van drij uren overgaf. De afdeeling der bondgenooten dacht hetzelfde te doen met het Fort de Knokke, maar zij werd door een hevig kanonvuur teruggestooten en verplicht het hazenpad te kiezen (1).

MARKTEN, PLAATSEN EN STRATEN.

De stad Dixmude bezit eene der grootste en schoonste markten van heel het land. Zij is omringd van groote en schoone huizen, die er een prachtig uitzicht aan geven. Daar hebben de wekelijksche markten plaats : de botermarkt ten zuiden, de kiekenmarkt ten noorden en de graanmarkt ten oosten. In het midden staan de kramen met koopmansgoederen.

Benevens deze laatstgenoemde is er nog eene Appelmarkt, vroeger genoemd Pottemarkt, gelegen ten einde de Kiekenstraat, waar men heden bezems verkoopt, en eene Veemarkt, gelegen ten einde de Molenstraat, recht over de gemeente- of stadsjongens- en meisjesscholen, die ik nog als voorname gebouwen heb vergeten te melden evenals het bisschoppelijk kollegie, vroeger genaamd het gesticht der Norbertijnen, en de

(1) Van de Putte, Hist. de Dixm.

katholieke meisjesschool, gesticht door de Wittezusters; deze laatste staat in de Noord- of Beerststraat.

De Koemarkt bestond eerst waar nu de weg is van de Groote Markt naar de statie van den ijzerenweg.

Deze markt was in 1563 eene der voornaamste van geheel het land. Bij bijzondere toelating van koning Filips van Spanje en in overweging van de belangrijkheid derzelve kreeg het stadsbestuur de machtiging haar te kasseien en de rechten te verhoogen met 12 ponden parisis (1).

In 1564 werden er 50 arduinen palen op geplaatst, dezelfde, die er over eenige jaren nog stonden.

DE VISCHMARKT.

Ten jare 1416 werd door den heer Diederik van Dixmude en de burgemeesters, schepenen en raden van dezelfde stad eene nieuwe keur opgemaakt aangaande het verkoopen van visch De vischverkoopers moesten voor elke bank, mande of plaats 12 penningen parisis betalen. Uit de opbrengst van dezen taks moest het altaar van S[t] Pieter, 12 p. parisis 's jaars genieten.

Het overig werd verdeeld tusschen de stad en de kerk van S[t] Niklaas binnen deze stad (2).

Volgens een uittreksel uit het resolutieboek stond de vischmarkt eerst tusschen de groote poort van het stadhuis en het gevang. In dat uittreksel is ook bevolen

(1) Arch. Dixm.
(2) A. K. D. 1, n. 20.

dat al de versche visch, in de stad komende, zal moeten, ingevolge de *constitutie* der vischverkoopers, ter markt gebracht worden, zonder te mogen gehuisvest zijn; wel te verstaan dat de zeevisch, des avonds laat of des nachts aankomende, zal moeten geplaatst worden ten huize van den *Baillium van victuaille* om 's anderendaags ter gewone markt verkocht te worden (1).

Het vischhuis werd in 1780, door den timmerman Zants vervoerd op zijne tegenwoordige plaats.

Het resolutieboek van Dixmude maakt ook, onder anno 1642, melding van een vleeschhuis.

HET KERKHOF.

Zooals hiervoren gezegd is, bestonden te Dixmude verscheidene kerkhoven. Het stadskerkhof, waarvan in 1489 melding werd gemaakt, was gelegen rondom de groote kerk, plaats, welke nog dezen naam draagt.

Tot in 1784 werden daar de dooden begraven. In dat jaar werd het nieuw kerkhof gemaakt langs de Woumenkalsijde, waar het nu nog is. In 1785 werd daar de afscheidsmuur aangemaakt. In 1856 werd het kerkhof merkelijk vergroot. Thans is deze rustplaats zeer schoon versierd met kostbare grafzerken en ze wordt in den zomer door de geloovigen veel bezocht.

(1) Resolutieboek, Dixm., 1739.

HET PARK.

Een park in Dixmude? Er is menige groote stad die er geen heeft! Maar Dixmude is een bij uitstek net en zindelijk stadje en het vooruitstrevend bestuur zorgt dat er niets ontbreke om het leven der inwoners te veraangenamen. Dixmude heeft zonen, die have en goed voor hunne geboortestad veil hebben en geene kosten ontzien wanneer het er op aankomt haar te bevoordeeligen. Onder deze zonen wijst zij met fierheid en dankbaarheid op haren Bortier, van wien zij dat park gekregen heeft, dat tot aandenken den naam draagt van Park-Bortier.

Ziehier hoe de heer G. De Breyne-Du Bois hetzelve beschrijft : « Er is te Dixmude eene plaats, die wij allen kennen en beminnen. De reizende vreemdelingen laten niet na ze te bezoeken en er rond te wandelen. Vele kleine steden wenschen er zulk eene te bezitten. Deze plaats is de Hof-Bortier.

Deze wandeling, door een sierlijk ijzeren traliewerk omgeven, is waarlijk bekoorlijk. Ten oosten en ten zuiden zijn er twee poorten aan. Hier en daar kan men in het veld (van den hof) eenige schoone gezichtspunten, eenige zachte en rustige landschapjes zien afsteken. Aan den westkant is eene derde poort, die uitkomt op een der schoonste straten der stad. Eene schoone kastanjedreef, waar de ineengestrengelde takken eene wieg vormen, en waar gedurende de kermis een heerlijk dansfeest plaats heeft, geleidt u naar het midden van den hof en naar het grasperk. Wat is men er goed in de lente en in den zomer, daar, waar het gewas zoo welig is! Bloemen, struikboschjes, groote tuilen en beschaduwde boomen! De lucht is er altijd gebalsemd en frisch. Elk jaar komt de nachtegaal er zijn nest maken in het een of ander boschje.... en, ik weet niet ter oorzake van welke muziekale legende, de Dixmudenaren houden staan dat de zangen van den onvergelijkbaren kunstzanger der lucht schooner zijn, zijne toonvallen klankrijker en zijne melodijen liefelijker in deze omheining dan in de andere hoven der stad of der omstreken.

« Welnu! het is in dezen hof, in dat klein park, dat de erkentelijke stad Dixmude de gedachtenis wil eeren en het aandenken vereeuwigen van haren grooten weldoener. Het is daar dat het stadsbestuur van gedacht is een borstbeeld op te richten van Pieter Bortier, daar, waar alles van hem spreekt en door eene fijngevoelige opmerkzaamheid niet ver van deze twee notelaars, deze twee eeuwenoude boomen met statige bladerkronen, die hij zoo gaarne aanschouwde.

En den dag, op welken de inhuldiging van het marmeren borstbeeld, — feest dat eene wereld van herinneringen aandoenlijk zal maken — zullen de leerlingen der jongens- en meisjesgemeentescholen zich eerbiediglijk komen scharen rond dat bemind afbeeldsel....

En, zooals Pieter Bortier het zegt in zijn testament: — eereplaatsen zullen er voorbehouden zijn aan de gemeenteonderwijzers (1). »

Dat borstbeeld door den beeldhouwer Fiers van

(1) GUST. DE BREYNE-DU BOIS, Biogr. de P. Bortier.

Ieperen gemaakt is in de trouwzaal van het nieuwe stadhuis geplaatst.

Pieter Bortier heeft zelf den hof doen aanleggen, hem gansch en geheel doen omkeeren, alleen de twee bovengenoemde notelaren latende staan, waaraan hij uitnemend veel hield. Gedurende ruim veertig jaren heeft de stad het genot ervan gehad, zonder eenige kosten te moeten afdragen. Hij heeft er zeer groote sommen aan besteed en er zelf de twee borstbeelden van Montanus en Van Poucke doen in plaatsen. Deze standbeelden zijn twee kunststukken van wit marmer, door den beroemden beeldhouwer De Vigne.

DE VERKENS- OF ZWIJNEMARKT.

Daar is alleen de naam van overgebleven. Deze markt bestaat nog recht over den schorsmolen van den heer Loncke.

Om niets te vergeten moet ik nu nog spreken over eenige bijzondere en nog ongenoemde gebouwen, eenige herbergen en oude straten.

Eertijds was het hof der Busseniers waar nu de herberg de Halve Maan is, en wat verder in de Woumenstraat, het nog bestaande St Joorishof, was den eigendom en het gildhof der kruis- of boogschutters. Beide deze gilden hebben opgehouden te bestaan. De tot stand gekomen kruisbooggild heeft haar lokaal in de Tafelronde en de onlangs ingerichte Karabiniersmaatschappij is gevestigd in de Kroon, Eesenstraat.

Het Bastiaanshof, der gilde van S¹ Sebastiaan bevond zich in de Weststraat eerst waar nu het huis is, bewoond door den heer Feys-Ghyssaert, later in de herberg den Gouden Leeuw, sedert vele jaren heeft genoemde gilde haar lokaal in het Burgondische Schild.

In 1573 bestonden in Dixmude slechts 19 herbergen.
1° De Beer.
2° Het Palmhof.
3° De Belle.
4° De Verkeerde Wereld.
5° Het Gulden Vlies.
6° De Arend.
7° De Kroone.
8° De Helm.
9° De Meerminne.
10° De Wulf.
11° Het Schaak.
12° De Breeden Steiger.
13° Het Lam Gods.
14° Het Eiland.
15° De Kroone, bij de Hooge brug.
16° De Hert.
17° De Wilde Man.
18° Het Kapittel.
19° S¹ Jooris.

Vele der nu nog bestaande straten droegen voor dezen andere namen.
Eertijds bestond er :
Eene Zuidstraat, nu Woumenstraat,
eene Wullestraat,

eene Vulderstraat, nu Merriemarkt of Zwartenonstraat.
eene Snouckstraat, nu toegemaakt,
eene Bachtensteene, nu Gasthuisstraat,
eene Hallestraat, nu Eesenstraat,
eene Bachtenhalle, nu Oostvesten,
eene Over de Voetbrug,
eene Scipstraat, nu Weststraat,
een 's Heer Martijnstraatje,
eene Vergierstraat,
eene Haverstraat,
eene Houtstraat en
eene Ooststraat, nu Eesenweg.

Er waren ook vier poorten, te weten : de Westpoort, de Noordpoort, de Zuidpoort en de Oostpoort ; benevens het Grauwebroedersvoetpoortje en het Ballingpoortken.

BRUGGEN.

Zooals nu kende men vroeger de Hoogebrug, de Noordbrug, de Alleibrug en de Appelmarktbrug.

In 1591 werd de Hoogebrug afgebroken en later hersteld; in 1644 maakte men er eene draaibrug van. Deze brug werd in 1691 afgebroken en hersteld, evenals in 1704. In 1744 werd zij door de Franschen en laatstmaal den 28 October 1793, op bevel van eenen Hessenschen bevelhebber, afgebrand, en telkens nadien opnieuw gemaakt.

INSTELLINGEN EN GILDEN.

In een overzicht van den toestand der stad, opgemaakt voor de Fransche omwenteling vind ik de volgende instellingen vermeld.

De Godshuizen, bestaande uit : 1° den Grooten H. Geest of de twee weezenhuizen en de gemeenen arme; 2° St Jans Gasthuis ; 3° den Kleinen H. Geest; 4° het Godshuis der Magdaleenen.

Over de eerste instelling heb ik reeds gesproken.

De gemeene arme bestond reeds in 1299.

De Kleine H. Geest wordt gemeld in de stadsrekening van 1415.

Het St Janshuis dagteekent van 1538 en het Godshuis der Magdaleenen van het einde der dertiende eeuw.

Al deze gestichten werden ondersteund door talrijke bezetten, in den loop der tijden door edelmoedige personen gedaan en met stedelijken onderstand gepaard.

Over het onderwijs heb ik eenige woorden gezegd aangaande den huidigen toestand. Nu wil ik eens het geschiedenisboek openslaan en melden hoe het was in vroegere tijden.

De eerste onderwijzers hieten scholasters. Ten jare 1415 werd Meester Cypriaan Acquoi, scholaster te Gouda in Holland, tweemaal door het magistraat te Dixmude geroepen om zich te verstaan op de voorwaarden, volgens welke hij het ambt van schoolmeester binnen de stad zou willen aanvaarden. Het magistraat en de poorters, daartoe bijeengekomen stemden ten laste der stad eene jaarwedde van 24 p. gr. courant, op voorwaarde dat het schoolgeld van al de poorterskinderen en andere, met vader of moeder binnen de stad wonende, al waren zij vreemdelingen, in voordeel der stad zou blijven. Denzelven schoolmeester werd betaald ter rekeninge van het eerste jaar 16 p. 12 s. 8 d. gr. of 199 p. 12 s. p. Het getal leerlingen beliep tot 83 en het schoolgeld aan de stad betaald, beliep voor het eerste half jaar. tot 66 p. 8 s. p. dus bleef er ten laste van de stad 133 p. 4 s. p. (1).

In 1514 werd de plaats van scholaster, toegevoegd bij de kerk, ingesteld met toestemming der geestelijke en wereldlijke macht (2).

De school moet in 1544 nog al bloeiend zijn geweest want in de rekening van dat jaar vind ik dat M[r] Cornelis Maseman, schoolmeester, *zyn Submoniteur en andere hulpen* vereerd werd met vier kannen wijn omdat zijne scholieren een *spel ofte tragedie in latine* speelden (3).

In 1555 kocht de stad een huis op het kerkhof, ten oosten van de kerk, dat zeer goed geschikt scheen voor schoollokaal (4).

In 1547 betaalde de stad slechts 12 p. parisis per jaar voor de schamele kinders (5).

De Stad schonk in 1571 aan de broeders van Nazareth eene belooning *in recompense dat men*

(1) Rek. Dixm. 1415-1416.
(2) V. d. P. Hist. de Dixm.
(3) Rek. Dixm. 1544-1545.
(4) id.
(5) Arch. Dixm.

's zondags school binnen denzelven couvente, zekeren tyd gehouden had (1).

De heer Van Vossem, als schoolmeester van de stad aangenomen kreeg in 1573 eene woning, die de stad voor hem gepacht had (2).

Ten jare 1596 kocht de stad twee huizen : de « Wijngaard » en de « Keizer, » alwaar de stadsschool gehouden werd.

Uit de stadshandvesten schrijf ik het volgende over, datum 1598. « Actum up den xxiij Decembre XV^{c}lxix (25 Decembre 1569) p^{nt} (present) — volgen de handteekens van burgemeesters, schepenen en raden. — Men last, ordonneert ende beveelt van 's Heeren en der Wetsweghen alle vaders ende moeders ofte andere hebbende 't regiment van eenighe kynderen, 't zy meyskens of knechtkins wesende van der oude van zeven jaeren en daerboven *up arbitraire correctie* de voors^{eyde} kynderen te zenden ende besicken alle zondaghe en heleghedaghe 't sachternoens ten een hueren totter schoole onlancx binnen deser stede upghestelt by laste van den Eerweerdighen heere ende vadere in Gode, den Buscop van Ypere, omme aldaer ter ghecostumeerde huere gheleert, onderwesen ende gheexamineert te zyn in zacken onsen ghelooveangaende *ende ooc omc te leeren lesen ende scryven jndien de ouders 't zelve begheeren.*

Ende omme de voors^{eyde} ordonnantie te bet^{er} effect te doen sorteren, zoo auctoriseert men alle de ghone wesende jn den eedt deser stadt ende andere ghequalifieerde persoonen, omme te berespen de jonghers, by

(1) Rek. Dixm.
(2) Arch. Dixm.

desen ghebode ghelast de voors^de schoole te frequenteeren die sy zullen vynden spelende up de straete ten tyde dat men de lesse doet ooc mede omme de ouders van zulcken kynderen te vermaenen van huerlieden gherequireert debvoir te doene, ende omme zekerlick te weten ende achterhaelen de ghone die in ghebreke werden huer^lieden kynders ter voors. schoole te zenden, es gheordonneert, dat de prochiepape en twee persoonen daertoe ghecommiteert van 'swetweghen zullen maeken een rolle van alle de kynderen deser stede ende deselve overgheven den schoolmeester van de voors. schoole, omme daeruute te vyndene deghone, die *absent* werden ten eynde dat den prochiepape ende de andere ghecommiteerde persoonen van deselve schoole zulcx verstaende, zullen de ouders van de absente kynderen by huerl^ieden moghen ontbieden ende *die daeraf straffen* vermaenende hemlieden van huerl^ieden debvoir te doene. Ende indien zy nyet en obedieren (gehoorzamen) dat de voorseyde toezienders daeraf die van de wet zullen clachtich vallen, omme zulcke ouders van huerl^ieden faulte *arbitrairlick* te corrigieren. Interdiceerende ende verbiedende voorts dat alle deghonne ter voors. schoole commende wye dat het zye, oudt ofte jonck, eenighe beroerte, sturbantie ofte belet te doene binnen den tyd dat men deselve schoole houden zal, up peyne van dies arbitrairlic ghecorrigiert te zyne naer de gheleghenheit van de zaeke.

Gepublic^iert daghe als boven (1).

Den 18 April 1629 werd op het vertoog van den heer Prior en zijne broeders van het klooster van Veurne, toegestaan dat deze kloosterlingen van dan af

(1) Arch. Dixm. ord. polit., 1569-1687.

alhier mochten komen wonen om in de latijnsche scholen te doceeren. In afwachting dat men andere scholen zou gebouwd hebben, werd de stadsschool, staande op het kerkhof, te hunner beschikking gesteld (1).

Gedurende de jaren 1600 en in de tachtig had geheel de stad door de drukkende lasten veel te lijden; alle stadsdienaars kregen vermindering van loon en de onderwijzers ontvingen in 1687 geene jaarwedde meer; alleen werd hun volgens overeenkomst eene schadeloosstelling van 120 p. parisis toegestaan (2).

Uit oorzaak der droevige tijdsomstandigheden en van het gering schoolgeld, door de kinderen betaald, kreeg de onderwijzer Bartholomeus Wets in 1709 van de stad eene toelage van 60 p. parisis (3).

In 1716 werd door juffer Maria Verleure aan de stadsschool een bezet van 50 p. parisis 's jaars gedaan om te dienen tot recreatie of feest op S¹ Barbaradag (4).

Een besluit van 18 Augustus 1716 verplichtte den onderwijzer Peene op *peine van cassatie* eenen onderschoolmeester of hulponderwijzer aan te stellen binnen de 14 dagen (5).

Ten jare 1760 kreeg de heer pastoor geene toelage meer voor het geven der catechismusles omdat *hy naer rechte gelast is de kynderen in de kristelyke leerynghe te onderwyzen* (6).

Nog hetzelfde jaar werd de studentenschool, staande op het kerkhof, in magazijn veranderd en de tweede

(1) Resolutieboek Dixm.
(2) Stadsrekening 1688-1689.
(3) Stadsrekening 1709 en 1710.
(4) Arch. Dixm.
(5) Resolutieboek Dixm.
(6) Resolutieboek Dixm.

school openbaarlijk verpacht ten voordeele der kerk (1).

Benevens eenige kleine Vlaamsche scholen, was er te Dixmude, voor de Fransche omwenteling, nog eene Latijnsche school, waar de paters Recolletten les gaven in de humaniteiten.

In het jaar 1829-1830 werd vastgesteld en door hoogere hand goedgekeurd, eene gemeenteschool met onderwijzerswoning te bouwen op de plaats waar de *Barakke* (oude Noordpoort) stond, een eindje over de Beerstbrug. De grond werd aangekocht, maar deze bouwing heeft zich niet verwezentlijkt en de stad heeft zich van den grond ontmaakt. Sedertdien, in 1846, werd eene school met onderwijzerswoning gebouwd tusschen de Molenstraat en de Groene Wandeling. Deze dient nu tot meisjesgemeenteschool. In 1868 heeft de stadsregeering eene nieuwe jongensschool met onderwijzerswoning juist daarnevens gebouwd. Het eerste verdiep dezer school dient tot akademie van teeken- en bouwkunde. Deze akademie is zeer bloeiend en geeft een onschatbare hulp aan de werklieden, die er zich komen oefenen in de twee vakken welke aan allen zoo noodig en voordeelig zijn. Ten noorden der laatstgenoemde onderwijzerswoning is sedert 1884 een nieuw gebouw tot stand gekomen, dienende voor bewaarschool, met bovenzaal geschikt tot schoolmuseum voor het lager onderwijs.

De erkentelijkheid verplicht mij eenige woorden te spreken over den voortgang dien de jongensgemeenteschool gemaakt heeft, dank aan den onvermoeibaren ijver van den heer Frederik Reynaert, thans kantonalen schoolopziener, die ruim dertig jaren genoemde

(1) Stadsrekening 1760.

school bestuurd heeft en mannen heeft gevormd, welke in alle standen der samenleving eene deftige plaats innemen. Eere aan wie eere toekomt! dat moet de leus zijn van den geschiedschrijver. Nu is de heer Theodoor Luyten-Reynaert aan het hoofd der genoemde school en samen met zijne onderwijzers, bewandelt hij ook moedig en vooruitstrevend den weg hem door zijnen schoonvader en voorganger aangewezen.

DE GILDEN.

SCHUTTERSGILDEN.

In werk en in vreugd waren onze voorouders vereenigd. Inderdaad, zooals ik vroeger in deze geschiedenis heb aangemerkt, vereenigden zich de gemeentemannen in *ambachten*, en de kooplieden vormden *neringen*, maar tevens ook vormden zij gilden. Geen volk begreep eerder dan de Vlamingen dat *eendracht macht baart*.

De eerste gilden die tot stand kwamen, waren de schuttersgilden.

De heer Alf. Van den Pereboom zegt in zijne Ypriana dat, na den slag der Gulden Sporen, waar de Vlamingen in 1302 zulke roemrijke zege behaalden op de Franschen, de Ieperlingen eene schuttersgilde tot stand brachten, die tot nu toe nog bestaat.

Onbetwistbaar is het dat ook de andere Vlaamsche

gemeenten dat voorbeeld volgden en de Dixmudenaars wel van de eersten waren om zulks te doen. Jammer is het dat de Dixmuudsche stadsrekeningen van die jaren niet meer bestaan. De oudst gekende, deze van 25ⁿ Hooimaand 1379 tot 12 Maart 1381, maakt melding van stadsuitgaven, voor het vervoeren der Dixmuudsche schutters naar *Gherouds-Berghe*. In hetzelfde stuk komt eene betaling voor, gedaan aan Jacob van Valmerbeke, hoofdman van de *scotters*, die den graaf volgden.

Eerst in 1405 wordt melding gemaakt van de *Grote scotters* en de *Cleene scotters*, die wijn aangeboden werden als zij *haren gay scoten*.

Deze schuttersgilden hadden voor doel, niet alleen zich te verlustigen, maar tevens ook de gildebroeders te oefenen in het hanteeren van hand- en voetbogen, ten einde, in geval van nood, hunne eigene rechten en die van hunne vorsten te verdedigen.

De eerste Dixmuudsche handbooggilde koos tot haren beschermheilige Sᵗ Sebastiaan en de eerste voetbooggilde Sᵗ Joris. Onder de benamingen van Sᵗ Sebastiaanen Sᵗ Jorisgilde vind ik ze in de stadsrekening van 1421-1422 vermeld.

De gezellen van Sᵗ Sebastiaan hadden een eigenaardig kleedsel, dat bestond in eenen groenen frak, gele vest en broek en witte kousen; de gezellen van Sᵗ Joris droegen eenen scharlaken frak, witte vest broek en kousen.

Al de Vlaamsche gemeenten bezaten eene of meer dergelijke gilden. In feesten en schietspelen verbroederden zij met elkander. In die verbroedering en samenwerking vindt de geschiedschrijver eene verklaring van de onverwinbare strijdmacht, die de Vlamingen tegen den vijand konden stellen, wanneer hunne rechten en vrijheden gevaar liepen, schipbreuk te lijden.

Aan een schietspel, dat ten jare 1517 te Dixmude gegeven werd, namen de maatschappijen deel van de volgende gemeenten : St Omaars, Komen, Halewijn, Hondschote, Duinkerke, Atrecht, Gent, Nieuwpoort, Loo, Kortrijk, Ieperen, Boesinghe, Belle, Bergen, Veurne, Hazebroek, Oostende, Eecloo, Stavele, Poperinghe en Elverdinge.

Minstens éénmaal per jaar werden prijsschietingen gegeven en het plaatselijk bestuur liet nooit na, de deelnemende maatschappijen den eerewijn aan te bieden.

Het ware te lang om de samenstelling en de reglementen dezer gilden hier te bespreken. Alleen dient gezegd dat zij bestonden uit eenen keizer, eenen koning, eenen hoofdman of deken, éénen of twee berekkers (berekenaars), de gildebroeders, eenen knaap en eenen zot.

De deelnemers betaalden geene vaste bijdragen maar zij stortten elk hun aandeel in de kosten die gemaakt werden.

Om koning gekozen te worden, moest men den oppervogel afgeschoten hebben en wie drij achtereenvolgende jaren den oppervogel afschoot, werd keizer genoemd. Deze was vrij van alle onkosten.

De schuttersgilden waren de eerste weerbare beschermers van de plaatselijke veiligheid.

Op bladz. 64 van deze geschiedenis merk ik aan, dat de kasteelheeren zich niet te groot, te edel dachten om deel te maken van deze burgersmaatschappijen. Dat moet geene verwondering baren, wanneer men bedenkt welke groote voordeelen zij vinden konden door met dezer leden, die vrije burgers waren, in goede verstandhouding te leven.

De gemeentemannen volgden ook den vooruitgang die op krijgskundig gebied ontstaan was, door de uitvinding van het buskruit in de vijftiende eeuw. Ofschoon eerst in 1520, dus langen tijd na de uitvinding van het buskruit gesticht, verdient de St Barbelegilde eene melding. De gildebroeders dezer maatschappij, Busseniers genoemd, oefenden zich in het schieten met het vuurwapen, doelstok en karabijn genoemd, zij droegen voor kleedsel eenen bruinblauwen frak, witte vest en broek en reiskousen.

St Sebastiaan, St Jorisgezellen en Busseniers hadden hun eigen lokaal en kregen voor het geven van schietspelen en voor het doen van bijzonder groote uitgaven, onderstand van het stadsbestuur.

Heden bestaan nog de stalenkruisboogschutters, de handbooggilde van St Sebastiaan en eene andere, die veel later ontstaan is; de handbooggilde Willem Tell alsook de onlangs ingerichte schutters met het karabijn.

DE RHETORIKAGILDEN.

Het waren de Burgondische vorsten die in Belgie de Rederijkerskunst invoerden.

In speelzalen en meest onder de opene lucht, op een destijds zoo genoemd *scharot*, wat men heden eene estrade of verheven plankenvloer zou noemen, voerden de Rederijkers tooneelspelen uit die in twee soorten kunnen verdeeld worden : *Spelen van Sinne* en *Esbattementen*. De eerste waren de nu genoemde treurspelen en de laatste, kluchtspelen, die somtijds zonderlinge namen droegen; onder andere : Dobbelsteerten, Scaecberd, Simpletten, Dobbletten, Ricquerakken, Baguenauden, en Coquerullen.

Zeer vroegtijdig bestonden in Dixmude dergelijke maatschappijen.

De eerste waarvan in de stadsrekeningen melding wordt gemaakt, was de Wijngaard. De rekening van 1410 behelst eene betaling van wijn, aangeboden aan de *ghesellen van den Wincgaerde* die speelden voor de processie.

In 1411 verwierven deze te Ieperen den opperprijs en werd bij hare terugkomst, door het magistraat den eerewijn aangeboden.

Deze gilde bestaat niet meer.

De oudste nu nog bestaande is de maatschappij die voor kenspreuk draagt « *Nu, Morgen niet,* » in de drij eerste jaren was het « Heden Yet ende Morghen niet. » Het volk noemt de gildebroeders eenvoudig «*de Morgennieten*. » De stadsrekening van 1447-1448 maakt er melding van met deze woorden :

« Item ghepresenteert up denselven dagh (H. Sacramentsdag) den gheselscepe van *Heden Yet ende Morghen niet*, die speelden in de verchieringhe van der processie ij (2) kannen wijns van vi (6) grooten den stoop comt xviij (18) s. p. (schele parisis).

De stadsrekening van 1449-1450 vermeldt ook de gilde « Scerpduer » die even als de « *Morgennieten* » nu nog bestaat.

Beide gilden hebben lang gewedijverd en wedijveren nog om te bewijzen wie van haar de oudste is.

Indien bovenstaande stadsrekening niet voldoende ware, zou men kunnen de uitspraak door het magistraat in 1577-1578 gegeven raadplegen waarin gezegd wordt :

Nu Morghen nyet is d'oudste Tytle van Rhetorycke binnen deser stede en overzulcx sal vooren gaan in pcessie (processie) en ooc eerst speelen ghelyc zy van oude tyden ghedaen heeft »

Verder wordt nog gewag gemaakt van eene Rooyaardsgilde en eene « Van Sinnen jonc. »

Zeer belangrijk waren deze maatschappijen. De Morgennieten onder andere waren in 1683 ten getalle van 85. Deze maatschappij was samengesteld uit *mans en jonghmans*; onder de eerste waren de hoofdman, de prins en de twee berekenaars gekozen; zij had ook eenen knaap of bediende en eenen zot. Wanneer iemand wilde deel maken van de gilde werd hij voorgedragen en *gedoopt*. Dat doopsel geschiedde met bijzondere plechtigheid, en volgens de tijdsomstandigheden werden kinderen van zeven jaren aangenomen. Zoo iets had plaats bij laatstgenoemde gilde ten jare 1693, om reden dat, ter oorzake van den oorlog, vele goede spelers afstierven. Deze nieuwgedoopte kinderen werden tot hun achttiende jaar onder de bescherming der gilde genomen en waren vrij van alle onkosten.

Bij het noemen van den hoofdman werden ook groote plichtplegingen gemaakt.

Het volgende kan daarvan een voorbeeld zijn :

Toen in 1695 dh^r *Michiel Lieven F^s dh^r Louis* tot hoofdman gekozen werd droeg men het volgende gedichtje voor :

» Wanneer dat eenigh vorst neemt d'heerschappy in handen
Van syn geërfde goet, oft ingehulde landen,
Hy belooft eerst vooral dat hy sal voorenstaen
Syn volck, hun recht en goet : dit dient van u ghedaen. »

Daarna zegde een der gildebroeders hem.

» Mynheere, ghy belooft ons tytel te regieren?

De hoofdman zegde : » ja »

» Haer eere voor te staen   —   » ja »
» Haer seden en manieren
» Te houden op hun ploey   —   » ja »
En nimmer geen consent
Dat haer voorrecht oft goet van iemant sy geschent » ja »
» En wy op d'ander sy oock al te saem beloven
» Te syn u onderdaen en nimmer laeten rooven
» Oft nemen u respect : te doen dat ghy ghebiet
» Soo helpt ons d'opperheer, die hert en nieren siet. »

Al de tegenwoordige leden zegden overluid « ja, ja ! wij beloven ! »

De gildebroeders van « Nu, Morgen niet, hadden, van in de vroegste jaren, hun reglement, dat, te lang is om hier opgenomen te worden. Ik kan evenwel niet nalaten de volgende uittreksels uit de beslissingen aan te teekenen :

Actum den 5 X^{bris} 1766.

« Is geresolveerd op het expres versouck van den hooftman ende met agreatie van de confreers, van nu voor alsdan maer alleenlyk te kiezen eenen prince, alsoock te versaemelen de jonghmans, die nu voor altydt sullen in de cathalooge staen, elck volgens ouderdom van dopsel, alsoock dat, om te eviteeren alle voordere difficulteyten, die tot nu toe gerencontreerd geweest hebben, dat de jonghmans sullen in alle oncosten betaelen nevens de mans, hooft en hooftsgelyken, dat sy sullen gedaghvaert worden op alle resolutiën ende *vois* hebben gelyck de mans, dat de alve daghvaerden sullen voor altyt volle daghvaerden syn, de tonne bier zoo op Vette Sondagh als Drie Coninghdagh sal besorght worden door den actueelen prince in het trecken van den coninck. Dat sal geschieden soo onder mans als jonghmans. Den konynck sal vry syn van jaercosten voor dat jaer dat hy konynck valt, nemaer waer het gheviele dat iemant tot dry mael naervolghende, konynck wierde die men alsdan noemt keyser, sal voor syn leven vry syn van jaercosten.

Aldus ghedaen date als boven 't oorkonden Pr P^s Van Hille, Carel Baeckeroot als oudt prince van dat jaer 1766, M^s A^r Adet, J. J. Roelant, J^s Van Viane, J. J. Zants, J. J. Zants, de jonghe, Joseph Leire, Jacobus Tant.

« Den 1 Maerte 1767 geresolveert, met den 8 Maerte eerstcomende tot ende met den Alderheylighen inclus door ieder confreere te geeven een stuyver ter weeke, sullende uytbrenghen in den voorseyden tydt voor elck confreere vyf permissieschellinghen, dit tot vinden ende eviteeren de groote oncosten, die telckens in het speelen ghesupporteert worden; hebbende ieder confreere de faculteydt van denselven inlegh teenderwerf te geeven binnen de aght daeghen naer daete deeser ofte wel te betaelen in advanche soo veel ieder sal gheraedigh vinden. »

Een volgende uittreksel heeft betrek op de gildeknapen.

Buiten de vaste betaling, die zij genoten, mochten zij op iedere ton bier, die in de gilde gedronken werd, drij stoopen hebben, waarmede zij mochten doen naar beliefte. Op de kamervergaderingen mochten zij geenen drank van de gildebroeders ontvangen.

De titelgilde « Scherpdeur » was omtrent op denzelfden voet ingericht en telde in 1723, 37 mans en 10 jonkmans; in 1724, 39 mans en 12 jonkmans, in 1725, 40 mans en 10 jonkmans.

Evenals in de schuttersgilden, waren de leden der rederijkersgilden niet verplicht eene vaste bijdrage te betalen, maar zij moesten elk hun aandeel geven in het bestrijden der onkosten door hunne vertooningen veroorzaakt. Zij genoten ook somwijlen onderstand van wege het stadsbestuur wanneer zij speelden.

Deze spelen en vertooningen waren zeer talrijk; al de rederijkers van de omliggende steden en dorpen werden uitgenoodigd, de spelen te komen bijwonen en eraan deel te nemen, en talrijk ook waren de bijtredingen.

De rederijkersvertooningen waren langen tijd de eenige oefeningen op letterkundig gebied in Vlaanderen en de voorgedragene stukken lieten vaak onder opzicht van degelijkheid en letterkundige waarde veel te wenschen.

Vertooningen geven, vooral in de opene lucht, was eene ware ziekte geworden. Niet alleen de herkende gilden gaven er, maar ook de bewoners van de verschillende wijken en buurten der stad.

De stadsrekening van 1559-1560 maakt melding van de volgende wijken en buurten :

1° De gezellen van *Ghebreke*.
2° Die van *'t Lant van Ysoyen*.
3° Die van *Quade Hoofden*.
4° Die van *Westuut*.
5° Die van *Keyseryche*.
6° Die van *Vrauwenprochie*.
7° Die van *'t Land van Royen*.
8° Die van *Zuerlant*.
9° Die van *Crancke Neeringhe*.

Andere rekeningen melden nog,

1° Die van de Heerlichede van *Dwynghelandt*.
2° Die   „   in de *Wulghendyc*.
3° Die   „   van *Achtervroet*.
4° Die   „   *Prinche van Ghenouchten*.
5° Die   „   *Scoofveghe*.
6° Die van de *Medelyders van den Dood van Maria*.
7° Die van de *Doornekroone*.
8° Die van de *Kruisgilde*.
9° Die van de *St Andriesgilde*.
10° Die van *Crougniers*.
11° Die van de *Lelieblom*.

Ten minste éénmaal, veeltijds meermalen per maand, hadden rederijkersspelen plaats.

Vooral de processiën en de ommegangen van den

Ezelspaus op Allren kynderen dach (1) en de herinnering van groote daden of de feesten ter eere van de kasteleinen waren gelegenheden, die men niet liet voorbijgaan zonder vertooningen in te richten.

Zooals men ziet waren de voorouders liefhebbers van den maatschappelijken omgang. Deze was de oorsprong van hunne macht, eene bron van genoegens en eene aangename en edele afwisseling van het dagelijksch werk.

Heden bestaan nog zeer vele gilden. Men vindt ze op bladz. 17 vermeld.

BEROEMDE MANNEN EN VROUWEN.

Welke stad, welk dorp vereert de helden niet, die het vaderland en hunne geboorteplaats verheerlijkt hebben? Ieder is er fier over te kunnen zeggen : « deze mannen waren mijne stads- of dorpsgenooten. »

Ook ik ben van het getal dergenen die liefde, genegenheid en fierheid gevoelen voor de mannen en vrouwen, die de geschiedenis van een volk hebben opgeluisterd en met innig zelfsgenoegen schrijf ik de namen der helden neer, die ik met dankbaarheid mijne stadsgenooten noem. Hun ter eere wezen de volgende levensbeschrijvingen aangehaald.

(1) De ommegang van den Ezelspaus was een ommegang waar een persoon, in paus verkleed op eenen ezel en in kostuum rond reed, gevolgd van eenen ezelsbisschop, volgelingen en knechten. Deze plechtigheden hadden plaats in de 14e en 15e eeuwen.

JOANNES, Abt te Waasten.

De grijze oudheid spreekt van zekeren abt Joannes, broeder in de abdij van Waasten, geboren te Dixmude. Hij was een der geleerdste mannen zijner eeuw (1280) (1).

DE KEYZER.

Frans De Keyzer, bijgenaamd Cæsar, was een uitstekend godsgeleerde. Hij heeft schriften nagelaten over het Magister Sententiarum, eene verhandeling over de kloosterbeloften en een dichtwerk, getiteld : Vita Sancti Bernardi, gedrukt te Parijs in 1483. Hij was pater van de abdij der Duinen in 1293, na de godsgeleerdheid onderwezen te hebben aan de hoogeschool van Parijs.

FRANS BAUDIMONT.

Deze was een Dixmuudsche dichter. Hij heeft gedichten nagelaten, die overgenomen zijn in de werken van Jacob Sluper.

NIKOLAAS BOIDIUS of BODE.

Hij was bewaker van het klooster der Minderbroeders te Dixmude en heeft een verweerschrift (apologie) geschreven tegen zekeren Americ, die over de verschijning der geesten geschreven had (2).

(1) Handschrift.
(2) Van de Putte, Histoire de Dixmude.

FRANCISCUS ROOMS of ROMERE.

Franciscus Rooms of Romere was geboren te Dixmude en kanunnijk der abdij van Vormezeele, waar hij in 1349 abt gekozen werd. Hij was zeer geleerd en verstandig, zeer geëerd en geprezen om zijne uitgebreide kennissen en overleed na zes jaren het kerkvoogdijschap zijner abdij bekleed te hebben (1).

ZEGHERUS.

Zegherus leefde in 1432 en was derde primus in de hoogeschool te Leuven.

JACOB van DIXMUDE.

In den loop van 1483 stierf te Brugge, Jacobus Schelewaert, pastoor van S\ Salvatorskerk, alwaar men zijn opschrift, op eene koperen plaat geschreven, nog lezen kan. Schelewaert, geboren Dixmudenaar, was een vermaard godsgeleerde en meer bekend onder den naam van Jacobus de Dixmuda, naar den naam zijner geboorteplaats. Deze man was doctor in de godsgeleerdheid bij de hoogeschool van Parijs, waar hij omtrent het midden der 15[de] eeuw eene thesis verdedigde over de schaking van Judith door Boudewijn met den IJzeren Arm. Later onderwees hij zijn vak in de hoogeschool van Leuven, waar hij in 1461 een kanonikaat in S\ Pieterskerk bekwam. Van daar ging hij naar Brugge en stierf als pastoor der S\ Salvatorskerk in 1483 (2).

(1) An. Soc. Em. B. V. I.
(2) Piron, Algem. beschrijving der mannen van België.

PIETER VAN DIXMUDE.

Sanderus, maakt in zijne Flandria Illustrata, 3ᵃ boekdeel, melding van zekeren Pieter van Dixmude, die zeer bekend was om zijne Vlaamsche volksgedichten. Hij leefde omtrent het jaar 1525.

FILIP DEPLOUY of DUPLOUY.

In zijne « Beschrijving der mannen en vrouwen van België » spreekt Piron van Filip Deplouy, geboren te Dixmude en meer bekend onder den naam van Sᵗᵃ Maria. Deze man onderwees de wijsbegeerte en de godsgeleerdheid in zijn klooster, was overste van verscheidene kloosters, onder andere van het klooster van Sᵗ Albertus te Leuven en werd biechtvader van prins Karel van Lorreinen, hertog van Aumale en pair van Frankrijk (1).

Hij stierf te Brussel in 1653, nalatende verscheidene werken, waarvan eenige gedrukt en andere in handschrift bewaard zijn (2).

VAN DEN BERGHE of MONTANUS.

Thomas Van den Berghe, gezegd Montanus, werd geboren te Dixmude ten jare 1615. Zijn vader, Robert Van den Berghe, geneesheer, bewoonde dezelfde stad en zond zijnen zoon naar de hoogeschool van Leuven, waar hij het getuigschrift verkreeg van bevoegde in de geneeskunst den 11 Juli 1639. Hij oefende eerst zijn

(1) Hommes remarquables de la Flandre.
(2) Piron, Algem. beschrijving der mannen van België.

vak uit gedurende verscheidene jaren te Gent en daarna te S‍t Winoxbergen, waar hij in 1645 het bestuur van een hospitaal had. Later vestigde hij zich te Brugge, waar hij, voorafgegaan door zijne groote vermaardheid, welhaast de algemeene achting en het grootste vertrouwen verwierf. In 1656 noemde hem het stadsbestuur doctor- raadpensionnaris en drij jaren later droeg de overheid van het Brugsche Vrije hem dezelfde waardigheid op. In 1660 werd Montanus eerste geneesheer van het burgerlijk hospitaal. Deze plaatsen bekleedde hij waardiglijk tot aan zijnen dood, 8 April 1685.

Het was op het voorstel van Montanus dat op 12 October 1662 te Brugge de S‍t Lucasgilde werd opgericht. Deze instelling had voor doel de waardigheid van het vak te verheffen, de miskende en verstoorde orde en zedigheid te herstellen vooral in de raadplegingen en de eer, de achting en de vriendschap onder de ambtsbroeders te doen heerschen. Montanus zat deze maatschappij voor in 1664 en 1665.

Van den Berghe heeft een werk nagelaten, te Brugge in 1669 bij Lucas Kerchove gedrukt. Het is een boek van 184 bladz. in 4° en draagt voor titel : Qualitas loimodea sive pestis, Brugana anni 1666, hippocratico-hermetice discussa per Thomam Montanum Dixmudensem, rerumpublicarum Brugensium et Franconatensium physicum ordinarium. Opus pro hac præsenti peste anni 1669, præservandâ et curandâ utilissimum.

Het stoffelijk overschot van Montanus werd begraven in de kerk der Recolletten te Brugge, onder eenen witten steen, die het volgende opschrift draagt :

SEPULTURE
VAN D'HEER ENDE MEESTER THOMAS MONTANUS
DIE OVERLEET DEN 8 APRIL 1685.
ENDE VAN JONKV. MARIE VAN SANDYCKE
OVERLEDEN DEN 16 DECEMBER 1720.
R. I. P.

Te zijner nagedachtenis werd in den muur een tweede grafsteen geplaatst, met het volgende opschrift:

D. O. M.
HOC MONUMENTUM SIBI
MORTUO VIVIS ELEGIT
EXPERTISSIMUS DOMINUS
D. THOMAS MONTANUS
DIXMUDANUS
BRUGARUM ET FRANCONATUS
MEDICUS.
ALIOS CURAVIT SAEPE PLURIMOS
SE IPSUM CURARE SEMPER NON POPUIT
VIVERE DISIIT 8 APRILIS 1685.
QUEM JUXTA, SEPULTA EST
CONJUX EJUS, DOMICELLA
MARIE VAN SANDYCKE
D. JOANNIS FILIA
QUÆ OBIIT 16 DECEMBRIS 1720.
ÆTATIS 80.

Dr De Meyer, geneesheer te Brugge, heeft eene levensbeschrijving van Thomas Montanus gemaakt, versierd met dezes afbeeldsel en een namaaksel van zijn geschrift.

CATHARINA DE COSTER.

In een dichtstuk getiteld : « Liefdadigheid » en door Mevrouw Van Ackere-Doolaeghe voorgedragen op een liefdadigheidsconcert, zingt de duurbare dichteres, sprekende over de weldadigheidsgestichten te Dixmude :

Geeft, rijken! geeft wie geven kan!
De hoogste deugd toont menschenwaarde!
Hier, spreekt er menig *hulphuis* van,
Het nuttigste geschenk der aarde.

o! Gaan we daar nooit koud voorbij,
Waar *Catharina* de eerste weezen,
Als *moeder* opnam. — Mochten wij
Dat voorbeeld immer waardig wezen!

Dat voorbeeld spoorde 't meêlij aan,
En, dank aan giften, mild geschonken,
Mocht menig liefdesticht ontstaan,
En hier als prachtkasteelen pronken.

Zingt, *Hulpgebouwen!* zendt naar 't zwerk
Uw danklied voor die eedle zielen,
En roemt aan de eeuwen 't liefdewerk,
Waarvoor wij in bewondering knielen.

Deze dichtregelen spreken luid ten voordeele der weldadigheid in het kleine West-Vlaamsche stadje.

En die woorden zijn waarheid, loutere waarheid, zonder bluf. Wie onze twee weezengestichten aanschouwt heeft niets dan loftuigingen over voor de edele stichters. Maar kennen al mijne medeburgers haar, die den eersten steen legde tot het oprichten dezer nooit volprezene weezenhuizen?

Zij was de ongehuwde dochter van Wilhelmus De Costere en beneficiante van de arme-meisjesschool ten jare 1638.

Zij was de eerste die aanzienlijke bijdragen schonk tot het bouwen van een weezengesticht. Toen het gebouwd was, stelde zij zich aan het hoofd om zelve die kinderen te leeren lezen en schrijven, naaien en spinnen; vervolgens stichtte zij elf beurzen tot onderhoud der weezen zoo uit de stad als uit den vreemde. « Heilig » zegt Mevrouw Van Ackere « is de nagedachtenis der liefdadige weldoenster » en ik voeg er bij : « groot zijn zij, die uitstekende talenten bezitten, maar grooter, roemrijker nog zijn deze, die geleerdheid, geld en goed, ja alles geven wat zij bezitten ten voordeele der ongelukkigen, welke van de hulp en de genegenheid van minnende ouders beroofd zijn. »

Catharina's broeder, Antoon De Costere, gaf ook, naar het voorbeeld zijner zuster, veel van zijn vermogen ten voordeele van het *Weezenhuis*.

BEECKMAN.

Elyas Beeckman verdient ook in de rij der beroemde mannen van Dixmude eene plaats te bekleeden.

Hij was kapitein in eene afdeeling voetknechten van het regiment onder 't bevel van den kolonel de Mauregnault, alhier in garnizoen, toen hij in 1667, na een onbeduidend krakeel, door zijnen vriend, den kapitein Drijwegen verraderlijk doorstoken werd, dicht bij de Groote Markt, tegenover de herberg « den Keizer » in de Kiekenstraat, nu waar zich thans het huis van den heer Quatannens-Claus bevindt.

Elyas Beeckman was bekend als een dapper krijgsman. Het was vooral door zijn heldhaftig gedrag bij de verdediging van Aardenburg (Zeeland) dat hij zich onderscheidde.

De bezetting had de stad geruimd en hare bewaring aan Beeckman, toen vaandrig, met negen en dertig soldaten toevertrouwd, wanneer plotselings een Fransch leger Aardenburg omringde en dezes overgaaf eischte. Beeckman weigerde stellig naar alle voorstellen te luisteren en, met de hulp van gansch de bevolking, zoowel mannen als vrouwen en kinderen, gelukte hij erin de aanvallen der Franschen gedurende verscheidene dagen te wederstaan, totdat het Fransch leger bij de nadering der Hollandsche krijgsmacht zijne tenten opbrak (1).

(1) Naar een handschrift.

JAN LOMBAERT.

Jan Lombaert was volksdichter, tooneelliefhebber en lid van de rederijkergilde « Nu, Morgen niet. » Hij was volgens het register van « Nu, Morgen niet, » (1682-1763) de eerste poëet en comicus van Vlaanderen en van hem heeft de gilde vele diensten ontvangen. Hij stierf in 1689.

KAREL VAN POUCKE.

Karel Van Poucke zag het eerste levenslicht te Dixmude den 17 Juli 1740 en was de zoon van Karel en Maria De Marck. Van zijne kindschheid af toonde hij aanleg voor de beeldhouwkunst, in welke hij in zoo hooge mate schitterde. In zijne eerste jeugd vermaakte hij zich met beeldekens te vormen van was en klei, en zijne ouders, om zijnen lust te voldoen, zonden hem naar Brugge bij zijnen oom, Jan Van Poucke, om er de lessen der akademie bij te wonen. Later werkte hij bij den beeldhouwer Hendrik Pulinx te Gent.

Mr Goethals, in zijne « Histoire des Sciences et des Arts » zegt, dat hij in 1763, op drijentwintigjarigen ouderdom naar Parijs trok, waar de beeldhouwer Pigal zich beijverde om aan de beeldhouwkunst eenen zuiverderen smaak en de beredeneerde navolging der oudheid te geven; maar hij verbleef in deze stad alleen den noodigen tijd tot het verbeteren zijner studien. Italië was het doel van zijne reis en Rome het voorwerp zijner liefde.

Toen hij nog zeer jong was, had hij kennis gemaakt

met twee landgenooten Suvée en Muynck; deze betrekking, versterkt door de wederzijdsche achting en eene zeldzame eenstemmigheid van genegenheid en smaak, ontstaan te Parijs, versterkte zich nog te Rome. Alle drij zwoeren, elkander niet te vergeten, noch in voorspoed, noch in tegenspoed. Een enkele van de drij, min gelukkiger dan zijne twee vrienden, scheen hunne vriendschapshulp noodig te hebben; de vriendschap was trouw: Karel Van Poucke vooral, hield niet op aan Andreas Muynck de rechtzinnigste bewijzen van eene belanglooze genegenheid te geven.

Eene andere betrekking, te Rome zelve aangeknoopt, met den schilder Valcke van Ieperen, was niet minder innig en eerbaar voor de twee kunstenaars. Gelukkiger dan zijn vriend, nam hij dezen bij zich en ondersteunde hem uit al zijne krachten.

Zijn eerste voortbrengsel, het proefstuk van zijnen beitel, is bewaard te Rome in het godshuis S[t] Juliaan der Vlamingen, eene der wijkplaatsen, welke de liefdadigheid onzer voorouders in de hoofdstad der katholieke wereld had vermenigvuldigd en waar de gemoedelijke en hartelijke herbergzaamheid van den schilder Muynck zoo gaarne, bij gemis aan bedevaarders, de Belgen aannam, welke de kunstliefde in deze classieke stad deed toestroomen. Het gewrocht van Van Poucke is eene groep van Carraarsch marmer, naar eene vrome overlevering, de Heilige Maagd voorstellende, die het bedevaartskleed aan S[t] Juliaan aanbiedt.

Schranderlijk opgevat en juist uitgevoerd staat het achter in de kapel, en het licht van boven aangebracht door het gewelf werpt er eene schilderachtige harmonie over. Dat werk, dat de plaatsnijder Lonsing, door bijzondere vriendschap met den maker verbonden, met zijne stift weergaf, bevestigt de hoop die men opzichtens Van Poucke's voortgang koesterde. Hij maakte nog een half verheven beeldwerk (bas-relief) voor zijnen landgenoot L. E. Van Outryve (1774) dat hij voor de kerk van St Norbertushospitaal te Rome bestemde.

Eenige beeltenissen, gelukkig bewerkt en gelukkiger nog door hare gelijkenis, hielpen mede om hem vermaardheid te geven.

Na een tweejarig verblijf in deze stad werd hij naar Napels geroepen door Ferdinand IV, die nog zeer jong met Maria Carolina, aartshertogin van Oostenrijk trouwde. Hij vervaardigde er de borstbeelden van den koning, de koningin en hunne drij kinderen. Hij maakte ze af met zulk goed gevolg, en zoo zeer naar den smaak van zijne meesters, dat de keizerin Maria-Theresia hem gelastte ze een tweede maal voor haar te maken.

Zelf zijne gewrochten aan de doorluchtige keizerin willende overhandigen, vertrok Van Poucke naar Weenen in 1776. De keizerin onthaalde hem met de natuurlijke welwillendheid, die haar eigen was, zij zou hem onmiddellijk onder het getal der kunstenaars des hofs aangenomen hebben, zoo men haar niet had doen opmerken, dat niets in deze borstbeelden getuigde, dat de maker ooit uit den zwerm der gewone kunstenaars zou treden.

Niettegenstaande dat, mocht het onthaal hetwelk hem te beurt gevallen was hem eene schoone belooning doen verhopen; inderdaad de keizerin, volgens haar edel karakter, beloonde hem koninklijk; buiten de som van 800 ducaten, den prijs van zijn werk, schonk zij hem, ten blijke harer hooge voldoening, eenen met briljanten versierden ring en eene gouden snuifdoos die 9 oncen woog.

Wanneer hij naar het hof terugkeerde om afscheid te nemen, werd hij nogmaals aan de keizerin voorgesteld, ditmaal met den kunstenaar Jozef Fernande, zijnen vriend. Deze grootmoedige vorstin gaf aan beiden eene gouden medalie, hare beeltenis en 50 dukaten voor reiskosten, zij verzekerde daarbij aan Van Poucke in het bijzonder de bescherming van Prins Karel van Lorreinen, gouverneur van België.

Van Poucke verkreeg gemakkelijk het vertrouwen en de achting van dezen goeden vorst. Het was dan dat hij zich, reeds door zijnen naam en door krachtige aanbevelingen voorafgegaan, te Gent ging vestigen, waar hij, door de mildheid van eene geleerde en kunstminnende geestelijkheid, de groote middelen vond om al de kracht van zijn talent te ontwikkelen.

Hij verlangde evenwel vurig zijne ouders weer te zien: den 26 September 1776 ontving hij een schitterend onthaal te Brugge, welke stad zich beroemde hem gevormd te hebben. Ook bleef hij eenigen tijd te Dixmude.

Gent, zijne aangenomene stad, verhaastte zich hem verscheidene groote werken te bestellen. De St Baafskerk, zelve een prachtig gedenkteeken van bouwkunst en reeds zóó rijk aan gedenkteekenen van schilder- en beeldhouwkunst, verlangde zijn beitelwerk. Hij moest de reusachtige standbeelden maken van de HH. Petrus en Paulus. Maar het was hem volstrekt onmogelijk zich oogenblikkelijk van die taak te kwijten; want gedurende zijn verblijf te Rome had hij de verbintenis aangenomen verscheidene werken in die stad uit te voeren. De bisschop gelastte hem, zelf het marmer te kiezen, dat hij voor zijne standbeelden zou noodig hebben.

Het was ten tijde van zijne tweede reis naar Rome dat hij den grooten Canova zag, en de studie der meesterwerken van dezen kunstenaar bracht misschien aan het talent van Van Poucke eene schakeering bij, die niet zonder verdienste is.

Hij verzamelde een oneindig getal voorwerpen van beeldhouw- en andere kunstwerken; hij maakte zelfs vele teekeningen. Zoo had hij geschikt, zich voor lateren leeftijd, het genot voor te bereiden, dat de droombeelden der jeugd vereeuwigt. IJdele hoop! Al deze rijkdommen, vervat in 24 kisten, waren aan een broos vaartuig toevertrouwd, dat op de reis vóór Barcelona verging.

Hij gebruikte den tijd, dien hij moest doorbrengen vooraleer een ander schip te ontmoeten, met eene andere verzameling te bereiden, min rijk wel is waar, dan de eerste. Van Poucke had deze tweede verzending vergezeld: hij kwam te Oostende aan in September 1778.

Te Gent in September 1778 teruggekeerd, zette hij zich aan het werk en haastte zich, de gevraagde standbeelden te maken.

Alhoewel zij ophef maken in hunne zwartmarmeren nissen, is het nochtans ontegenzeggelijk voor den kenner dat de kunstenaar er te veel marmer aan verkwist heeft. Hij had de gelegenheid gehad betere toonbeelden te zien; doch daar hij meermalen het grootste getal zijner werken naar zijn beeld maakte, zijn deze dik en zonder bevalligheid. Weinigen tijd daarna, in 1782 maakte hij nogmaals voor de St Baafskerk den grafzerk van den bisschop van Eersel, vergelijkbaar volgens eenigen aan hetgeen de beeldhouwer Canova het dichterlijkst en bevalligst gemaakt heeft. Indien de opvatting de algemeene goedkeuring kan verdienen, toch is het vast, dat de uitvoering van deze twee standbeelden veel te wenschen laat. Dit van het Geloof is van hem niet; het is van den Brusselaar Janssens. Dat gedenkteeken is zeker ver van misplaatst te zijn bij de werken van Jeroom Du Quesnoy en van Verschaffelt, maar men moet bekennen, tot eer van den eersten, dat het dezelfde bewondering niet verwekt en deelt. De St Baafskerk is aan Van Poucke nog andere verfraaiingen verschuldigd; de twee zijkapellen van den grooten beuk zijn uitgevoerd naar zijn gedacht en zijne teekeningen, in den aard der heiligdommen van Italië. Hij volvoerde insgelijks den kleinen zerksteen van Palfyn in de St Jacobskerk.

De kerk der Abdij van Baudeloo, te Gent, thans in openbare boekenzaal herschapen, kreeg insgelijks ook voortbrengselen van zijnen beitel. St Salvator te Brugge, bestelde hem, omtrent 1780 de hoofden der vier evangelisten, die den predikstoel versieren. Deze kerk bezit nog van dezen beeldhouwer, het standbeeld van het Geloof, dat den grafsteen van den bisschop Caïmo versiert. Uit den vreemde kwam men ook de medewerking van zijn talent aanvragen voor de verfraaing van tempels en paleizen. Een grafzerk van Van Poucke versiert de St Pauluskerk te Londen. Het laatste gewrocht dat hij uitvoerde, was het standbeeld der Hoop, hetwelk het H. Sacramentsaltaar van St Martinuskerk te Ieperen opluistert.

Ten tijde der weergeboorte der kunsten, na het tempeest der omwenteling, vertrouwde de middenschool van het departement der Schelde hem een leeraarsambt; het instituut van Frankrijk en de akakemie van St Lucas te Rome voegden hem zich toe in de hoedanigheid van briefwisselaar en leeraar.

Bestuurder van de teekenschool te Gent van welke hij de snelle vorderingen zag, hielp hij ook met al zijnen invloed mede tot het oprichten der maatschappij van Schoone kunsten in 1808. Hij aanvaardde er de taak van eerevoorzitter en, willende meer rechtstreeks nuttig zijn, alhoewel hij reeds eenen hoogen ouderdom bereikt had, nam hij tezelven tijde de bedieningen waar van bestuurder der klas van beeldhouwkunst.

Hetgeen te verwonderen is, is dat zijne geboortestad geen enkel kunstwerk van hem bezat, toen het verheven en mild gedacht van den oud-burgemeester De Breyne-Peellaert, deze leemte aangevuld heeft met aan de stad het kunstvoorwerp te schenken, waarvan op bladz. 230 melding gemaakt werd.

Van Poucke stierf te Gent den 12 November 1809, in den ouderdom van 69 jaar, na eene langdurige ziekte, die dikwijls de hoop met de droefheid deed afwisselen en gedurende de welke hij meer dan eens de gelegenheid had, de godsdienstige gedachten te doen kennen, die hem steeds bezielden.

Zijne lijkplechtigheden hadden plaats te midden zijne meesterstukken in de hoofdkerk van St Baafs, die gansch in rouw gehuld was.

Hij was een rechtschapen en eerlijk man. Onderstane beproevingen in zijne jeugd hadden hem de waarde van het geld doen kennen en hij behield gedurende gansch zijn leven den lust om er te vergaderen; zijne vrouw hielp van haren kant om dezen drift aan te vuren. Na zijnen dood, wanneer men de plaasteren borstbeelden wilde verplaatsen, deden deze door hunne zwaarte het vermoeden ontstaan dat Van Poucke er geld in geborgen had, en inderdaad, men ontdekte er aanzienlijke sommen in. Voor zich zelven alléén streng zijnde toegevend voor anderen, vriend der orde, gehecht, tot angstvalligheid toe aan het stipt volbrengen zijner plichten als godsdienstig man en burger, was hij een begaafd en zedig man, hij vermenigvuldigde zijne weldaden en was daarbij bescheiden. Rechtmatige rouwklachten hebben zijne laatste oogenblikken vereerd (1).

PIETER BORTIER.

Gaarne zou ik aan mijne lezers eene uitgebreide schets mededeelen van den oprecht verdienstelijken man, wiens naam hierboven gemeld is; doch de heer Gustaaf De Breyne-Du Bois heeft dat zoo meesterlijk en humoristiek gedaan, dat mijn schrijven er maar eene schaduw bij zou wezen. Ik wil mij dus bepalen met eenige bijzonderheden en eenige aanhalingen uit den schrijver van de « Biographie de Pierre Bortier. »

Pieter Bortier, zoon van Antoon en vrouw Sophia Van der Heyde, werd geboren te Dixmude, den 10 Juni 1805. Zijn grootvader, de heer Pieter Bortier was de laatste Ruwaard van Dixmude.

(1) VAN DE PUTTE, Histoire de Dixmude.

« Pieter Bortier toonde, nog zeer jong zijnde, eenen grooten lust vóór het werk. Hij deed zijne eerste klassen te Torhout, zette zijne studiën voort aan het Lyceum van Brugge en was daarna leerling in een handelsinstituut te Parijs, waar hij twee jaren doorbracht.

Op twintigjarigen ouderdom, op dezen leeftijd, in welken het leven zoo schoon en zoo aanlokkend is, bevond hij zich aan het hoofd van een groot fortuin. In plaats van zijne jeugd te verspillen in nutteloos tijdverdrijf en wereldsche beuzelingen, reisde hij met het doel zich te onderrichten, zijne kennissen te vergrooten, zijnen geest te versterken en zijn oordeel te rijpen. Hij bezocht Italië, waar hij voor de kunst bezield werd. Daar werd hij verzot, te gelijkertijd op de muziek van Rossini en de schilderijen van Michel-Angelo.

Hij begaf zich twee malen naar Engeland, reisde Frankrijk door en sleet de laatste jaren van zijn leven te Brussel.

Hij had den geest altijd bezig met nuttige zaken en beijverde zich om goed te doen, zich soms bedriegende, slachtoffer der hersenschimmen, en veel in beweging — heden te Dixmude, morgen te Gistel, eenen anderen dag honderd uren verder — maar altijd geleid en meegesleept door de eerlijkste, de zuiverste, de meest menschlievende bedoelingen. Hij werkte altijd — « *laboremus* » was zijne spreuk — maar op *zijne* manier, zediglijk en verborgen, zonder de goedkeurende blikken der menigte aan te trekken, zonder de toejuichingen te zoeken; noch plaatsen, noch eerbewijzen willende, en alle soorten van eerekruisen kleinachtende, welke hij — wel een weinig menschenhatend — *de speeldingen der menschelijke ijdelheid noemde* » (1).

Onder den titel : Pourquoi ce livre? zegt de heer Gust. De Breyne; « Bortier is geen groot man. Hij heeft geene enkele aanspraak op de beroemdheid. Ik wil hem zelfs in het kleine pantheon niet plaatsen, waar de vermaarde mannen zich bevinden (2). Maar Bortier was ook niet de eerste de beste. Hij stak boven de menigte uit en de menigte herkende hem. In West-Vlaanderen namelijk en bijzonder in het arrondissement Dixmude was hij eene *personnaliteit*. Gedurende vele jaren heeft hij eene onmetelijke volksgenegenheid genoten, en zonderling, eene volksgenegenheid van goeden trant. Zijn naam had dit onverstaanbaar gezag, hetwelk zich van het volk meester maakt. Men noemde hem — de rijke Bortier, hetgeen wilde zeggen : deze ten minste is geen ikzuchtige, geen schattenverzamelaar, geen vrek, geen nuttelooze ; hij doet werken, hij laat leven en doet geene onkosten om zijne eigene ijdelheid te voldoen ; hij doet groote uitgaven voor anderen. Hij is een waardig man. — Dat was de taal des volks en dat was waarheid » (3).

Na deze vraag? « Pourquoi ce livre ? » behandelt de schrijver zijnen held in algemeene trekken, als landbouwkundige, als brochuurschrijver, als staatsman en als wijsgeer. Verder geeft hij zijne beeltenis in woorden weer, haalt vier bijzonderheden aan ; hij beschouwt hem als menschenvriend en als de weldoe-

---

(1) Gust. De Breyne-Du Bois, Biogr. de P. Bortier.

(2) Ik ben niet van het gevoelen van den geëerden De Breyne-Du Bois. Bortier was een nederig geleerde en een menschenvriend bij uitmuntendheid.

(3) Gust. De Breyne-Du Bois, Biogr. de P. Bortier.

ner van Dixmude en eindigt met de beschrijving van het park, welke ik vroeger ontleend heb.

Pieter Bortier werd te Brussel begraven den 15 September 1879. Hij heeft de volgende werkjes gemaakt: Le sel en agriculture, — Cobergher, schilder, bouwkundige en ingenieur, — Distribution d'eau dans la ville d'Ostende, — La tourbe en agriculture, — Boisement du littoral et des dunes de la Flandre, — Tangue ou sablon calcaire marin, — Calcaire à nitrification, — Passé et avenir des anciens ports flamands, — Le littoral de la Flandre au IXe et au XIe siècle, — De la création des jardins gratuits en faveur des ouvriers agricoles prenant leur retraite, — Dépopulation des campagnes, — Plan et coupe de maisons d'ouvriers agricoles, — La question des sucres, — La question de Tervueren, — Matière première pour la fabrication du papier d'impression.

Ik heb reeds gemeld dat Pieter Bortier aan de stad geschonken heeft het kerkje der paters Recolletten, dat tot halle dient en het schoone park, dat den naam draagt van « Park-Bortier. »

Mevrouw VAN ACKERE,

geboren MARIA DOOLAEGHE.

Nog parelen tranen in mijne oogen wanneer ik denk aan de wakkere en verdienstelijke Vlaamsche dichteres die te Dixmude ontslapen is op Maandag 7 April 1884.

Zij was in dezelfde stad geboren den 25 October 1803.

Hare ouders behoorden tot dien burgerstand, die, zegt een harer levensbeschrijvers, eerlijkheid ten blazoen hebben : 't waren stille, rustige lieden, die door noeste vlijt in 't pottebakkersbedrijf den kost wonnen. Zij toonde reeds zeer vroeg veel aanleg tot de dichtkunst, werd daarin eerst en vooral geleid door den heer Pieter Geysen, die ook veel de rijmen liefhad en met haar in rijmen briefwisseling hield; later door den heer De Simpel, evenals Geysen, een liefhebber van de *rijmkonst* en verder door Prudens Van Duyse en alle groote Zuid- en Noord Nederlandsche letterminnaren.

In 1826, op 22-jarigen leeftijd behaalde de dichteres te Ieperen den eersten prijs met haar gedicht «Homerus.»

Mevrouw Van Ackere had eene zware taak in haar ouderlijk huis te dragen. In 1850 schreef Prudens Van Duyse daarover de volgende woorden : « Een zware kinder- en zustertaak rustte op de rijkbevoorrechte » zij had eene bejaarde moeder en eenen sedert jaren kranken broeder, die op haar hoopte. Zij bedroog die hoop niet. Hij, die haar de *Poëzij* had ingestort, had haar tevens den moed van den *Plicht* gegeven ook toen een andere broeder in het huwelijk trad. De dubbele zelfvolmaking van brein en ziel lag haar nauw aan 't harte. Op haar hoofd en op dat eener jongere zuster, Sophia genaamd, bleef de zegen der in hoogen ouderdom zacht ontslapen moeder rusten. Beide zusters ondersteunden elkaar bij 't bedienen van eenen specerijwinkel.

Even als menig Hollandsche handelaar, logenstrafte Maria het Fransche gezegde : style-épicier, esprit-épicier. — Het ging haren handel wél. — De *dag des Heeren* was voor haar ook de dag van *des Heeren*

Dochter, de dichtkunst : Poot verlangde niet sterker dan zij naar zijn studeervertrekje, en ik twijfel, of de landbouwer het wel ooit zoo druk gehad hebbe als de winkelierster van Dixmude » (1).

In 1840 gaf Maria haren eersten dichtbundel « *Madelieven* » uit; sinds 1850 kwamen van haar : *de Avondlamp,* (1850), *Winterbloemen,* (1868), *Najaarsvruchten,* (1869) (2).

Korts voor haar afsterven verbeterde zij den laatsten dichtbundel, die na haar overlijden nog niet verschenen was, maar thans (7 September 1884) het licht ziet.

Zij bezong zoo gaarne hare vaderstad haar vaderland, de kunst, den landbouw, den vooruitgang, de weldadigheid, den huiselijken kring, in een woord, alles wat edel en goed is. Daarom ook telde zij eene groote schaar vrienden, hier en in den vreemde, zoowel onder de burgers als bij de hoogere overheid.

Voor haar puikgedicht « Den lof des landbouws » werden haar van wege 's lands- en het stadsbestuur, tot dank een aantal prachtig ingebonden boeken ten geschenke aangeboden : die besturen wisten op prijs te stellen, « dat eene zedige huisvrouw, eene ware moeder, de schrijfster was van een dichtstuk, dat zoovele schoonheden bevat, dat zóó vaderlandsch is. »

Zij beschreef ook nog in vloeiend proza het leven van hare vriendin, de blinde dichteres Petronella Moens.

In 1836 trouwde zij met den heer Van Ackere, geneesheer, met welken zij 44 jaar het lief en leed des levens heeft gedragen.

(1) Prudens Van Duyse, aangehaald in de uitgaaf van de volledige dichtwerken van Mevrouw Van Ackere.
(2) Vele van hare werken werden vertaald in het Fransch en het Engelsch.

Ten jare 1878 bood de rederijkergilde « Nu, Morgen niet « haar een kostbaar geschenk aan, ter gelegenheid van haren 50ste verjaardag als eerelid der maatschappij.

Bij koninklijk besluit van 3 November 1881, werd zij tot ridder der Leopoldsorde benoemd en den 16 December 1883 (21 dagen later dan het paste) vierde het gansche Vlaamsche land het 80ste verjaarfeest van de alomgeroemde dichteres, haar werd ter dier gelegenheid een prachtig album aangeboden, in hetwelk alle Vlaamsche dichters en kunstenaars van waarde hunne eerbewijzen aanboden bij middel van dicht- en prozastukjes of andere.

Jammer dat de waardige vrouw al die eer, al die hulde, al dien roem niet lang heeft overleefd.

> Zij rust bij 't tweetal, zoo beweend
> En met haar duurbren man vereend :
> Zij volgde hem ten hemel in
> Bij 's vaders eeuwig huisgezin.

(Parodie op het dichtstuk : Tranen op het graf van mijnen duurbaren echtgenoot door vrouwe Van Ackere).

Wat wil ik, nederige schrijver, den lof vermelden van haar, die het voorwerp der loftuigingen is geweest van de grootste schrijvers van Noord en Zuid?

Bij de hulde die haar het stadsbestuur heeft bewezen, met tot haar aandenken, haren naam aan de straat te geven, waar zij woonde, en hem ook op het marmer aan haar huis te vestigen, voeg ik het volgende dichtstukje, dat hoop ik aan mijne stadgenooten zal welkom zijn omdat het voortkomt van eenen Dixmudenaar, even als zij ; van iemand, wien zij zoo menigmaal liefde voor dichtkunst en moedertaal heeft ingeboezemd en hem gesteund heeft op de moeilijke baan van den letterkundige.

HULDEBLIK

Aan

Mevrouw Van Ackere, geboren Maria Doolaeghe,

dichteres,

bij haren tachtigsten verjaardag.

Maria,

Toen Vlaandren diep vernedert lag
 Door Frankrijks overmacht;
Toen 't nergens heil of uitkomst zag :
 Niets dan den donkren nacht;

Toen waart Ge een lustig maagdelijn,
 Verzot op spel en vreugd;
Maar toch kiemde in uw hartelijn
 De koene mannendeugd.

Een rederijker zag den lust,
   Die gansch Uw ziel doordrong;
Hij zag de vonk, die zonder rust,
   Zich zelve een uitweg dwong.

Hij, meester Geysen, zong U voor
   En rijmde brief op brief,
De moedertaal klonk U in 't oor;
   Zij werd Uw hart zoo lief.

Het vonkje smeulde meer en meer
   In Uwe Vlaamsche borst,
Het wierd een gloed zooals weleer
   Bij Hollands dichtren vorst.

Van Duyse zag Uw noeste vlijt
   En schonk U zijne gunst.
Ras klonk Uw naam in Vlaandrens strijd
   Voor eigen spraak en kunst.

Dan galmde in Vlaandren fier de kreet:
   " Vooruit voor eigen taal,
" Zoolang in boei en band gesmeed
   " Door d'onverzoenbren Waal! "

De wakkre strijders zagen ze aan:
   De maagd van 't IJzerstrand,
Die met hen meê ten kamp wou gaan
   Voor de eer van 't vaderland.

En aangemoedigd door hun woord,
Zongt Gij Uw' krachtig lied,
Dat galmde luid van oord tot oord
Op 't Vlaamsche grondgebied.

Geen kinderplicht, geen handelszorg,
Joeg uwen zanglust heen,
Die zich in 't dichterhart verborg
Tot 't avondlampje scheen!....

Dan, in het stille nachtlijk uur,
Terwijl de wereld sliep,
Dan blaakte Uw geest van 't dichtervuur,
Dat hemelzangen schiep.

Dan drong de blik van Uwe ziel
In de arme werkmanswoon,
Waar meenge traan van smarte viel
Op bleeke moederkoon.

Wanneer de Vlaming moedig streed
Dan zongt en juichtet Gij,
En waar een schaamle treurde in 't leed,
Daar deeldet Ge in zijn lij',

De nevel week voor uw gezicht,
't Verleden werd U klaar;
Gij zaagt de helden, wien de plicht
Tot steun diende in 't gevaar.

Gij zaagt te strijden, zaagt hun moed,
   Of winnen of vergaan,
Gij hieft, het dichterhart in gloed,
   Een zege- of treurlied aan.

Nog immer stemt Ge Uw Vlaamsche luit,
   Schoon tachtig jaren oud;
Nog is voor U de kamp niet uit,
   Voor Vlaandrens zelfbehoud.

Viel soms een strijder aan Uw zij,
   Gij treurdet op zijn graf;
En kwamen nieuwe strijders bij,
   Gij stond uw plaats niet af.

Fier staan zij om U heen geschaard,
   En bieden U den krans
Van lauwren, U Mevrouw, zoo waard,
   Maria, heldre star aan Vlaandrens glorietrans.

NAAMLIJST

DER BURGEMEESTERS EN TRESORIERS

DER STAD DIXMUDE,

beginnende met de oudste rekening

1379-1381.

De spelling der familienamen is letterlijk gevolgd, bijzonderlijk in de oudste rekeningen, men zal opmerken, hoeveel verkortingen er gebruikt werden in het schrijven der namen, zooals S'Hasen voor Dehaese, Vassers voor Devassere enz., overigens weinig regelmatigheid.

De rekeningen van 1381 tot en met 1403, 1407, 1408, 1413, 1418, 1419, 1425, 1580, 1581, 1582, 1590, 1591, 1592, 1610, 1613, 1625, 1629, 1630, 1632, 1634, 1637, 1639, 1640, 1643, 1688, 1773, 1792 en 1793 zijn gansch verdwenen.

Deze der jaren 1404, 1405, 1409, 1410, 1415, 1417, 1420, 1421, 1423, 1429, 1436, 1437, 1448 en 1449, ontbreken aan stadsarchieven, doch berusten in de handvesten van het koninkrijk. Al het belangrijkste is er door een lid van het schepenkollegie uit afgeschreven geweest en in stadsarchieven bewaard.

De rekeningen gemerkt met *] bestaan ook allcenlijk in de staatsarchieven te Brussel. De overige zijn alhier ten stadhuize bewaard.

	BURGEMEESTERS VAN SCHEPENEN.	BURGEMEESTERS VAN DE COMMUNE.	TRESORIERS.
1379	Den Laercke Jan.	Den Joncheere Claeis.	Denclaere Jac., Boudaerde Claeis.
1380	Lammens Jan.	Decorenlose Jan.	Id., id.
1404	Vanvalmerbeke Willem	Gheleins P.	'Svroeden Claeis, Collaerds Willem.
1405	Lodewyx Mathys.	Vanvalmerbeke W.	Id., id.
1406	Vanvalmerbeke W.	Eighelin Jan.	Id., id.
1407	Gheleins Pieter.	Vanvalmerbeke W.	Molensteen Jan, Butseels Jan.
1410	Vanvalmerbeke W.	Gheleins P.	Id., Scelewaert Jan.
1411	Id.	Id.	Cathelius Jan, Lammens Jacob.
1412	Id.	Id.	Lammens Jacob, Vasser's Cypriaen.
1414	Id.	Lammens J. Carpels Jan.	Meesters P., Scelewaert Jan. Molensteen Jan.
1415	Mannins Gillis.	'Scarpels Jan. Vanvalmerbeke W.	Prockeels J., Hasen P. Van Bavendamme A.
1416	Vanvalmerbeke W.	Prockeils Jan. Gheleins P.	Molensteen Jan, Haesen P.
1417	Id.	Gheleins Pieter.	Id., id.
1420	Id.	Id.	Hasen P., Scelewaert Jan.
1421	Id.	Id.	Id., Molensteen Jan.
1422	Gheleins Pieter.	'Shasen P.	Molensteen Jan, Blox Cypriaen.
1423	S'Haesen P.	Vanvalmerbeke W.	Scelewaert Jac., Bavendamme A.
1424	Vanvalmerbeke W.	'Shasen P.	Scelewaert Jan, Lammens Jacob.
1426	Lammen Jacob.	Vanvalmerbeke W.	Pelghere Jan, Scouthiete Willem.
1427	Vanvalmerbeke W.	Vanderleye Pauwels.	Meesters P., Peels Ydoor.
1429	Id.	Schelewaert Jan.	Pelghere P., Lodewycx P.
1430	Lammens Jacob.	Demeester Pieter.	Butseele Jan, Plateels Andries.
1431	Depelghere Pieter.	Id.	Id., id.
1432	Butseel Jan.	Depelghere Pieter.	Schelewaert Jan, Peel Ydoor.
1433	Id.	Meesters Pieter.	Peels Ydoor, Plateels Andries.
1434	Depelghere Pieter.	Butseel Jan.	Id., id.
1435	Butseels Jan.	Meesters Pieter.	Id., id.
1436	Meesters Pieter.	Rycwaert Jans.	Id., id.
1437	Id.	Id.	Id., id.
1438	Id.	Lammens Jacob.	Ryckwaert Jans, id.
1439	Melchior van Dixmude	Dehoesche Victor. Degoede Bern[d].	Schelewaert Michiel, Devroloose Denys
1440	Depelghere P.	Warmoes Jacop.	Id., id.
1441	Warmoes Jacob.	Mushoore Jan.	Peel Isidoor, Rycwaert Willem.
1442	Depelghere P.	Vanvalmerbeke W.	Id., id.
1443	Vanvalmerbeke W.	Warmoes Jacob.	Id., id.
1444	Id.	Id.	Degoede Bernard, id.
1445	Warmoes Jacob.	Depelghere P.	Id., id.
1446	Id.	Rycwaert Jans.	Id., id.
1447	Rycwaert Jans.	Warmoes Jacob.	Id., id.
1448	Vanclercken Cypriaen	Rycwaert Willem.	Vannieudyc Claeis, Degoede Bernard.
1449	Rycwaert Willem.	Vanclercken Cypriaen	Degoede Bernard, Vanbavendamme W.
1450	Ancellem Henric.	Warmoes Jacob.	Depelghere P., Rycwaert Jans.

	BURGEMEESTERS VAN SCHEPENEN.	BURGEMEESTERS VAN DE COMMUNE.	TRESORIERS.
*1451	Vanclercken Cypriaen	Ancellem Henric.	Rycwaert Jans, Lammens Jacob.
1452	Depelghere P.	Donteclocke Jan.	Melchior van Dixmude, Rycwaert W.
1453	Donteclocke Jan.	Denpelghere P.	Warmoes Jacob, id.
1454	Vanclercken Cypriaen	Donteclocke Jan.	Descildre Jacob, id.
*1455	Id.	Rycwaert Jan.	Vanclercken C., id.
*1456	Bavele Adriaen.	Ghelin Pieter.	Vanbavendamme W,, id.
*1457	Ghelin P.	Bavele Adriaen.	id., Sproncholf Jan.
*1458	Sproncholf Jan.	Devroede Bernard.	Demey Antone, Heusegheer Andries.
*1459	Devroede Bernard.	Heusegheer Andries.	Id., Scelewaert Jan.
1460	Donteclocke Jan.	Vanderbeerst Jan.	Id., id.
*1461	Vanderbeerst Jan.	Heusegheer Andries.	Bavele Adriaen, Vanbavendamme W.
1462	Donteclocke Jan.	Vanclercken Cypriaen	Id., id.
1463	Vanclercken Cypriaen	Donteclocke Jan.	Scelewaert Jan, id.
*1464	Vanderbeerst Jan.	Rycwaert Willem.	Id., id.
1465	Rycwaert W.	Vanderbeerst Jan.	Id., id.
1466	Bavele Adriaen.	Debaere Joos.	Lammens Jacob, id.
1467	Donteclocke Jan.	Bavele Adriaen.	Peere Jan, Causteel Jan.
*1468	Dehaze Willem.	Wouters Jan.	Id., id.
1469	Wouters Jan.	Bavele Adriaen.	De Bare Joos, Scelewaert Jan.
*1470	Rycwaert W.	Donteclocke Jan.	Id., id.
*1471	Donteclocke Jan.	Dehertoghe Gillis.	Id., id.
1472	Ryckewaert W.	Wouters Jan.	Vanschoore Fr., Vanbavendamme W.
1473	Vanschoore Fr.	Dehertoghe Gilles.	Wouters Jan, id.
1474	Id.	Id.	Scelewaert Jan, Causteel Jan.
1475	Ryckewaert Willem.	Id.	Id., Peere Jan.
*1476	Dehertoghe Gillis.	Rycwaert W.	Vanbavendamme W., Causteel Jan.
*1477	Vannieudycke Jacob.	Dehertoghe Gilles.	Id., id.
*1478	Dehertoghe Gillis.	Vannieudycke Jacob.	Donteclocke Jan., Peere Jan.
1479	Scelewaert Jan.	Wouters Jacop.	Peere Jan, Wouters Jan.
1480	Vanbavinchove W.	Vannieudycke Jacob.	Wouters Jacob, Oore Francis.
*1481	Donteclocke Jan.	Rycwaert Willem.	Id., id.
*1482	Scelewaert Jan.	Budseel Pieter.	Mattaert Jan, Demeuninc J.
1483	Butseel P.	Krabbe Jan.	Id., id.
*1484	Warmoes Jacob.	Budseel P.	Winnocx Jan, Causteel Roeland.
1485	Wouters Jacob.	Id.	Id., id.
1486	Causteel Jan.	Willemsseune Emond.	Demeuninc J., Budseel P.
*1487	Id.	Id.	Id., id.
1488	Wouters Jacob.	Donche Lodewyc.	Causteel Jan. id.
*1489	Demeuninc J. f^s V.	Wouters Jacob.	Id., Willemssone Em^d.
*1490	Wouters Jacob.	Budseel P.	Demeuninc J., id.
*1491	Donche Lodewyc.	Wouters Jacob.	Demeuninc J. f^s V., Causteel Roelant.
1492	Demeuninc J. f^s V.	Butseel P.	Wouters Jacob, Donche Lodewyc.
*1493	Willemssone Edm.	Rycke Jacob.	id. id.
*1494	Wouters Jacob.	Demeuninc Jan.	Willemssone Edm., Becart Marc.
*1495	Mattaert Cornelis.	Wouters Jacob.	Id., id.
*1496	Causteel Roelant.	Demeuninc Jan.	Pierin Nicasis, Vandermeulen Guilb^t.

	BURGEMEESTERS VAN SCHEPENEN.	BURGEMEESTERS VAN DE COMMUNE.	TRESORIERS.
*1497	Causteel Roelant.	Demeuninc Jan.	Pierin Mauris, Vandermeulen Guilb.
*1498	Wouters Jacob.	Rycke Jacob.	Demeuninc Jan. Dewale Lodewyc.
*1499	Donche Lodewyc.	Causteel Roeland.	Id. id.
*1500	Wouters Jacob.	Id.	Vandermeulen G., May Willem.
1501	Dewale Lodewyc.	Wouters Jacob.	Id., id.
1502	Id.	Id.	Id., id.
1503	Donche Lodewyc.	Dewale Lodewyc.	Mattaert Martin, id.
1504	May Willem.	Mattaert Martin.	Dewale Lod., Clarin Jac. d'oude.
1505	Donche Lod.	Vanmaire Mahieu.	Id., id.
*1506	Dewale Lod.	Mattaert Martin.	Donche Lod., Yman Claeis.
1507	Id.	May Willem.	Id., id.
*1508	Donche Lod.	Id.	Volckerave Adr., Claerin J. d'oude.
1509	Mattaert Maertin.	Id.	Id., id.
1510	May Willem.	Vandermeeren Mahieu.	Mattaert M., Lopin Robert.
1511	Id.	Id.	Id., id.
1512	Mattaert Maertin.	Lopin Robert.	Stalin Frans, May Willem.
1513	May Willem.	Feys Jacob.	Mattaert M., Volckerave Ad.
*1514	Mattaert Maertin.	May Willem.	Stalin Fr., Lopin Robert.
1515	May Willem.	Stalin Fransoys.	Mattaert Mart., id.
1516	Mattaert Maert.	May Willem.	Stalin Fr., id.
1517	May W.	Volckerave Adr.	Dewale Lod., Mattaert Mart.
1518	Volckerave Adr.	May W.	Id. Stalin Fr.
*1519	May W.	Mattaert M.	Volckerave Adr., Mattaert M.
1520	Dewale Lod.	May W.	Id., id.
1521	May W.	Volckerave Adr.	Dewale Lod., id.
*1522	Jacobszeune Hend.	Courtyn Gillis.	Plateels Willem, Vandendorpe Olevier.
1523	Debrouckere Jacop.	Id.	Jacobszeune H., id.
*1524	May Adriaen.	Id.	Id., Depape Dix.
1525	Debrouckere Jacop.	May Adriaen.	Id., May Vencent.
1526	May Adriaen.	Jacobszeune Hend.	Debrouckere Jacop, id.
*1527	Debrouckere Jacob.	Vandendorpe Olevier.	Vandendorpe Olevier, Wieryc Lodewyc.
*1528	Courtyn Gillis.	Depape Dix.	Id., Marcelssone Mathys.
1529	Wyeryc Lodewyc.	May Adr.	Veyse Hector, Vandendorpe Gillis.
1530	May Adr.	Wyeryc Lod.	Id., id.
1531	Debrouckere Jacob.	May Adr.	Id., id.
1532	May Adriaen.	Debroeckere Jacop.	Sacquespée Sebastiaen, Veyse Hector.
1533	Stalin Fransoys.	May Adriaen.	Id., id.
1534	May Adriaen.	Vandendorpe Olevier.	Id., Devisch Jan.
1535	Vandendorpe Gillis.	May Adriaen.	Id., id.
1536	May Adriaen.	Vandendorpe Gillis.	Id., Courtin Gillis.
1537	Vandendorpe G.	May A.	Id., id.
1538	May A.	Vandendorpe G.	Id., id.
1539	Vanvolmerbeke W.	May A.	Id., id.
1540	Daens Jan.	Vandendorpe Oliv.	Pranghe Mahieu, id.
*1541	Decoster Daniel.	May A.	Id., Donche Lod.
1542	Daens Jan.	Vandendorpe Maertin	Id., Decostere Daniel.

	BURGEMEESTERS VAN SCHEPENEN.	BURGEMEESTERS VAN DE COMMUNE.	TRESORIERS.
1543	May A.	Pranghe Mahieu.	Daens Jan, Vandendorpe M.
1544	Pranghe M.	May A.	Id., id.
1545	May M.	Wyeryc Lod.	Id., id.
1546	Wyeric Lod.	May A.	Id., id.
1547	May A.	Daens Jan.	Cutsaert Gillis, id.
*1548	Wyeric Lod.	Id.	Id., id.
1549	Ley Olevier.	Pranghe M.	Id., id.
1550	Pranghe M.	Ley Olevier.	Decostere Clemens, id.
1551	Cutsaert Gillis.	Depape Benedictus.	Id., id.
1552	Depape Benedict.	Cutsaert G.	Id., id.
1553	Boudin Cornelis.	Depape B.	Id., Godscalc Regnault.
1554	Depape B.	Boudin C.	Id., id.
1555	Ley Olev.	Vandendorpe M.	Id., id.
1556	Vandendorpe M.	Ley O.	Maerten Adriaen, id.
1557	Ley O.	Vanschoore Lod.	Vandendorpe M., id.
1558	Vanschoore Lod.	Godscalc Regnault.	Id , Jooris Jacob.
1559	Godscalc R.	Vanschoore L.	Id., id.
1560	Daenen Jan.	Vandorpe Francis.	Vanwel Adriaen., id.
1561	Vandorpe Fr.	Daenen Jan.	Godscalc R., Vanwel A.
1562	Daenen Jan.	Vanwel A.	Id., Jooris Jacob.
1563	Vanwel A.	Godschalck Regnault.	Slincke Jan, id.
1564	Godschalck R.	Cousse Omaer.	Id., Vanwel A.
1565	Cousse O.	Godschalck R.	Id., id.
1566	Godschalck R.	Cousse O.	Id., Depape Hector.
1567	Cousse O.	Godschalck R.	Id., id.
1568	Godschalck R.	Cousse O.	Id., Vanwel Mathys.
1569	Cousse O.	Godschalck R.	Id., id.
1570	Depape Hector.	Slincke Jan.	Vanmiddelem A., id.
1571	Slincke J.	Depape H.	Id., Slincke Regnault.
1572	Id.	Vandermeulen Bart.	Depape H., id.
1573	Id.	Id.	Id., id.
1574	Id.	Id.	Id., id.
1575	Godschalck R.	Slincke Jan.	Deman Jacob, id.
1576	Depape H.	Id.	Id., id.
1577	Slincke J.	Depape H.	Id., id.
1578	Id.	Id.	Elle Nicolaus, id.
1579	Depape H.	Woutterman Jan.	Id., Jooris Lyoen.
*1583	Elle Jooris.	Jooris Lyven.	Slincke Regn., Deheere Jan.
*1584	Elyas Jan.	Moenyn Jooris.	Id., Elle Nicolaus.
*1585	Id.	Vanmiddelem Adr.	Oudolf Jan, id.
*1586	Id.	Id.	Id., Peys Roeland.
*1587	Id.	Id.	Id., id.
1588	Id.	Id.	Id., id.
1589	Vanmiddelem Adr.	Oudolf Jan.	Vanderlynde Joos, id.
1593	Elyas Jan.	Id.	Elle Nicolays, Vanderlynde Joos.
1594	Id.	Id.	Id., id.

	BURGEMEESTERS VAN SCHEPENEN.	BURGEMEESTERS VAN DE COMMUNE.	TRESORIERS.
1595	Elyas Jan.	Vanmiddelem Adr.	Elle Nicolays, Vanderlynde Joos.
1596	Id.	Id.	Id., Vandendorpe Gillis.
1597	Id.	Id.	Deheere Vincent, id.
1598	Id.	Deheere Vincent.	Dewrekere Regnault, id.
1599	Id.	Valcke Jan.	Id., Decostere Guill.
1600	Id.	Id.	Id., id.
1601	Id.	Id.	Id., id.
*1602	Valcke Jan.	Elle Nicolays.	Deheere Vincent, id.
1603	Id.	Gheeraert Pieter.	Id., id.
*1604	Deheere Vincent.	Elle Nicolays.	Dewrekere R., id.
1605	Gheeraert Pieter.	Decostere Guilliaum.	Elle Nicolays, Deraedt Francis.
1606	Id.	Elyas Regnault.	Id., id.
1607	Valcke Jan.	Id.	Id., id.
1608	Id.	Id.	Id., id.
1609	Id.	Maseman Loys.	Id., id.
1611	Maeseman Louis.	Elyas Regnault.	Vaneethuyse Jan, Elyas Jooris.
1612	Elyas Regnault.	Oudolf Jan.	Id., id.
1614	Oudolf Jan.	Ley Pieter.	Elyas Regnault, Deraedt Francis.
1615	Ley Pieter.	Maeseman Louis.	Id., id.
*1616	Id.	Valcke Jan.	Id., id.
1617	Maeseman Louis.	Elyas Regnault.	Ley Pieter, Elyas Jooris.
1618	Id.	Id.	Id., id.
1619	Elyas Regnault.	Vanvossem Max^n.	Id., id.
1620	Vanvossem Max.	Ley Pieter.	Elyas Regnault, Vandercarre P.
1621	Ley Pieter.	Elyas Jooris.	Id., id.
1622	Elyas Joris.	Heynooghe Gheeraert.	Id., id.
1623	Maeseman Louis.	Vandercarre J. d'oude.	Id., id.
1624	Id.	Id.	Deraedt Fr., id.
1626	Elyas Regnault.	Vandercarre P.	Dedoppere P., Erreboodt Mathys.
1627	Vandercarre P.	Vandercruyssen Ad.	Id., Elyas Jooris.
1628	Id.	Id.	Devriendt Adr., Pierloot Jacq.
1631	Elyas Joris.	Remsdyck Karel.	Vandercarre P., Vertrysse Cornelis.
1633	Donche Vincent.	Vandercruyssen Ad.	Elyas Jooris, Dehoorne P.
1635	Vandercruyssen Ad.	Pierloot Jacq.	Id., id.
1636	Id.	Id.	Id., id.
1638	Maeseman Louis.	Donche Vincent.	Id., Deheere Jacq.
1641	Id.	Vandercruyssen Adr.	Vanderpoorte Jac., Ley Cornelis.
1642	Id.	Id.	Godschalck Pieter, id.
1644	Id.	Spranghe Louis.	Vandercruyssen A., Bogaert Antone.
1645	Deheere Jacq.	Pierloot Jacq.	Id. Hilfoort Francis.
1646	Vandercruyssen A.	Spranghe Louis.	Hilfoort Fr., Dehoorne P.
*1647	Deheere Jac.	Vandercruyssen A.	Spranghe L., id.
1648	Id.	Vanderpoorte J. Maeseman L.	Id., id.
1649	Id.	Maeseman L.	Id., id.
1650	Id.	Mannaert P. H. en M.	Bekaert Jan, Donche Vincent.
1651	Pranghe Louis.	Id.	Hilfoort Fr., id.
1652	Ley Cornelis.	Elyas Regnault.	Id., Ellecop Pieter.

	BURGEMEESTERS VAN SCHEPENEN.	BURGEMEESTERS VAN DE COMMUNE.	TRESORIERS.
1653	Ley Cornelis.	Elyas Regnault.	Hilfoort Fr., Ellecop Pieter.
1654	Id. 1/2 jaar, Elyas R. 1/2 jaar.	Elyas R. 1/2 j. Praugbe L. 1/2 j.	Id., id.
1655	Id.	Id.	Id., Boeteman Antone.
1656	Id.	Donche Vincent.	Poot Jan, Pierloot Gillis.
1657	Donche V.	Mannaert P. H. en M.	Peellaert Ch., Reniers Arnold.
1658	Id.	Id.	Id., id.
1659	Id.	Id.	Id., id.
1660	Mannaert P. H. en M.	Peellaert Chs.	Id., id.
1661	Vanwaterleet Fr.	Id.	Vanwei Jac., Bevaert Jan.
1662	Id.	Id.	Id., id.
1663	Id.	Bevaert Jan.	Peellaert Ch., Poot Jacob.
1664	Id.	Id.	Id., id.
1665	Bevaert Jan.	Deman Jan.	Boeteman Antone, id.
1666	Id.	Id.	Id., id.
1667	Id.	Id.	Id., id.
*1668	Deman Jan.	Geraert Jan.	Vanwaterleet Fr., Valcke Joor.
1669	Mannaert P. H. en M.	Reyniers Arn.	Vanhove Jac., id.
*1670	Deman Jan.	Mannaert P. H. en M.	Id., id.
*1671	Id.	Id.	Id., id.
*1672	Mannaert P. H. en M.	Deman Jan.	Gobert Adriaen, Dobbeliers Jan.
1673	Id.	Vanhove Jac.	Id., id.
1674	Deman Jan.	Debats Jan.	Id., id.
1675	Gobert Adr.	Deman Jan.	Mannaert P. H. en M., Debadts Jan.
1676	Id.	Id.	Id., id.
1677	Id.	Id.	Id., id.
1678	Vanhove Jac.	Mannaert P. Ignaes.	Id., Pattou Regnault.
1679	Id.	Id.	Id., id.
1680	Mannaert P. Ign.	Ansem Simoen.	Id., Debadts Jan.
1681	Id.	Id.	Id., id.
1682	Id.	Sobbels Louis.	Ansem S., id.
1683	Vanhove Jac.	Debadts Jan.	Sobels L., Vandercarre Balth.
1684	Id.	Id.	Id., id.
1685	Id.	Id.	Id., id.
1686	Ansem S.	Id.	Id.,
1687	Id.	Annache Jac.	Deleeuwe P., Sanders Jan.
1689	Gobert Adriaen.	Debeir Pieter.	Dejonghe G., 2e tresorier afgeschaft.
1690	Id.	Id.	Id.
*1691	Vanhove Jacob.	Debadts Jan.	Id.
1692	Id.	Id.	Id.
1693	Gobert Adriaen.	Vanhove Jacob.	Debadts Jan. † Debadts Hend.
1694	Houvenaeghel H. en M.	Deryckere Jac.	Id.
1695	Id.	Id.	Duchatelé Jan.
1696	Gobert Adr.	Houvenaeghel J. H. en M.	Id.
1697	Id.	Vandercarre Norbt.	Hemeryck Pieter.
1698	Id.	Id.	Id.
1699	Vandercarre N.	Vandenberghe Guill.	Id.
1700	Vandenberghe G.	Donche Adriaen.	Id.

	BURGEMEESTERS VAN SCHEPENEN.	BURGEMEESTERS VAN DE COMMUNE.	TRESORIERS.
1701	Vandenberghe G.	Donche Adriaen.	Hemeryck Pieter.
1702	Vandercarre P. Norb.	Id.	Id.
1703	Id.	Id.	Id.
1704	Vandenberghe G.	Id.	Id.
1705	Id.	Id.	Id.
1706	Donche Adr.	Vandenberghe G.	Id.
1707	Id.	Id.	Id.
1708	Vandenberghe G.	Coppieters Abraham.	We Hemeryck over haren man. †
1709	Id.	Id.	Id.
1710	Id.	Id.	Dejonghe Jacob.
1711	Vandercarre P. Norb.	Deblauwe Paulus.	Id.
1712	Id.	Id.	Id.
1713	Lieven Michiel.	Vanhille Jan.	Id.
1714	Id.	Dejonghe Jacob.	Decorte Jacob.
1715	Id.	Id.	Id.
1716	Id.	Id.	Id.
1717	Id.	Deblauwe Paulus.	Dejonghe Jac.
1718	Deblaeuwe Paul.	Dejonghe Jacob.	Lieven Michiel.
1719	Id.	Id.	Id.
1720	Dejonghe Jacob.	Lieven Michiel.	Debreyne Jacob.
1721	Id.	Id.	Id.
1722	Lieven michiel.	Deleeuwe P. H. en M.	Dejonghe Jac.
1723	Id.	Id.	Id.
1724	Id.	Id.	Id.
1725	Dejonghe Jacob.	Merlebecq J. H. en M.	Lieven Michiel.
1726	Id.	Id.	Beck Jacob.
1727	Id.	Dewulf Jan.	Id.
1728	Lieven Michiel.	Id.	Debreyne Jacob.
1729	Id.	Id.	Id.
1730	Id.	Merlebecq J. H. en M.	Id.
1731	Dejonghe Jacob.	Id.	Id.
1732	Id.	Beck Jacob.	Id.
1733	Id.	Id.	Debreyne Marcus, voor zijn vader. †
1734	Lieven Michiel.	Thoores Ch.	Dejonghe Jacob.
1735	Dejonghe Jacob.	Dewulf Joannes.	Dewulf Cornelis.
1736	Id.	Id.	Id.
1737	Id.	Lieven Michiel.	Dejonghe Joseph.
1738	Lieven Michiel.	Deruysscher Joannes.	Dejonghe Jacob.
1739	Dejonghe Jacob.	Id.	Dejonghe Joseph.
1740	Id.	Deleeuwe P. H. en M.	Id.
1741	Id.	Id.	Id.
1742	Id.	Id.	Id.
1743	Deleeuwe P. H. en M.	Dejonghe Joseph.	Dejonghe Jacob.
1744	Id.	Id.	Id.
1745	Dejonghe Joseph.	Vandercarre P.	Id.
1746	Deleeuwe P. H. en M.	Dejonghe Joseph.	Id.
1747	Id.	Id.	Id.

	BURGEMEESTERS VAN SCHEPENEN.	BURGEMEESTERS VAN DE COMMUNE.	TRESORIERS.
1748	Deleeuwe P. H. en M.	Vandercarre P.	Dejonghe Jacob.
1749	Dejonghe Joseph.	Dewitte Balthazar.	Id.
1750	Id.	Id.	Id.
1751	Dejonghe Jacob.	Deghey Bern. Em.	Dejonghe Joseph.
1752	Id.	Id.	Id.
1753	Id.	Id.	Id.
1754	Deghey B. E.	Deruysscher Joann.	Dejonghe Jacob.
		VOORSCHEPEN.	
1755	Id.	Deruysscher Joan.	Id.
1756	Id.	Beghin Pieter.	Id.
1757	Beghin Pieter.	Plaetevoet Jan.	Deghey B. E.
1758	Vanprovyn P. H. en M.	Rabaut P. H. en M.	Id.
1759	Id.	Id.	Id.
1760	Id.	Id.	Id.
1761	Id.	Id.	Id.
1762	Desprez de Camusel J.	Id.	Id.
1763	Id.	Dewitte Frans.	Id.
1764	Id.	Id.	id.
1765	Id.	Deruysscher Pieter.	id.
1766	Beghin Pieter.	Id.	id.
1767	Id.	Id.	id.
1768	Id.	Id.	id.
1769	Id.	Id.	id.
1770	Desprez de Camusil J.	Id.	id.
1771	Deruysscher P.	Merlebecq A. H. en M.	id.
1772	Id.	Peellaert Antone.	id.
1774	Peellaert Ant. A. L.	Vanvossem Antone.	id.
1775	Id.	Id.	id.
1776	Id.	Id.	Vancoutter Sylvester.
1777	Id.	Id.	id.
1778	Id.	Id.	id.
1779	Id.	Id.	id.
1780	Id.	Id.	id.
1781	Id.	Id.	id.
1782	Vandamme J. H. en M.	id.	id.
1783	Id.	Debreyne Fr. H. en M.	id.
1784	Id.	Deruysscher P.	id.
1785	Vanhille Pr Ph.	Id.	id.
1786	Id.	Debreyne Fr. H. en M.	id.
1787	Id. Peellaert Jos.	Id.	id.
1788	Id. Id.	Id.	id.
1789	Vanhille Pr Ph.	Id.	id. en Woets Joseph.
1790	Id.	Id.	Woets Joseph.
1791	Id.	Id.	id.
1794	Id.	Id.	id.
1795	Id.	Id.	id.
1796	Id.	Id.	id.

1797. « Rekeninghe enz. die doet Joseph Woets in de qualiteyt van tresorier deser stede, ten tyde van Pieter Clemens Van Hille junior, president van het canton ende eensweegs agierende beneffens Fredericq Quentin als agent en Anthoine Bortier, adjoint over d'interesten deser gezeyde stede, dit van al sulcken ontfanck enz., t'sedert den 15 Mey 1796 dagh van het begin der nieuwe gheorganiseerde regieringhe tot ende met den 14 Mey 1797 alsmede van de voordere administratie by den rendant genomen in syne meergeseyde qualiteyt t'sedert den 14 Mey 1797 tot het cesseeren van syne bedienynghe onder den toesight en directie van Robertus Peellaert, Theodore Vielle ende Fr. Hopsomer, respectievelyk president, agent ende adjoint deser gemelde stede. »

Deze rekening werd door den tresorier Woets in persoon tot onderzoek en goedkeuring aangeboden aan de burgers P. De Vos en P. De Clercq, afgevaardigde commissarissen van het municipaal bestuur van 't kanton Dixmude, den 22 Germinal 7e jaar, (11 April 1799), der Fransche Republiek, een en onverdeelbaar.

De rekening werd goedgekeurd met een schadelijk slot van 5170 p. 18 s. 2 d. parisis. Geteekend P. J. De Vos, P. J. De Clercq en Lachaise, oppersekretaris.

In 1796 werden, onder het beheer der Fransche Republiek de leden van het oude magistraat van hunne bedieningen afgesteld.

Een kantonnale raad, waar de elf omliggende gemeenten vertegenwoordigd waren, werd ingericht te Dixmude, hoofdplaats van het kanton, onder het voorzitterschap van den burger Pieter Van Hille zoon, die tot meijer van Dixmude benoemd was.

In zitting van 12 Juni 1796 werden de bestuurleden der gemeenten van het kanton gekozen. Voor Dixmude werden burger Frederik Quentin tot « agent municipal » en burger Antoon Bortier tot bijgevoegde uitgeroepen.

In Maart 1797 verving burger Robert Peellaert, Pieter Van Hille in zijne bediening van kantonnalen voorzitter. De burgers Theodoor Vielle en Francis Hopsomer kwamen in de plaats van Frederik Quintin en Antoon Bortier de bedieningen van agent en bijgevoegde vervullen.

In Juni 1800. Ontbinding van de kantonnale raden en instelling der *municipaliteiten*.

In October van hetzelfde jaar wordt de heer Theodoor Peellaert meijer van Dixmude benoemd in vervanging van den heer P. Van Hille; hij gaf zijn ontslag in 1807 en werd opgevolgd door den heer Francis Hopsomer, die insgelijks den 22 Augusti 1816 zijn ontslag als meijer nam.

Gedurende dit tijdvak hebben ook nog de volgende heeren de bedieningen van « agent of adjoint municipal » waargenomen, Pieter Verwilghen, Jocobus Weyne, Antoon Wyllie en Joannes Van Hille. Buiten de laatstgenoemde personen hebben van den municipalen raad deel gemaakt, de heeren : Michiel Dautricourt, Pieter Bortier vader, Lodewijk Jansseune, Joannes Bouchout, Joannes Van Woumen, Antoon Bortier, Pieter Beghin, Francis Mergaert vader, Michiel De Smuyck, De Breyne-Van Vossem, Pieter Derressauw vader, Pieter Rabaut, Xaverius Blomme, Joseph

Woets, Pieter Du Pond zoon, Eugeen De Laey, Pieter Desprez, De Breyne-Van Hille, Nicolaas Van Severen, Joannes Verwilghen, Pieter De Ruysscher, Robert Peellaert, Lodewijk Dautricourt, Pieter Van der Heyde, Joannes Provoost, J. Liem, Lodewijk Van Poucke, Karel Mergaert, Joseph Louvrier, Pieter Ghyselen, J. Celestin Cardinael, Bernard Jansseune en Joannes Adam. Als sekretarissen de heeren Pieter Woets, Francis Mergaert, Lachaise en Lodewijk Van Roo.

Onder de regeering van Willem I, koning der Nederlanden, kwam eene nieuwe samenstelling van het bestuur der stad Dixmude tot stand en werd den 30 Augusti 1817 ingehuldigd. Dat bestuur bestond uit de heeren Antoon Wyllie, burgemeester; Nicolaas Van Severen, Joannes Van Hille, Joseph Dautricourt en Joannes Mergaert, schepenen; benoemd bij koninklijk besluit van 16 derzelfde maand; Pieter Beghin, Joannes Van Dromme, Francis Hopsomer, Theodoor Peellaert, Pieter Van der Heyde, Joannes Van Woumen en Bernard Jansseune, raadsleden; Pieter Desprez, sekretaris en Pieter Derressauw vader, stedelijken ontvanger. Allen, ter uitzondering der heeren N. Van Severen, J. Dautricourt en L. Desprez, die hun mandaat niet aanvaardden, legden den vereischten eed af en werden in bediening gesteld.

In April 1818 werden als schepenen ingehuldigd in vervanging der heeren N. Van Severen en J. Dautricourt, niet aanvaard hebbende, de heeren Th. Peellaert en J. Van Dromme; als raadsleden, de heeren J. Louvrier, Pieter De Laey en Lodewijk Dhulster; als sekretaris in vervanging van den heer L. Van Roo, ontslaggever, de heer Bernard Jansseune.

In December 1818 wordt de heer Joannes Provoost schepen benoemd in vervanging van den heer J. Van Dromme, overleden. — De heeren Michiel Surmont en Pieter Weyne worden als raadsleden herkend.

Den 24 November 1819, inhuldiging, om met Januari 1820 in dienst te komen, van de heeren J. Mergaert, schepen en P. Weyne, raadslid, uittredende leden bij de eerste gedeeltelijke vernieuwing van den gemeenteraad; herkozen, en als nieuwgekozen raadsleden de heeren Karel Woets en Jacob Douchy, in vervanging van den heer J. Van Hille en van den overleden heer P. Beghin.

Den 30 December 1819, inhuldiging als schepenen van de heeren J. Mergaert, herbenoemd en J. Van Woumen den heer J. Van Hille vervangende.

Den 20 September 1821, benoeming van den heer P. Derressauw als stedelijken ontvanger, in vervanging van zijnen vader ontslaggever.

10 November 1821. Inhuldiging van de heeren Th. Peellaert, J. Provoost, J. Louvrier, herkozen raadsleden bij de tweede gedeeltelijke vernieuwing van den gemeenteraad, en van den heer Bernard Dautricourt, nieuw gekozen lid in vervanging van den heer J. Van Woumen tot schepen benoemd.

5 Januari 1822. Inhuldiging van de heeren Th. Peellaert en P. De Laey als schepenen, de eerste herbenoemd, de tweede benoemd in de plaats van den heer J. Provoost.

Bij de derde gedeeltelijke vernieuwing van den gemeenteraad, wordt door besluit van Z. M. den koning, datum 5 Januari 1824, de regeering der stad Dixmude vastgesteld en gerangschikt als volgt : de heeren

Joannes Van Hille, burgemeester; Theodoor Peellaert en Joannes Mergaert, schepenen; Joannes Van Woumen, Pieter De Laey, Joannes Provoost, Bernard Dautricourt, Pieter Weyne en Pieter De Ruysscher, raadsleden.

8 April 1824. De heer K. Eduard Rembry wordt stadsontvanger genoemd in vervanging van den heer Derressauw, ontslaggever.

18 December 1825. Benoeming van den heer Dominik Tillie als sekretaris van stad in vervanging van den heer B. Jansseune, overleden.

5 October 1827. De heer P. Van der Heyde wordt als lid van den gemeenteraad gekozen in vervanging van den heer P. Weyne, ontslaggever.

15 Maart 1828. Inhuldiging van den heer Hendrik De Deckere als sekretaris, benoemd bij koninklijk besluit van 22 Februari 1828 in vervanging van den heer D. Tillie, overleden.

11 en 12 November 1830. Inhuldiging van de heeren J. Van Hille, burgemeester; Th. Peellaert en J. Mergaert, schepenen; P. De Laey, P. Weyne, B. Dautricourt, P. De Ruysscher, P. Carrebrouck vader en P. Van der Heyde vader, raadsleden; allen gekozen door de notabelen in nakoming van het besluit der voorloopige regeering van België.

16 November 1830. De heeren De Deckere en Rembry worden in hunne wederzijdsche bedieningen van sekretaris en ontvanger herbenoemd.

Onder het koninkrijk België.

Januari 1832. Inhuldiging van de heeren doktor Aug. Woets en Pieter Legier als gemeenteraadsleden. De heer Francis Mergaert wordt in April tot hetzelfde ambt benoemd.

De heer P. Weyne tot schepen benoemd in vervanging van den heer Th. Peellaert wordt den 7 December van hetzelfde jaar door den heer De Breyne-Peellaert in die bediening vervangen.

14 Juli 1836. In de algemeene kiezing voor den gemeenteraad worden als raadsleden gekozen, de heeren De Breyne-Peellaert, bij koninglijk besluit van 3 October burgemeester benoemd; P. De Ruysscher en Robert Verwilghen, bij gemeld besluit, schepenen benoemd; Th. Peellaert, P. De Laey, B. Dautricourt, L. Van Roo, Fr. Mergaert, P. Van der Heyde zoon, Felix Weyne en J. De Poot. Allen worden den 14 October 1836 in bediening gesteld ter uitzondering van den heer Jan De Poot, niet aanvaardende.

2 Februari 1837. Worden als leden van den gemeenteraad gekozen de heeren P. Morel-Danheel en Karel De Naux in vervanging van L. Van Roo, overleden en J. De Poot, niet aanvaard hebbende.

28 April 1837. De heer B. Dautricourt vervangt als schepen de heer R. Verwilghen, ontslaggever.

10 Januari 1840. De heeren Benedikt Verwilghen en Clemens De Deckere vervangen als raadsleden de heeren R. Verwilghen en J. Mergaert, ontslaggevers.

De notaris Robaeys, bij de gedeeltelijke vernieuwing van den gemeenteraad in October 1845 gekozen, wordt den 11 Januari 1846 in vervanging van den heer Clemens De Deckere, als raadslid ingehuldigt.

7 Januari 1847. In eene afzonderlijke kiezing wordt de heer Feys-Kesteloot tot raadslid uitgeroepen en den 17 derzelfde maand ingehuldigd om de plaats te vervullen van den heer Th. Peellaert, overleden.

22 Augusti 1848. Bij de algemeene kiezing ten

gevolge der ontbinding van al de gemeenteraden des lands, worden alhier herkozen de heeren De Breyne-Peellaert, P. De Ruysscher, B. Dautricourt, P. Van der Heyde, K. De Naux, P. De Laey, Morel-Danheel en Feys-Kesteloot, nieuw gekozen de heer Robert Wullems, Leo Paret en Victor Holvoet. De heeren De Breyne-Peellaert, P. De Ruysscher en B. Dautricourt worden in hunne bedieningen van burgemeester en schepenen herbenoemd. De installatie heeft den 5 October plaats. De heer P. Van der Heyde, bij koninklijk besluit van 7 Augusti 1851 schepen genoemd in vervanging van den heer B. Dautricourt, wordt den 23 derzelfde maand in die hoedanigheid ingehuldigd.

28 October 1851. Gedeeltelijke herkiezing van den gemeenteraad, (kleinste helft). De heeren P. De Ruysscher schepene, B. Dautricourt, Feys-Kesteloot, P. De Laey en V. Holvoet, raadsleden, allen aftredende leden, worden herkozen. De heer De Ruysscher wordt den 2 Juli 1853 schepen herbenoemd De heer Karel Wyllie-Van Houcke, wordt tot raadslid gekozen in vervanging van den heer B. Dautricourt, overleden.

31 October 1854. Kiezing voor de grootste helft van den gemeenteraad, de heeren De Breyne-Peellaert, burgemeester; P. Van der Heyde schepen; Morel-Danheel, L. Paret en K. Denaux raadsleden, allen uittredende leden, worden herkozen en de heer K. Robaeys, notaris, vervangt den heer V. Holvoet, ontslaggever. De heeren De Breyne-Peellaert en Van der Heyde worden in hunne bedieningen van burgemeester en schepen bij koninklijk besluit van den 19 Januari 1855 herbenoemd.

12 April 1856. Indiensttreding van de heeren,

Oscar Castelein en Bruno Van Ackere, tot leden van den gemeenteraad gekozen, in vervanging van de overleden heeren K. Robaeys en Morel-Danheel.

Bij koninklijk besluit van 16 Januari 1857, wordt een kommissariaat van politie te Dixmude ingericht, en de heer Ivo Cornelis, gewezen wachtmeester fourrier, bij koninklijk besluit van 6 Juli 1857, kommissaris van politie benoemd, hij treedt in bediening den 13 derzelfde maand.

27 October 1857. Gedeeltelijke vernieuwing van den gemeenteraad, de heeren P. De Ruysscher schepene ; Feys-Kesteloot, Wyllie-Van Houcke, en B. Van Ackere raadsleden, aftredende leden worden herkozen en de heer K. De Soutter-Hosten vervangt dn heer P. De Laey, overleden. De heer De Ruysscher wordt bij koninklijk besluit van 13 Januari 1858 tot schepen herbenoemd.

22 April 1859. De heer Emiel Woets wordt benoemd tot hulpschrijver in het sekretariaat, den 18 December 1860 legt hij een exaam van bekwaamheid af en den 11 Januari 1861, wordt hij sekretaris van stad genoemd in vervanging van den heer H. De Deckere, ontslaggever.

October 1860. Gedeeltelijke vernieuwing van den gemeenteraad ; de heeren De Breyne-Peellaert burgemeester ; P. Van der Heyde schepenen ; Castelein-Van Hille, R. Wullens, L. Paret en K. De Naux, leden, aftredende leden worden herkozen. De heeren De Breyne-Peellaert en Van der Heyde worden bij koninklijk besluit van 29 December 1860 in hunne wederzijdsche bedieningen van burgemeester en schepen hernoemd.

11 Juli 1863. De heer Feys-Kesteloot wordt gelast met de tijdelijke bediening van schepen, ter oorzaak van het overlijden van den heer P. De Ruysscher; hij vervult deze bediening tot den 31 December 1863.

27 October 1863. Kiezing voor de gedeeltelijke vernieuwing van den gemeenteraad; de heeren K. E. Rembry, August Steverlynck, Benedikt Verwilgen, Joannes Ghyselen en doktor P. De la Haye worden raadsleden uitgeroepen, in vervanging van de heeren Feys-Kesteloot, Wyllie-Van Houcke, B. Van Ackere en De Soutter-Hosten, aftredende leden, niet herkozen en den heer De Ruysscher overleden. Zij worden den 2 Januari 1864, onder het voorzitterschap van den burgemeester De Breyne-Peellaert ingehuldigd.

Ten gevolge der ontslaggevingen van de heeren, De Breyne-Peellaert burgemeester; P. Van der Heyde schepen; Robert Wullems, Karel De Naux en Castelein-Van Hille raadsleden, heeft er den 14 Januari 1864 eene nieuwe kiezing plaats. Worden als raadsleden gekozen de heeren Karel Van Woumen, August Van der Heyde, Raymond De Groote, Karel Vermeesch en Pius Van den Bussche. Zij worden in die hoedanigheid den 31 Januari 1864 ingehuldigd, door den heer Leo Paret dienstdoende burgemeester. De heeren K. E. Rembry en Steverlynck, worden tijdelijk met de bediening van schepenen gelast.

Een koninklijk besluit van den 13 Maart 1864 benoemt tot burgemeester der stad, den heer Leo Paret en tot schepenen de heeren Karel Eduard Rembry en Karel Vermeesch.

De heer Adolf Delheye, benoemd tot stadsontvanger,

in vervanging van den heer K. E. Rembry, wordt den 12 Mei 1864 in bediening gesteld.

8 Juli 1865. De heer Karel Vermeesch, schepen, overleden zijnde, wordt het raadslid Steverlynck gelast tijdelijk de bediening van schepen te vervullen.

30 October 1866. Kiezing voor de groote helft der leden van den gemeenteraad. De aftredende leden, de heeren K. Van Woumen, A. Van der Heyde, R. De Groote en P. Van den Bussche worden herkozen. De heeren Hippoliet Vermeesch en Edmond Paret worden raadsleden gekozen in vervanging van de heeren Leo Paret, burgemeester, ontslaggever en K. Vermeesch, overleden.

Een koninklijk besluit van 5 April 1867, benoemt de heeren Joannes Ghyselen, burgemeester, K. E. Rembry en Edmond Paret, schepenen der stad Dixmude.

26 October 1869. Kiezing voor de kleine helft der leden van den gemeenteraad, de heeren J. Ghyselen, burgemeester, K. E. Rembry, schepene, A. Steverlynck, B. Verwilghen en P. De la Haye, leden, niet herkozen, worden vervangen door de heeren De Breyne-DuBois, Dautricourt, Feys-Kesteloot, Van Hille-Van Renynghe en Doolaeghe-Van Ackere. De heer Karel De Soutter zoon, wordt gekozen in vervanging van den heer K. Van Woumen, overleden; zijn mandaat eindigt in 1872.

Bij koninklijke besluiten van den 29 December 1869, worden benoemd de heeren Dautricourt-Woets, tot burgemeester; Edmond Paret en Feys-Kesteloot tot schepenen der stad Dixmude.

Den 11 Juni 1870 heeft er eene kiezing plaats om

den heer A. Van der Heyde, ontslaggever, als raadslid te vervangen. De heer Theodoor Rembry wordt gekozen.

Ten gevolge der algemeene ontbinding van de gemeenteraden des rijks, worden de kiezers den 1 Juli 1872 bijeengeroepen. 22 kandidaten, elf tegen elf, treden in het strijdperk. De heeren Dautricourt-Woets, Feys-Kesteloot, Van Hille-Van Renynghe, De Breyne-Du Bois, Edmond Paret, Karel De Soutter zoon, Doolaeghe-Van Ackere, Wyllie-Van Houcke, Mulier-Van Parijs, Patricius Van Duyfhuys en Loncke-Rooms, eene en dezelfde lijst uitmakende, bekomen de meerderheid en worden raadsleden uitgeroepen.

Een koninklijk besluit van 22 Augusti 1872 herbenoemt, de heeren Dautricourt-Woets, Feys-Kesteloot en Edmond Paret in hunne bedieningen van burgemeester en schepenen. De inhuldiging van den gemeenteraad heeft den 2 September 1872 plaats.

Den 26 October 1875, bij de kiezing voor de kleine helft van den gemeenteraad, worden de uittredende leden door het lot aangewezen : de heeren Feys-Kesteloot, schepene; Van Hille-Van Renynghe, K. De Soutter, Doolaeghe-Van Ackere en P. Van Duyfhuys leden, herkozen.

De kiezing van den 29 October 1878 voor de groote helft van den gemeenteraad brengt geene andere wijziging bij dan de uitroeping van den heer doktor Karel De Naux, als raadslid, in vervanging van den heer Wyllie-Van Houcke, ontslaggever.

De kiezing van 1881 levert geene andere veranderingen dan de keus van den heer Van Haute-Van Ghilluwe in vervanging van den heer K. De Soutter zoon, overleden raadslid. Het mandaat van den heer Feys-Kesteloot als schepen wordt bij koninklijk besluit van den 20 Januari 1882 vernieuwd.

In de kiezing voor de groote helft van den gemeenteraad, die den 19 October 1884 plaats heeft worden al de aftredende leden herkozen en de heeren Dautricourt-Woets en Edmond Paret worden in hunne bedieningen van burgemeester en schepen herbenoemd.

De heer Alfons Bever-Vereecke, ontvanger van stad benoemd in vervanging van den heer Adolf Delheye, treedt den 1 Februari in dienst.

Samenstelling van stadsregeering in 1885 met den datum der eerste intrede.

Dautricourt-Woets, burgemeester, 1 Januari 1870
Paret Edmond, schepen, " 1866
Feys-Kesteloot, schepen, 7 Janri 1847 tot 31 Dec. 1863 " 1870
Van Hille-Van Reninghe, raadslid, " 1870
De Breyne-Du Bois, " " 1870
Doolaeghe-Van Ackere, " " 1870
Mulier-Van Parys, " " 1872
Van Duyfhuys Patricius, " " 1872
Loncke-Rooms, " " 1872
De Naux, doktor, " " 1880
Van Haute-Van Ghillewe, " " 1882
Woets Emiel, sekretaris, 11 Januari 1861

Bever-Vereecke, ontvanger, 1 Februari 1885

Populaire Adriaan, policie-kommissaris, April 1885

Ambtenaren, in 1885 deelmakende van de Weldadige besturen en Kerkfabriek.

Het bureel van Weldadigheid. De heeren Bever-Vereecke, voorzitter; De Breyne-Du Bois, lid sedert 1855, Nouwynck-Louage, Thielen-Loncke en Van Cuyck Eugeen; deze laatste in vervanging van zijnen vader den heer Van Cuyck-Gyole, die gedurende 41 jaren als lid en voorzitter, van dit bestuur heeft deel gemaakt en, uit hoofde zijner langdurige eervolle maar moeielijke en onvergelde bediening, in 1880 door Z. M. den koning met het burgerkruis van 1e klas is vereerd geweest.

De Burgerlijke Godshuizen. De heeren Castelein-Van Hille voorzitter; Van Woumen-Van Renynghe, Feys-Ghyssaert, De Breyne-De Ruysscher, leden.

De heer Karel Louvrier, secretaris-tresorier der beide gestichten.

De Kerkfabriek. De heeren Claus Pieter voorzitter; Vermeesch-Adet tresorier; Hosten-De Puydt secretaris; De Soutter-Duyver en Costenoble Karel, rustend pastor, leden.

Akademie van Teeken- en Bouwkunde. De heeren Zants-Surmont, lid sedert 1851; voorzitter, Wyllie-Feys, Van Duyfhuys Patricius, Reynaert-De Poot, Bryseboo-De Backer, Thielen-Loncke en Verwaerde Emiel, leden; Woets Emiel, sekretaris.

Geestelijkheid der Parochiale kerk. De heeren

Delrue Joannes, pastor-deken sedert 1863, Brabant Prudent en Deconinck Arthur, onderpastors.

Vrederechters van het kanton Dixmude sedert de inrichting van het vredegerecht.

De heeren Peellaert Theodoor 1797, Mergaert, Francis 1802, Van Hille Pieter, Peellaert Robert, Verwilghen Robert, De Blauwe Ferdinand en de tegenwoordige titularis de heer Van Sieleghem Francis, met de heeren Woets Emiel en doktor De la Haye Pieter, plaatsvervangende rechters en De Groote Raymond, greffier.

Vertegenwoordigers van het bestuurlijk arrondissement Dixmude in de Wetgevende Kamers sedert 1830.

In het Nationaal Kongres van 1830. De heeren Morel-Danheel en Buylaert.

In de Kamer der Volksvertegenwoordigers. De heeren Morel-Danheel, De Breyne-Peellaert, baron Ch. de Coninck, De Breyne-Du Bois, Rembry Theodoor en de tegenwoordige titularis de heer De Lantsheere Theophiel.

In den Senaat. De heeren Van Hoobrouck-de Mooreghem, De Ridder, Van Woumen Karel, burchgraaf Bernard Du Bus-de Gisignies, Van Ockerhout en de tegenwoordige titularis de heer baron Ch. de Coninck.

Kommissarissen van het distrikt en arrondissement Dixmude, sedert de inrichting.

Onder het koninkrijk der Nederlanden. Distriktkommissarissen, de heeren baron Eugene de Peellaert en Du Jardin August.

Onder het koninkrijk België. Arrondissementskommissarissen, de heeren Du Jardin August, baron de T'Serclaes, De Prey René, Joye-Ghys, Bieswal-Bril en de tegenwoordige titularis de heer De Prey Hector.

Vertegenwoordigers van het kanton Dixmude in den Provincialen raad van West-Vlaanderen, in 1885.

De heeren De Groote Raymond, Vermeesch-Adet en baron Frederik de Crombrugghe.

SLOT.

Mijne taak is ten einde. Mijn levensdroom : eens de geschiedenis mijner vaderstad in het licht te geven, is wezentlijkheid geworden.

Ongetwijfeld zullen de taalkenners hier en daar feilen kunnen bestatigen; doch, naar de waarheid strevende, heb ik gepoogd, zooveel mogelijk op geschiedkundig en letterkundig gebied juist te zijn. Mocht dit werk, met behulp van reeds genoemde vrienden geschreven en opgeluisterd door de stadsplannen, van den heer Patricius Van Duyfhuys, die, zijne vaderstad ook willende verheerlijken, zich met eene deelnemende belangstelling, zoo welwillend aan het werk heeft gesteld; mocht deze geschiedenis, zeg ik, een steentje bijbrengen aan dat schoone gedenkstuk, dat men de *Geschiedenis van België* noemt! Mocht men er bronnen in vinden, waaruit opheldering voor het verledene uit voortspruiten.

In een woord, mocht ik bij mijne medeburgers de liefde en de genegenheid vergroot hebben, die zij voor hunne geboortestad koesterden !

En weze hunne erkentelijkheid mijn grootste loon.

DE SCHRIJVER,

R. PIETERS.

INSCHRIJVERS.

De stad Dixmude. 100

DIXMUDE.

Baert-Van Ackere, koopman.	1
Bever-Vereecke, koopman, stadsontvanger.	3
Brys-De Soutter, meester-kleermaker.	1
Cattaert Pieter.	1
Castelein-Van Hille, voorzitter der burgerlijke godshuizen.	1
Claeys Charles, deurwaarder.	1
Costenoble Charles, rustend pastor.	1
Dautricourt-Woets, burgemeester.	8
De Breyne-Peellaert, oud burgemeester.	12
De Breyne-De Ruysscher, lid der burgerlijke godshuizen.	1
De Breyne-Du Bois, lid van den gemeenteraad.	2
De Cuyper L., herbergier.	1
De Groote Raijmond, provinciaal raadslid.	1
Delacauw Frederik, brouwer.	1
De la Haye-Haemers, W° winkelierster.	1
Delrue J., pastor-deken.	1
De Naux Ch., doktor, gemeente raadslid.	2
Doolaeghe-Van Ackere, id.	1
Feys Adolf, bijzondere.	1
Feys-Ghyssaert, lid der burgerlijke godshuizen.	1
Feys-Kesteloot, schepen.	3
Feys J.-Louis, W°	1
Feys-Van Baeckel, fabrikant.	1
Feys-Van Hee, koopman.	1
Haemers-Van Ackere, koopman.	1
Hosten-De Puydt, koopman.	1
Jansseune Camille, brouwer.	1
Louvrier Ch., ontvanger der burgerlijke godshuizen.	1
Nu, Morgen niet, (maatschappij).	2
Paret Auguste, grondeigenaar.	1
Paret Edmond, schepen.	1
Reynaert Frederik, kantonnale schoolopziener.	2
Van Cuyck Eugeen, drukker-uitgever.	3
Van de Casteele A., opzichter van bruggen en wegen.	1
Van der Heyde Karel, doctor.	1
Van der Heyde Victor, student.	1
Van Duyfhuys Patricius, gemeente raadslid.	1
Van Duyse's Vrienden, volksbibliotheek.	1
Van Duyse's (ware) vrienden, id.	2

Van Haute Hippolyte, gemeente raadslid. 1
Van Hille Ch., grondeigenaar. 1
Van Hille Jules, grondeigenaar. 1
Van Hille Willem, student. 1
Van Houcke Charles, bijzondere. 1
Van Sieleghem Frans, vrederechter. 1
Verbeeck-Van Hille, grondeigenaar. 1
Vermeesch-Adet, provinciaal raadslid. 1
Vermeersch Gustave, muziekmeester. 1
Verwaerde Emiel, apotheker. 2
Wauters-Castelein, notaris. 1
Woets Emiel, stadsekretaris. 1
Wyllie-Feys, koopman. 1
Zants-Surmont, aannemer. 1

MERCKEM.

Bⁿ Ch. de Coninck, senator van het arrondissement Dixmude. 1

ELSENE.

De Lantsheere, volksvertegenwoordiger van het arrond. Dixmude. 2

ANTWERPEN.

Boonrooy, gemeenteonderwijzer. 1
Cappron Quinten-Joz. 1
Dael Désiré, verificateur der douanen. 1
De Clercq-Bruyninckx, gezworen landmeter. 1
De Geyter Julius, letterkundige. 1
De Vreeze, hoofdschoolopziener. 1
Droesbeke Hendrik, statiebediende. 1
Grobben Hendrik, bijzondere. 1
Hennen Joz., gemeenteonderwijzer. 1
Koyen Adr. " 1
Laddyn Alf. " 1
Lemmers Jan. " 1
Meerbergen Joz. 1
Meerbergen Pieter. 1
Mertensvereeniging (maatschappij). 2
Moorkens Jan-Bapt., gemeenteonderwijzer. 1
Nut en Vermaak, (maatschappij). 2
Sels Alf. 1
Scholaert Eug., gemeenteonderwijzer. 1
Sneyers Amedée, kantonale schoolopziener. 1
Van der Biest-Andelhof, gemeenteonderwijzer. 1
Van Dongen Joz. 1
Van Hoof, stedelijke schoolopziener. 1
Verhulst, verificateur der douanen. 1
Vorsterman-Van Oyen, uitgever. 1
Weyler Karel, hoofdonderwijzer. 1

ARDOYE.

Coppens Louis, vrederechter. 1

ALVERINGHEM.

De Ruysscher Arthur, burgemeester. 1
Visart Léon, volksvertegenwoordiger. 2

AUDENAARDE.

Quatannens, grondeigenaar. 1

BELLEGHEM.

Coquel Alfons, onderwijzer. 1

BRUGGE.

Merlin Adolf, koopman. 1

BRUSSEL.

Asselbergs-Lequime. 1
Calmeyn-Bortier, W°., grondeigenares. 5
De Breyne Emiel, schrijver in staatsschriften. 1
Luyssen-Feys, burceloverste in het ministerie. 1

DOORNIJK.

Canler-Feys, fabriekant. 1

GENT.

Frédericq-Woets, raadsheer bij het hof van beroep. 1
Van Vossem Karel, apotheker. 1

KOEKELARE.

Lansens Prudence, letterkundige. 1

NIEUWKAPPELLE.

Dumolin Léon. 1

NIEUWPOORT.

De Meyer, stadssekretaris. 1
De Roo Willem, burgemeester. 1
Kempynck Adolf, schepen. 1

ROESELARE.

Seaux Jules. 1
Verwilghen Léon, advokaat. 1

PARIJS.

D'Haene Louis. 1

VEURNE.

De Prey-Van Severen, arrondissementskommissaris. 1
De Smyter Désiré, boekdrukker. 1

PLAN 1550.

Dixmude en omgeving waarvan de oorspronkelijke teekening, omstreeks den jare 1550, door den vermaarden keizerlijken aardbeschrijver JACOB VAN DE VENTER vervaardigd werd, en thans berustende is in de zaal der handschriften van de koninklijke boekenzaal te Brussel. Dit plan moet als eene nauwkeurige schets aanzien worden. De hiernevensgevoegde nateekening is aandachtig op het oorspronkelijke plan nagezien, opdat er geene aangewezene geschiedkundige kenmerken ontbreken zouden.

PLAN 1613.

LEGENDE
VAN DE CAERTE FIGURATIF DER STADT EN DE LANDEN VAN HET SCHEPENDOM VAN DIXMUDE.

Dit plan is eene zeer onnauwkeurige schets ten opzichte der onderdeelige omschrijvingen, doch zeer behoudenswaardig om de aanwijzigingen die men er aantreft sedert het vorige tot het opvolgende plan waaronder er zeer merkwaardige zijn.

1. Leen vidua Pr Ellecop, 2 ghemeten, 2 lynen, 35 roeden.
2. Jo^r Nicolaus Evole, 3 ghemeten, ghenaemd de Weese.
3. Vidua Donche, 1 ghemet, 50 roeden.
4. Frans De Raet, 1 ghemet, 1 lyne.
5. Den Ghemeenen Aermen in Dixmude, 3 ghemeten, 1 lyne.
6. Joos Van den Simple ende Mr A. Van Wel, 3 ghem., 8½ r.
7. D'heer Renaut Elias, 4 ghemeten, 2 lynen, 60 roeden.
8. Denzelven Elias, 3 ghemeten, 2 lynen.
9. D'heer P^r. Nieulaet cum uxoris, 5 ghemeten, 30 roeden.
10. D'heer Renaut Elias, 3 ghemeten, 1 lyne.
11. Graef Frederik Van den Bergh, heer van Dixmude, 3 ghem., 9 lynen, 67 roeden.
12. Toebehoorende Jo^r Frans Deram, 6 ghemeten.
13.   denzelven   5 ghemeten, 60 roeden.
14.   denzelven   2 ghemeten, 1 lyne, 33 roeden.
15. Leen Gillis fi^s Jan Van Dorpe, 3 ghemeten, 2 lynen, 30 roeden.
16.   id.   3 ghemeten, 2 lynen, 30 roeden.
17. Schepman, 9 ghemeten, 2 lijnen.
18. Nieulaet, 3 ghemeten, 30 roeden.
19. } Vidua Jan Daen cum suis en den Aermen in Dixmude,
20. } ghemeene deze partie.
21. D'heer P^r. Nieulaet.
21. (Nevens Bloedputstraatke) d'heer Nieulaet, 3 gh., 6 roeden.

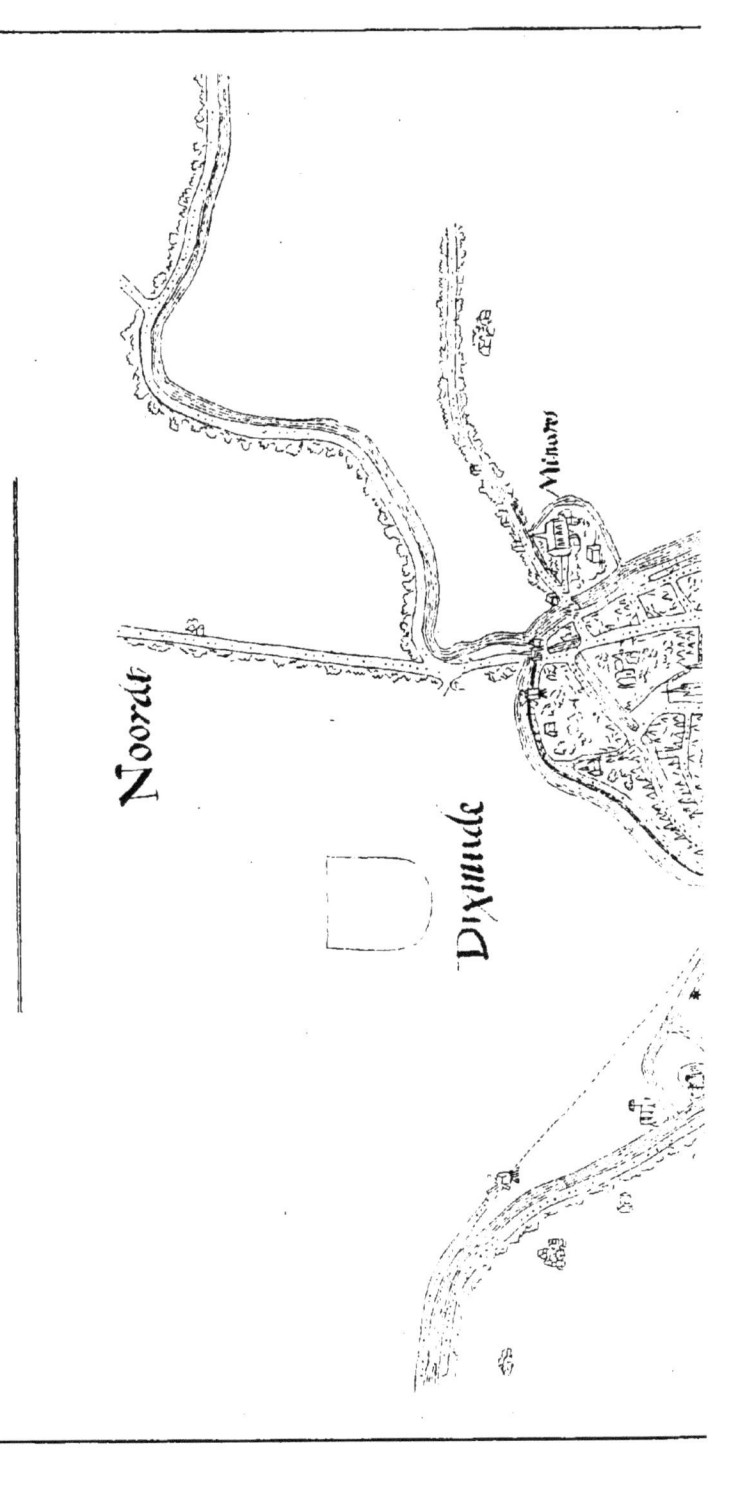

Dixmude en omgeving, omstreeks den jare 1550, naar de origineele teekening van den beroemden keizerlijken aardrijksbeschrijver Jac. van Deventer.

Oost.

Zuyde.

West

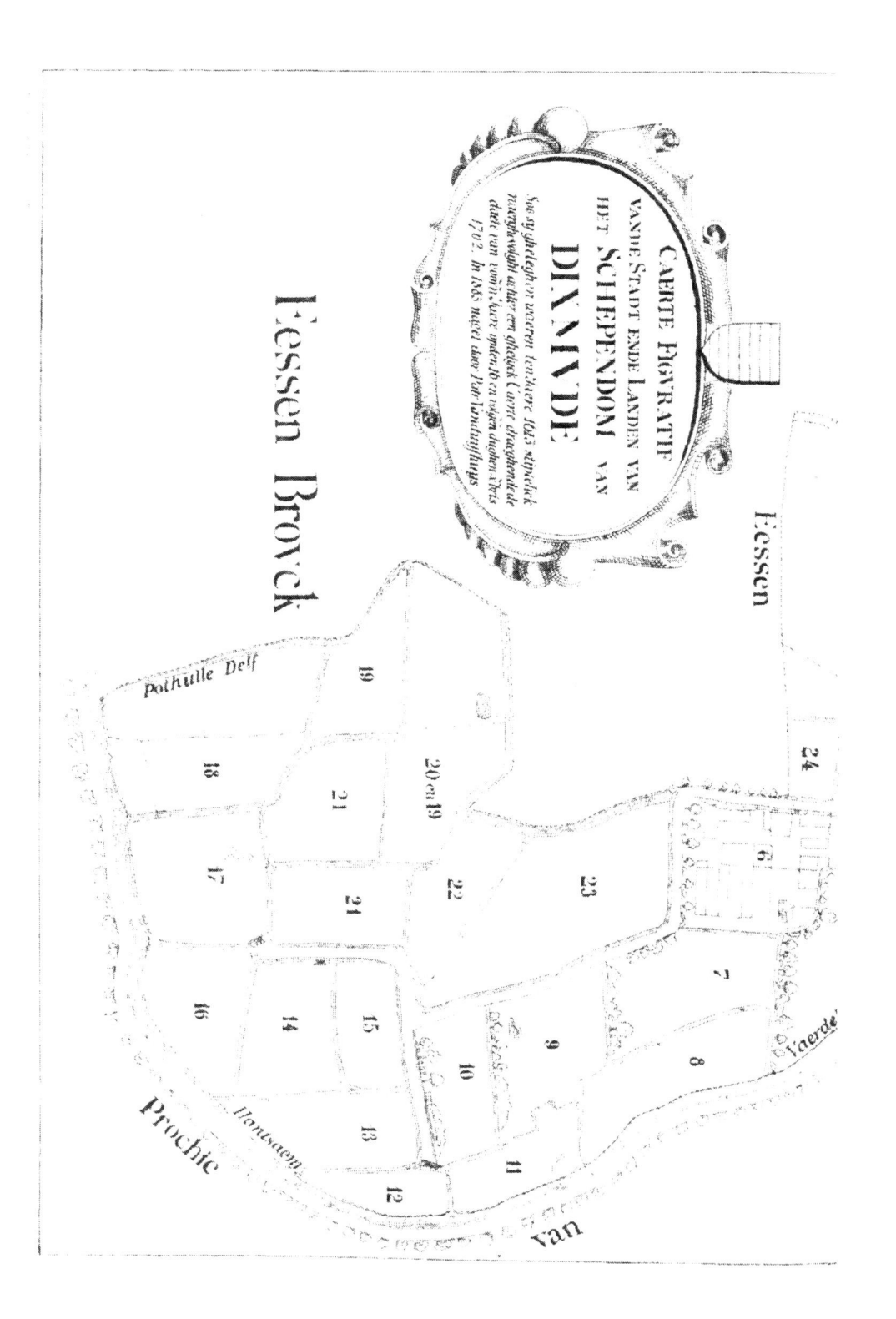

CAERTE FIGVRATIF
VANDE STADT ENDE LANDEN VAN
HET SCHEPENDONI VAN
DIXMVDE

Soo sy gheleghen weeren ten Iaere 1645 stipelick naerghevolgh auliter een ghelycx Caerte draeghtentde daete van toen is, keere opden 16 en wrgen dueghen Xbris 1702. In 1685 naervel door Pelt leudsnythuys

Fessen

Fessen Brovck

Pothulle Delf

Prochie

Hantsaem

van

Vaerde

18 · 19 · 20 en 19 · 21 · 22 · 23 · 24 · 17 · 21 · 6 · 16 · 14 · 15 · 7 · 9 · 10 · 8 · 13 · 11 · 12

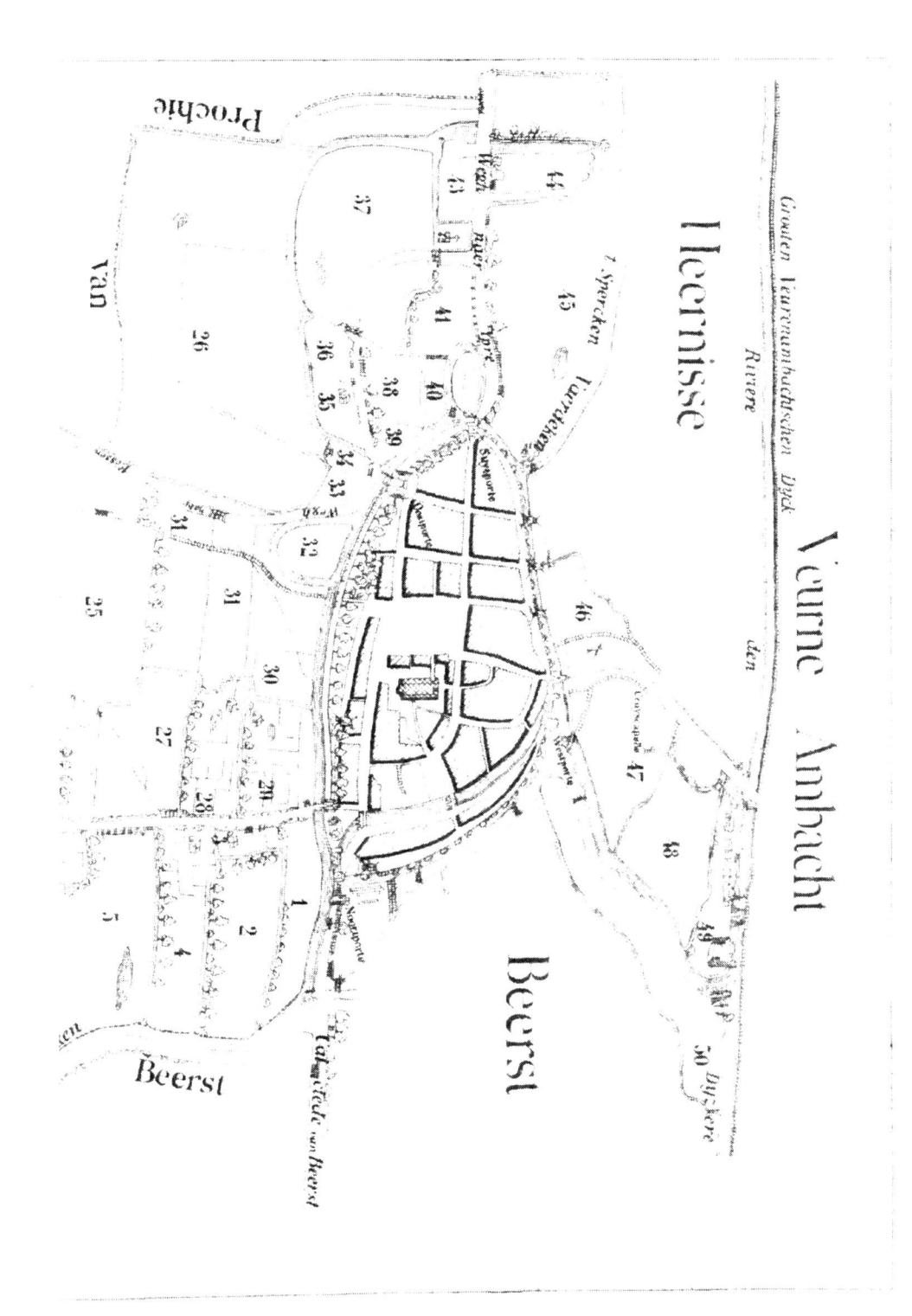

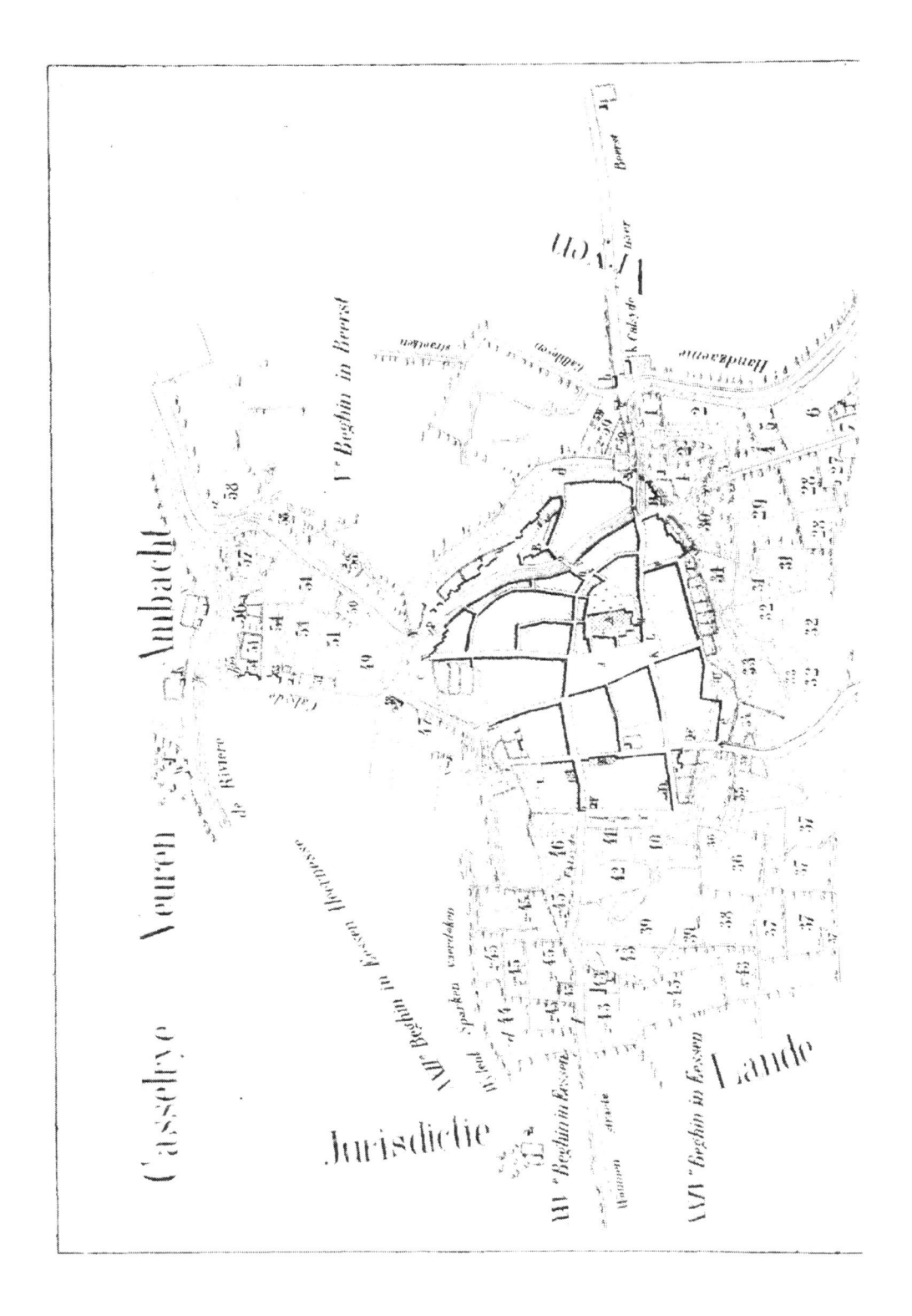

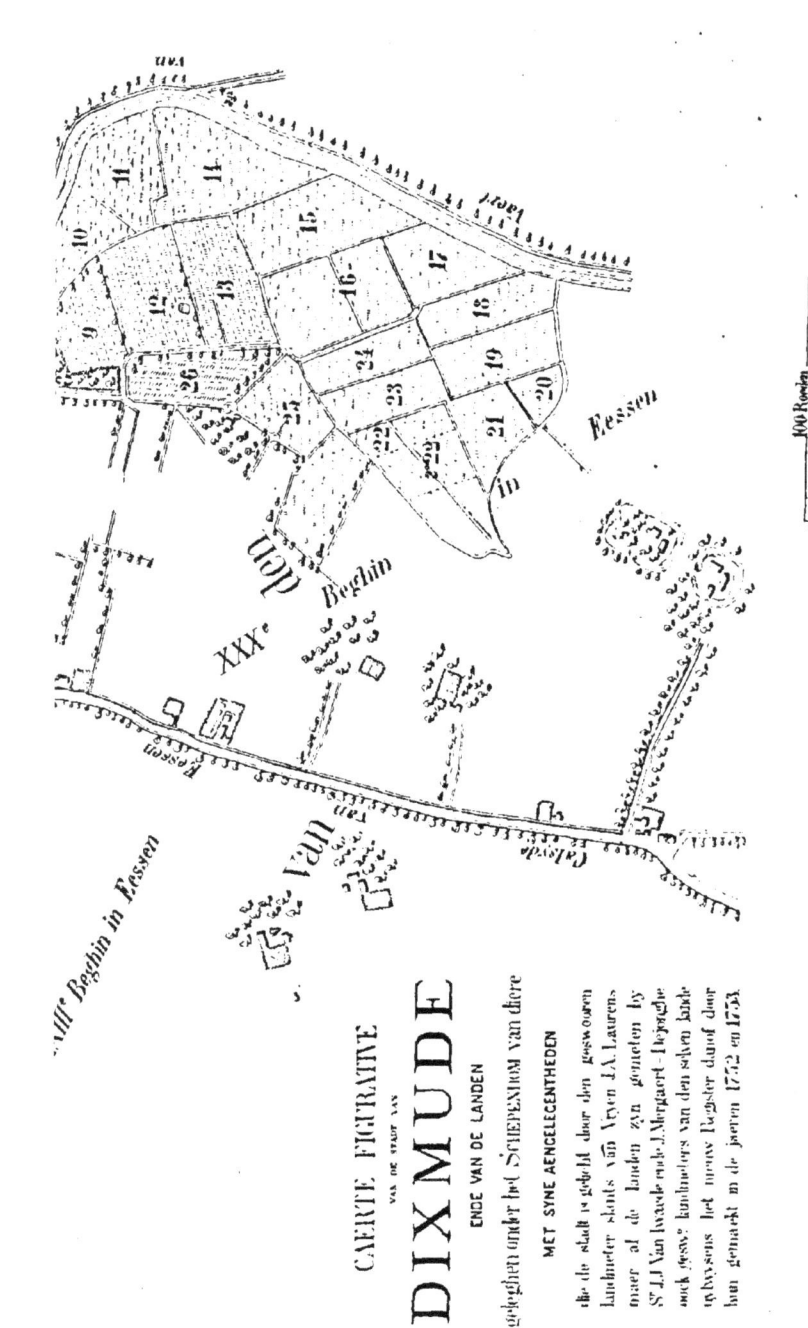

CAERTE FIGURATIVE
VAN DE STADT VAN
DIXMUDE
ENDE VAN DE LANDEN
gelegen onder het STUEPENDOM van d'here

MET SYNE AENGELEGENTHEDEN

die de selve is gebelt door den geswooren
Landmeter sluits van Veren J.A. Laurens
onder al de Landen zyn gemeten by
S[r] J.J Van Iwaede ende J.Morquart-Dejonghe
ook gesw[r] landmeters van den selven lande
gebruysens het nieuw Register daurof door
hun gemaekt in de jaeren 1752 en 1753.

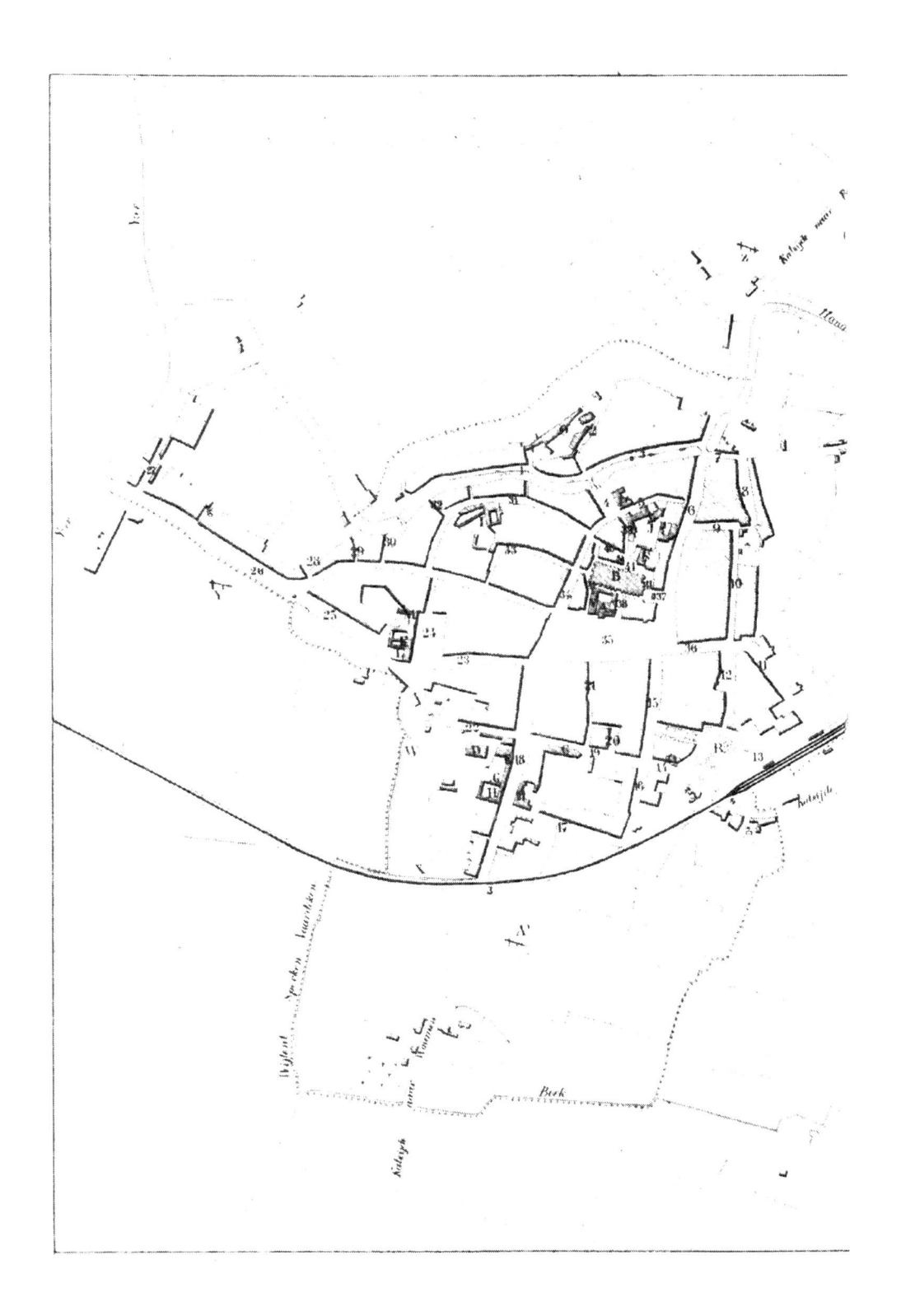

PLAN
DER STAD
DIXMUDE
1885

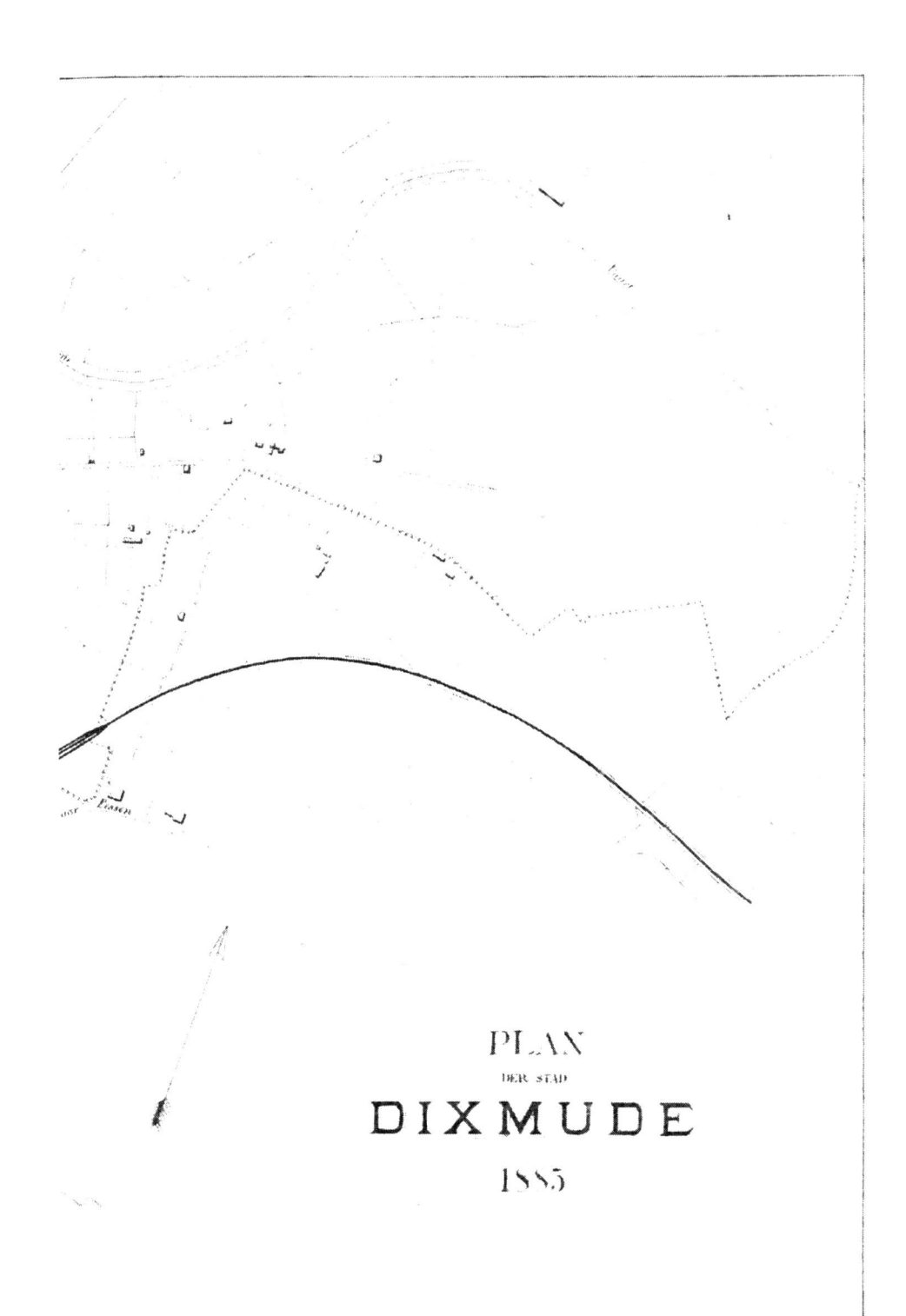

22. Den Ghemeenen Aermen in Dixmude, 3 ghemeten, 21 roeden.
23. Den Ghemeenen Aermen in Dixmude, 4 ghemeten, 32 roeden.
24. Vid. van .... 1 ghemet.
25. ... De Raet.
26. Als in eene partie soo: den Ghemeenen Aermen, Magdaleenhof, St. Janshuis ende Jan ..., (noorder deel) bolwerckstick.
27. Vid. Donche.
28. Joos Van Linde ende Max. Van Wel, 3 ghemeten, 51 roeden.
29. 4 ghemeten, Grauwebroederskerckhof, (middenstreep strekkende west en oost).
30. Joos Van Linde en Uxa. Van Wel, 3 ghemeten, 1 lyne.
31. Den Grooten H. Geest ende den Aermen.
32. Den Heere van Dixmude, omtrent 4 ghemeten.
33. B. Venant en Cor de Pretre, 1 ghemet.
34. Den Aermen in Dixmude.
35. D'heer H. Brix, omtrent 3 ghemeten.
36. Jacques Pierloot, 2 ghemeten, 25 roeden.
37. Vidua ende kinderen Joos Daeten, 6 ghemeten, 1 lyne, 50 r.
38. ... Van Wel. 3 ghemeten, 1 lyne.
39. M. Moenyn, 1 ghemet.
40. Jacques De Heere, 1 lyne.
41. Donche, 1 ghemet, 50 roeden.
42. Zuytcappelle, 1 lyne.
43.
44. 1 ghemet, 1 lyne.
45. 9 ghemeten, 2 lynen, 69 roeden.
46. Den grooten H. Geest, 3 ghemeten, 1 lyne.
47. Cruyscappelle genaemd den Aelman.
48. Deze plaets ghenaemd den Haen, toebehoorende Jan de ...
49. 5 ghemeten.
50. J^r Jan Van den Kerckhove, 5 ghemeten.
51. Omtrent 1 ghemet, 1 lyne.

LEGENDE

VAN DE CAERTE FIGURATIVE DER STADT VAN DIXMUDE ENDE VAN DE LANDEN GELEGHEN ONDER HET

SCHEPENDOM VAN DIERE MET SYNE AENGELEGENTHEDEN

die de stadt is gelicht door den geswooren landtmeter slandts van Vryen J. A. Laurens maer al de landen zyn gemeten by Sr J. J. Van Iwaede ende J. Mergaert-Dejonghe oock gesw^o landtmeters van denselven lande uytwysens het nieuw register danof door hun gemaekt in de jaeren 1752 en 1753.

21. d'Heer Pieter Francis De Zittere, 2 ghemeten, 2 lynen, 58 roeden weede.
22. Den Grooten Heyligen Gheest in Dixmude, 1 ghemet, 1 lyne, 50 roeden weede.
22° Volghens 't registre der stede van Dixmude van den 20 January 1656 licht in tSchependom van Dixmude veurgemeens daeraen twee ghemeten insgelyks weede, blyft onverlet.
23. d'Heer Pieter Frans De Zittere, 2 ghemeten, 2 lynen, 70 roeden weede.
24. Jacobus Van Troyen, 3 ghemeten, 16 roeden weede.
25. Den Ghemeenen Aermen in Dixmude, 3 ghemeten, 21 roeden, weede; ghenaemd de Staelysers.
26. Denselven Aermen in Dixmude, 4 ghemeten, 32 roeden, zaeylandt.
27. d'Heer Jaecques De Jonghe, 1 ghemet, 1 lyne, 40 roeden hovenierhof, met een speelhuys ter zuydzyde ende met nog een woonhuys ten noordeynde.
28. De Pitance van Dixmude, 2 ghemeten, 2 lynen, 57 r. landts.
29. d'Heer Jaecques De Jonghe, 4 ghemeten, 1 lyne, zestig roeden landts.
30. Denselven heer Jaecques De Jonghe, 2 ghemeten, 72 roeden graslandt.
31. d'Heer Joannes Timmerman, 3 ghemeten, 1 lyne, 16 roeden landts, zynde ten deele vervallen vestingswerken.
32. Den Grooten Heyligen Gheest in Dixmude, de zuydzyde ende oosteynde veurghemeens daeraen, 6 ghemeten, 8 roeden landts.
33. Den Heer van Dixmude, vier ghemeten landts, genaemd het bolwerk ofte muntewal.
34. d'Heer Jaecques De Jonghe ende Pieter Van Belle, 1 ghemet landts, ligghende als nu in twee partien zynde 3 ghemeten, 1 lyne, 68 roeden.
35. Den Ghemeenen Aermen in Dixmude, 2 lynen landts, zynde vervallen vestingswallen.
36. Mher Anselmus Désiré De Peellaert, heere van Steenmaere, Cleyem enz., 3 ghemeten landts zynde gars.
37. Den heere marquis De Cerf, eene groote partie bestaende in diversche stucx aengeteekend, 6 ghemeten, 1 lyne, 25 roeden.
38. Jouffrauwe Van Wel, 1 gemet, 2 lynen, 67 roeden garslandt, ten deele oude gevulde vestenwallen.
39. Andriaen Morrez, 5 ghemeten, 1 lyne garslandt met een gevulde vestingswalle.
40. Den heer raetfiscael De Potter, eene maniere van ghedemolieerde vesten, 1 gemet, 1 lyne.
41. Den heer Beeckaert, 2 lynen, 35 roeden ghedemolieerde vesten.

42. Den voorzeyden heer raetfiscael De Potter, 1 ghemet, 2 lynen, 20 roeden landts, zynde vervallen vesten.
43. Competeert d'heer Pieter De Blauwe, 1 ghemet, 85 roeden garslandt.
44. De vrauw douariere Belle vergis de pitance van Dixmude ende het Magdaleenhof in Dixmude, 3 ghemeten, 45 roeden landt.
45. Jouffrauwe vidua Van der Eecke tot Ghent, de Pitance en Kercke van Dixmude en andere noordt er aen daerof de Zuydtcappelle, 54 roeden, en de overighe 8 ghemeten, 2 lynen, 47 roeden.
46. Het clooster abdie van s'Hemelsdaele binnen Brugghe, 1 ghemet, 2 lynen, 30 roeden, jeghenwoordig alles hovenierlandt.
47. Den Grooten Heylighen Gheest in Dixmude, 1 ghemet, 2 lynen, 70 roeden garslandt.
48. De weduwe Pieter Hendryckx, by cheynse aen den Grooten Heylighen Gheest, 1 lyne, waerop den molen, huys en roskot op staet.
49. Commande, voordezen van de commanderie van Spitsenbourgh, 2 ghemeten, 1 lyne, 20 roeden.
50. Joris Rotsaert, heer van Darteing tot Brugghe, 1 lyne, 10 roeden, landt, zynde hovenierhof.
51. Denselven Joris Rotsaert, 6 ghemeten, landts, zynde bleeckerie en weede.
52. Pieter Ghyselen by cheynse over tgasthuys in Dixmude, 2 lynen, landts waer zyn molen en huys op staet met hovenierhof en garslandt.
53. Joris Rotsaert, 65 roeden erve met thuys ten westhoucke er op staende.
54. Joannes Weyts, 2 lynen, 15 roeden erfve, van noorden hovenierhof met een huys ende voorder edificen daerop staende.
55. S^t. Janshuys in Dixmude, 1 lyne landts, daer voor desen eenen meulen heeft op ghestaen.
56. Jacobus Pleucquin, in huywelick vidua Bomverlet, 1 ghemet, 1 lyne landts.
57. Den Heere van Dixmude, ten deele veurghemeens daeraen, 2 ghemeten, 20 roeden landt, een olie molen en huys er op staende, toebehoorende Joseph De Laeye.
58. Deel van 9 ghemeten.
59. 1 ghemet, 1 lyne, wanof 1° 80 roeden aen d'heer Van Vossem; 1° 2 lynen, 27 roeden van de Provincie ende 3° 93 roeden, deel van 9 ghemeten, 36 roeden, nog door Beerst aenghetrokken.

Voleyndigt ten jaere 1758, get. J. Laureyns.

In bovengemelde verklaringen is de oude spelling trouw gevolgd.

Het Park	264
De Verkens- of Zwijnemarkt	266
Bruggen	268
Instellingen en Gilden	269
De Schuttersgilden	275
De Rhetorikagilden	279
Beroemde mannen en vrouwen	285
Joannes	286
De Keyzer	286
Baudimont	286
Boidius	286
Rooms	287
Zegherus	287
Jakob van Dixmude	287
Pieter van Dixmude	288
De Plouy	288
Montanus	288
Catharina De Coster	291
Beeckman	293
Jan Lombaert	294
Karel Van Poucke	294
Pieter Bortier	301
Mevrouw Van Ackere, geb. Maria Doolaeghe	304
Lijst der Burgemeesters	313
Slot	336

ERRATA.

Bladz. 24, 21ᵉ regel staat jaar 1304 — moet zijn 1404.
» 29, 17ᵉ regel staat Van der Best — moet zijn Van der Perst.
» 69, 20ᵉ regel staat Lalm Kyrburg — Salm-Kyrburg.
» 102, 7ᵉ regel staat Damasseure — moet zijn Dumasseune.
» 144, 23ᵉ regel staat Iᶜ xxll p. xiiij s. p. (100 p. 14 s.) — moet zijn Iᶜ xxii p. xiiij s. p. (122 p. 14 s.)
» 167, 4ᵉ en 5ᵉ regel staat P. Bortier vader — moet zijn P. Bortier grootvader.

Milton Keynes UK
Ingram Content Group UK Ltd.
UKHW030851061124
450709UK00007B/66